Die Volksdiplomatie

Studien zur Regierungslehre und Internationalen Politik

Herausgegeben von

Klaus von Beyme, Günther Doeker,

Dieter Grosser, Winfried Steffani

IV

Dieter Schröder

Die Volksdiplomatie

Studien zur Regierungslehre und Internationalen Politik

Die Volksdiplomatie

Dieter Schröder

Den Haag, Martinus Nijhoff - 1972

Softcover reprint of the hardcover 1st edition 1972

ISBN- 13: 978-90-247-1284-7 e-ISBN- 13: 978-94-011-6431-3
DOI: 10.1007/ 978-94-011-6431-3

INHALTSVERZEICHNIS

Seite

Vorwort VII

Einleitung: Der Begriff "Volksdiplomatie" 3

1. Kapitel: Möglichkeiten und Grenzen der Volksdiplomatie im Lichte der heutigen sozialwissenschaftlichen Erkenntnisse 9

I. DER ADRESSAT DER VOLKSDIPLOMATIE 11

1. Die notwendige Prämisse: Staat und Stabilität 16
2. Antagonistische und konforme Adressaten 23
3. Zwei Grundformen der Volksdiplomatie 26

II. DAS ARGUMENT DER VOLKSDIPLOMATIE 28

III. DAS ARGUMENTIEREN DER VOLKSDIPLOMATIE 32

1. Das Argumentieren der Volksdiplomatie im engeren Sinne 33
2. Das Argumentieren der Volksdiplomatie im weiteren Sinne 36

IV. ZUSAMMENFASSUNG 39

2. Kapitel: Möglichkeiten und Grenzen der Volksdiplomatie im Lichte der Geschichte und Zeitgeschichte 45

I. DIE FRÜHGESCHICHTE DER VOLKSDIPLOMATIE 48

1. Die Volksdiplomatie des revolutionären Frankreich 50
2. Volksdiplomatische Taktiken im Zusammenhang mit dem Ersten Weltkrieg 56
3. Der Beginn der systematischen und dauernden Volksdiplomatie . . . 61

II. DAS ZEITALTER DER UMFASSENDEN VOLKSDIPLOMATIE 77

1. Volksdiplomatie als Kalter Krieg 81
2. Die Krise der sowjetischen Volksdiplomatie 94
3. Volksdiplomatie der Dritten Welt 100
4. Jüngste volksdiplomatische Aktivitäten im Westen 104

III. ZUSAMMENFASSUNG 106

3. Kapitel: Die Volksdiplomatie als Instrument zur friedlichen Gestaltung auswärtiger Beziehungen 115

I. TRADITIONELLE METHODEN DER GESTALTUNG AUSWÄRTIGER BEZIEHUNGEN 122

1. Methoden unpolitischer auswärtiger Beziehungen 122
2. Methoden der politischen Gestaltung auswärtiger Beziehungen . . . 123

II. METHODEN DER DIPLOMATIE UND SOZIALE WIRKLICHKEIT . . 134

III. DIE VORZÜGE UND NACHTEILE DER VOLKSDIPLOMATIE IM VERGLEICH ZU ANDEREN METHODEN DER INTERNATIONALEN KOMMUNIKATION 138

IV. MODELLE FÜR DIE BÄNDIGUNG VON GEWALT IN DEN AUSWÄRTIGEN BEZIEHUNGEN 142

1. Das Völkerrechtssystem 142
2. Das Imperium 143
3. Das Kräftegleichgewicht 144
4. Das Modell absolut potenzierter psychischer Gewalt 144
5. Die Intensivkommunikation 145

V. MODELL EINER INTERNATIONALEN ORDNUNG IN EINEM ZEITALTER VORHERRSCHENDER VOLKSDIPLOMATIE 146

VI. ZUSAMMENFASSUNG 154

Schluss: Die Anpassung des Instrumentariums der internationalen Beziehungen an volksdiplomatische Methoden 161

Literaturverzeichnis 165

Vorwort

Die Anfänge dieser Arbeit liegen zehn Jahre zurück, und der Verfasser kann noch immer nicht sagen, dass er mit ihr mehr bietet als Hypothesen, Thesen und auch Ideen, die ihm allerdings geeignet erscheinen, das gegenwärtige internationale Geschehen unter einem neuen Aspekt zu erfassen und zu erklären. Die Thesen bedürfen der Erhärtung und Vertiefung, vor allem durch den Soziologen, den Sozialpsychologen und den Historiker. Der Verfasser wünschte sich politisch-soziologische Untersuchungen über die Einwirkung von Massenpsychosen und-stereotypen auf aussenpolitische Entscheidungen der Regierungen[1], und er wünschte sich fachkundige Überprüfung der historischen Beispiele.

Bei der Lektüre sowjetischer und osteuropäischer politischer Zeitschriften stiess der Verfasser zwischen 1960 und 1963 immer häufiger auf den Begriff "Solidarität", der im Zusammenhang mit internationalen Fragen verwandt wurde. Daraus entstand zunächst der Plan, Begriff und Funktion der Solidarität in den internationalen Beziehungen der Gegenwart zu untersuchen. Im Jahre 1965 wurde der Verfasser gebeten, vor einer Gruppe ehemaliger Fulbright-Stipendiaten über die innenpolitischen Aspekte der Atlantischen Gemeinschaft zu sprechen. Durch die Vorbereitung dieser Aufgabe verbreiterte sich der Rahmen der ersten Untersuchung in überraschender Weise. Im Jahre 1968 konnte ein erstes kleines Manuskript unter dem Titel "Auswärtige Beziehungen ohne Krieg" in den Protokollen des Loccumer Völkerrechtskolloquiums "Der Beitrag des Völkerrechts zur Überwindung des Krieges" veröffentlicht werden[2]. Mein Freund M. Y. Cho, Hamburg, übernahm es freundlicherweise, eine gleichzeitig entstandene erweiterte Fassung kritisch durchzusehen. Er hat die für die endgültige Fassung der Arbeit ganz wesentlichen Hinweise auf chinesische und japanische Auffassungen beigesteuert. Die vorletzte Fassung haben Knud Krakau, Institut für Auswärtige Politik in Hamburg, und Gerd Brand, früher Inlandsreferent des Auswärtigen Amtes der Bundesrepublik Deutschland, durchgesehen. Obwohl der Verfasser der festen Überzeugung ist, dass die Untersuchung eines vielschichtigen Themas heute nicht mehr allein von einer Disziplin aus sinnvoll durchgeführt werden kann, meint

[1] Einen Überblick über den wenig befriedigenden Stand der Forschung zu dieser Frage vermittelt der nach dem Abschluss dieser Arbeit erschienene Bericht von Karl W. Deutsch und Dieter Senghaas, Die Schritte zum Krieg – Eine Übersicht über Systemebenen, Entscheidungsstadien und einige Forschungsergebnisse, in: Aus Politik und Zeitgeschichte, Beilage 47/70 zum "Parlament".

[2] Loccumer Protokolle 6/1968, S. 125-134.

er dennoch, dass eine Arbeit, die im wesentlichen als These und Fragestellung für weitere Untersuchungen verstanden werden will, nach der kritischen Durchsicht durch mehrere Fachleute zur Veröffentlichung gegeben werden kann. Die Verantwortung für die Veröffentlichung trägt der Verfasser dabei selbstverständlich allein.

Nachdem die vorletzte Fassung des Manuskriptes im Jahre 1969 abgeschlossen war, hat der Verfasser Gelegenheit gehabt, als mittelbarer Beobachter einer grossen internationalen Verhandlung, nämlich der Vier-Mächte-Gespräche über Berlin, seine Thesen nochmals auf ihre Relevanz zu überprüfen. Wenn der Verfasser es auch mit Rücksicht auf seine gegenwärtige Aufgabe unterlassen hat, irgendeinen aktuellen Bezug einzufügen, so hat ihn doch die Beobachtung von ein und einem halben Jahr entscheidenden diplomatischen Geschehens in dem Entschluss bestärkt, die Arbeit jetzt einem grösserem Leserkreis vorzulegen.

Der Verfasser möchte an dieser Stelle allen danken, die ihn bei der Arbeit unterstützt und angeregt haben, nicht zuletzt Günther Doeker, der die letzte Fassung nochmals durchgelesen hat. Zu danken hat der Verfasser ganz besonders den zahlreichen Gelehrten in den Vereinigten Staaten, England und Frankreich, deren Werke ihm unschätzbare Hilfen boten, und dem Institut für Auswärtige Politik in Hamburg, das diese Werke in einer einzigartigen Sammlung dem deutschen Publikum zur Verfügung stellt.

Vor allem gilt Dank meiner Frau, die fast alle Manuskripte mit kritischen Augen in eine lesbare Form gebracht hat.

Berlin, den 4. November 1970

DIETER SCHRÖDER

Einleitung

Einleitung: Der Begriff "Volksdiplomatie"

Anlässlich des 50. Jahrestages der Oktoberrevolution hat man sich in der Sowjetunion nicht nur an das revolutionäre Geschehen und seine Folgen für Russland erinnert und dieses Geschehen gewürdigt, sondern man hat auch die Auswirkungen der Oktoberrevolution auf die internationalen Verhältnisse dargestellt. Unter den Abhandlungen über die Auswirkungen der Oktoberrevolution auf die internationalen Beziehungen befinden sich einige kleine und kaum beachtete Beiträge über die Diplomatie des Sowjetstaates. Zwei besonders interessante Aufsätze sind in der Moskauer Zeitschrift "Neue Zeit" im Herbst 1967 abgedruckt worden. In dem einen gibt Iwan Maiski unter dem Titel "Ein Diplomat der Leninschen Schule" [1] eine Würdigung des Lebens und Wirkens Tschitscherins, des Nachfolgers Trotzkis als Volkskommissar für Auswärtige Beziehungen. Er schreibt dort von dem "Kampf, den Tschitscherin in den Jahren des Bürgerkrieges und der ausländischen Intervention gegen die kapitalistische Umkreisung führte" und hebt hervor, dass "unter unmittelbarer Leitung Lenins . . . Tschitscherin und seine Mitarbeiter eine Vielzahl von Aufrufen und Appellen an die Massen der Arbeiter, Bauern und Intellektuellen des Auslands" verfasst hätten. Dabei sei "auch wiederholt eine Neuform des diplomatischen Kampfes" benutzt worden, "die darin bestand, dass sie sich über den Kopf der ausländischen Regierungen hinweg unmittelbar an die Arbeiter Englands, Frankreichs, Deutschlands und der Vereinigten Staaten wandte" [2]. Die Umschreibung der sowjetischen diplomatischen Methoden mit der Formel "über die Köpfe der Regierungen hinweg" findet sich bereits in den zwanziger Jahren dieses Jahrhunderts, und zwar in dem ersten Werk der sozialistischen Völkerrechtslehre, dem "Völkerrecht der Übergangszeit" von Korovin [3].

Unter dem Titel "Die Diplomatie der neuen Welt" erschien ebenfalls im Jahre 1967 ein Aufsatz, in dem diese Diplomatie wiederum abgehandelt wurde, und zwar mit den Worten:

> "Das Leben erforderte von der jungen Sowjetrepublik die Schaffung einer neuen volksverbundenen Diplomatie." [4]

Auch in diesem Artikel wird davon gesprochen, dass sich die Sowjetunion vor allem "auf die Völker gestützt" habe und dass der Zweite Sowjetkongress" sich über die Köpfe der europäischen Regierungen hinweg an ihre Völker wandte" [5]. Zu dieser neuen Diplomatie wird dann weiter ausgeführt:

> ". . . die sozialistische Diplomatie vertritt nicht nur die Regierung, sondern auch

das ganze Volk ihres Landes. Daraus aber ergibt sich eine aussergewöhnliche Ausdehnung ihres Umfangs und ihrer Funktionen.

Die sowjetischen diplomatischen Vertreter im Ausland üben heute nicht nur die 'klassischen' Funktionen der Vertretung ihrer Regierung und des Schutzes ihrer Bürger, nicht nur konsularische Funktionen und dergleichen mehr aus, die sowjetischen Diplomaten im Ausland sind Vertreter ihres Volkes. Sie helfen, die kulturellen, technischen, wissenschaftlichen, ökonomischen und sonstigen Beziehungen auszubauen . . .

In den verflossenen fünfzig Jahren galt die Tätigkeit der sowjetischen Diplomatie dem Ziel, . . . den Grundsätzen des Friedens und der Zusammenarbeit im Rahmen einer 'einheitlichen menschlichen Gemeinschaft' Geltung zu verschaffen. Darin liegt ihre Stärke, darin ihre Perspektive."[6]

Im Jahre 1961 stellte eine von dem früheren amerikanischen Aussenminister Herter geleitete Studiengruppe den gleichen Sachverhalt mit den Worten dar:

"Today much foreign activity involves the representation of whole peoples before whole peoples of other societies."[7]

Einfacher wäre es, schlicht von der Volksdiplomatie zu sprechen. Dieser Begriff ist auch bereits in der diplomatischen Terminologie der Volksrepublik China vorhanden (Renmin Waichiao = Volksdiplomatie)[8]; und in der japanischen diplomatischen Terminologie der dreissiger Jahre unseres Jahrhunderts gibt es den Begriff "Kokumin Gaiko", der als "Diplomatie mit dem einzelnen Staatsangehörigen" oder kurz als "Bürgerdiplomatie" zu übersetzen wäre. Es fragt sich, welche Bedeutung diese in der sowjetischen Literatur noch umständlich umschriebene, in Ostasien ganz selbstverständlich definierte Art und Weise des diplomatischen Vorgehens für die internationalen Beziehungen hat.

Unter "Diplomatie" wird die Tätigkeit verstanden, die zwischenstaatliche Kommunikation ermöglicht und bewirkt: das Sammeln von Informationen über und das Einflussnehmen auf andere Gruppen im Interesse des eigenen Staates. Der Diplomat soll die Ziele einer anderen Gruppe und deren tatsächliche und potentielle Kräfte feststellen, eine Abstimmung der nach aussen wirkenden Interessen seiner Gruppe unter Berücksichtiging der eigenen tatsächlichen und potentiellen Kräfte möglich machen und die zur Erreichung der nach aussen wirkenden Ziele notwendigen Mittel und Schritte vorschlagen und durchführen[9]. Die Diplomatie ist also ein technischer Prozess, dessen Wesen darin besteht, dass eine geistige Austauschbeziehung zwischen verschiedenen Gruppen hergestellt wird, um durch ein Wechselspiel des Gedankenaustausches, d.h. Verhandlungen, zwei verschiedene Gruppen zu einer Annäherung ihrer Standpunkte zu bringen. Lerche und Said,[10] die diesen Vorgang untersuchen, meinen, dass mehrere Stadien dieses Prozesses voneinander abzugrenzen sind: das Stadium des diplomatischen Zwanges, d.h. der Drohung oder des Protestes, das Stadium der Überredung, d.h. der einseitigen Einwirkung auf eine andere Gruppe mit dem Ziel, sie zu der eigenen Ansicht zu bekehren, und ein drittes Stadium des Bemühens um Angleichung, d.h. des Versuches, durch ein Wechselspiel des Gedankenaustausches eine gemeinsame Linie herauszuarbeiten, und schliesslich als Absicherung eines so erreichten Erfolges das vierte Stadium , in dem ein Übereinkommen fixiert wird. Morgenthau, der eine umgekehrte Reihenfolge wählt, spricht davon, dass die Diplomatie sich der Mittel der Überzeugung, des Kompromisses und der Gewaltandrohung bediene[11]. Anfang des 18. Jahrhunderts schrieb der französische Diplomat François de Callières in seinem Buch "De la manière de negocier avec les souverains", es sei die wichtigste Funktion des Diplomaten, als Unterhändler zwischen seinem Herrn und dem Souverän, zu dem er gesandt sei, eine harmonische Union zustande zu bringen oder eine bereits bestehende mit allen ihm zu Gebote stehenden Mitteln zu erhalten und zu festigen. Er müsse Missverständnisse beseitigen, das Aufkommen von Streitpunkten verhindern und in dem fremden Lande ganz allgemein Ehre und Interessen seines Fürsten pflegen[12].

Die zentrale Aufgabe der Diplomatie besteht demnach darin, Kommunikation zwischen Gruppen als Vehikel eines Gedankenaustausches zu ermöglichen. Soweit es sich um "in-groups" von Grossgruppen handelt, wird durch die modernen Einrichtungen der individuellen und kollektiven Kommunikation ein reichhaltiger Gedankenaustausch zwischen den Gruppen ermöglicht, man denke nur an Zeitungen und Rundfunk, in denen die Ansichten verschiedener Gruppen referiert und bekämpft werden und die allen Interessierten als Informationsquelle zur Verfügung stehen. Weitaus schwieriger ist das Kommunikationsproblem und seine Lösung im internationalen Bereich, d.h. zwischen Gruppen, die autonom sind und getrennt nebeneinander stehen. Die klassische Diplomatie versuchte, ein Kommunikationssystem zum Gedankenaustausch zwischen Entscheidungsinstanzen zweier "out-groups" dadurch herzustellen, dass eine – in der Regel sogar zwei – diplomatische Missionen als Relaisstationen zur Übertragung von Gedanken eingerichtet wurden. Kommunikation erfordert aber nicht nur pure Übermittlung von Gedanken, sondern sie erfordert vor allem auch auf beiden Seiten eine angemessene Modifikation und Übersetzung in Terminologie und Vorstellungen des Adressaten. Solche Interpretation ist die besondere Kunst des Diplomaten.

Die "Diplomatie der neuen Zeit", die "Volksdiplomatie", will "über die Köpfe der Regierungen hinweg" die gesamte Empfängergruppe in den Kommunikationsprozess einbeziehen, so dass über die Gesellschaft und die öffentliche Meinung wiederum auch jetzt von innen auf den Entscheidungsprozess einer Gruppe im Sinne der politischen Vorstellung einer anderen Gruppe eingewirkt werden kann. Der führende sowjetische Völkerrechtler, G. J. Tunkin, spricht daher davon, dass heute der Fragenkreis der

Aussenpolitik über den der Diplomatie hinausgeht[13]. Die neue internationale Kommunikation soll Entscheidungsinstanzen in besonderem Masse mittelbaren Einflüssen aussetzen und damit ein neues Potential für internationale Auseinandersetzungen freisetzen.

Wird die traditionelle Diplomatie – was später noch ausführlicher zu behandeln ist[14] – zwar als Tätigkeit zum Zwecke der Kommunikation zwischen souveränen Fürsten in älterer Zeit bzw. Souveräne repräsentierenden Staatsoberhäuptern in jüngerer Zeit verstanden, so ist dennoch nicht zu übersehen, dass sich gerade auch die traditionelle Diplomatie zur Einflussnahme oft nicht des direkten Weges, sondern vielmehr mancher Umwege über allerhand Hofschranzen, Beichtväter u.ä. dem Souverän bzw. seinem Repräsentanten nahestehende Personen bedient. Dadurch erhielt die traditionelle Diplomatie nur zu häufig einen Flair nobler Anrüchigkeit und patriotischer Schurkerei, wovon wiederum zahlreiche mehr oder weniger historisierende Romane profitieren. Da Volksdiplomatie wie jede Diplomatie auf den Souverän bzw. seinen Repräsentanten zielen soll, wäre der Begriff "Volksdiplomatie" lediglich die Kennzeichnung eines spezifischen Umweges der Einflussnahme eines Staates auf den aussenpolitischen Entscheidungsprozess eines anderen Staates. Für die Vorstellungen des 18. und vielleicht auch des 19. Jahrhunderts wäre dies allerdings als ein absurder und aussichtsloser Umweg diplomatischer Einflussnahme erschienen, insofern als der Souverän vom Volk isoliert gedacht wurde. Sobald man sich jedoch entschliesst, Souverän und Volk als identisch zu begreifen, sollte der als Volksdiplomatie bezeichnete Umweg diplomatischer Einflussnahme als nicht ohne Aussicht auf Erfolg in nähere Erwägung gezogen werden können.

Dem Zusammenhang zwischen demokratischen Ideen und Volksdiplomatie wird im zweiten Kapitel der Studie weiter nachgegangen. An dieser Stelle kommt es vielmehr auf die Feststellung an, dass abgesehen von einigen sehr zaghaften Versuchen in der Sowjetunion, Schritte zur wissenschaftlichen Erhellung der volksdiplomatischen Methode noch nicht getan worden sind, dass die Forschung im Westen noch weit später und noch viel zaghafter der hier als Volksdiplomatie bezeichneten Methodik in den internationalen Beziehungen Aufmerksamkeit geschenkt hat.

Kurt London war hier einer der ersten, die auf eine wachsende Überlagerung der traditionellen Diplomatie durch ein anderes Instrument der internationalen Auseinandersetzung hingewiesen haben. London nannte dieses Instrument "Propaganda" und bezeichnete am Ende der fünfziger Jahre unseres Jahrhunderts die internationalen Beziehungen der Gegenwart mit der Formel "propaganda versus diplomacy"[15]. Für London beruht das Vordringen der Propaganda auf der Entwicklung der Massenmedien, und für ihn hat die Sowjetunion 1917 alles ausgelöst – was ja auch in den eben erwähnten sowjetischen Äusserungen eine Bestätigung zu finden scheint –. Aber mit dem päjorativen Begriff "Propaganda" wird das von London selbst als Appellieren "an fremde Völker über die Köpfe von deren Regierungen hinweg" bezeichnete Geschehen in den gegenwärtigen Beziehungen mehr verschleiert als erhellt. Propaganda mag oft das Erscheinungsbild der Volksdiplomatie sein, denn Propaganda ist eine Form geistiger Einflussnahme, Volksdiplomatie ein Mittel der Gestaltung internationaler Beziehungen. Da internationale Beziehungen unter anderem auch durch geistige Einflussnahme gestaltet werden, kann mithin und vielleicht sogar oft Propaganda die Form sein, in der Volksdiplomatie in Erscheinung tritt. Zur Abgrenzung sollte man sagen: Propaganda bezeichnet eine didaktische Methode, die sowohl innerhalb eines Staates als auch zwischen Staaten angewandt werden kann, Volksdiplomatie bezeichnet eine Methode internationaler Einflussnahme, die sich auch der didaktischen Methoden der Propaganda bedienen kann.

Volksdiplomatie zielt auf die Loyalität des Staatsbürgers zu seiner Regierung. Volksdiplomatie ist die Anwendung von Überredung, die Herstellung von Übereinstimmung oder Solidarität oder gar die Androhung von Gewalt im Verhältnis zu grossen Gruppen der Bevölkerung eines anderen Staates, um mittels der Massen und grosser Gruppen der Bevölkerung jetzt die Regierung zu einem ganz bestimmten Verhalten zu zwingen, oder die Massen sogar dahin zu bringen, dass sie die Regierung stürzen und eine den Interessen des volksdiplomatisch aktiven Staates entsprechende Regierung an die Macht bringen. Im Verhältnis zu der betroffenen Regierung ist Volksdiplomatie stets Einsatz von Gewalt, nicht physischer Gewalt wie in Kriegen, sondern psychischer Gewalt, um diese Regierung zu einem ganz bestimmten Tun oder Lassen zu zwingen, oder um sie sogar gänzlich zu beseitigen und durch eine andere Regierung zu ersetzen. Vom Effekt her kann Volksdiplomatie also dem Kriege, dem letzten, eigentlich schon von der Diplomatie wegführenden Mittel der Aussenpolitik vergangener Zeiten, nahe verwandt sein. Ihr Objekt ist die Entscheidungsfreiheit der Regierung.

Wenn ein solches System funktionsfähig wäre, müsste seine Anwendung das überlieferte System der internationalen Beziehungen und vor allem auch die tradierte Anschauung über diplomatische Methoden infrage stellen. Neben die besonders förmliche und auf Kontakte zwischen besonders hervorgehobenen Organen der auswärtigen Gewalt ausgerichtete klassische Diplomatie würde eine ganz informelle, naturhaft-ungeordnete Kommunikation von unübersehbarem Ausmass treten bzw. schon getreten sein. Die Staaten hätten die Möglichkeit, in traditioneller Form konziliant zu verhandeln, während sie zugleich mit "modernen" Mitteln ihren Verhandlungspartner indirekt unter Druck setzen.

ANMERKUNGEN ZUR EINLEITUNG

[1] Neue Zeit, S. 10-13.
[2] S. 11.
[3] S. 27 der deutschen Ausgabe.
[4] Neue Zeit, 1967, Heft 52, S. 5.
[5] a.a.O., S. 6.
[6] a.a.O., S. 7.
[7] Nach Henderson, S. 9.
[8] Vgl. M. Y. Cho, Die Entwicklung der Beziehungen zwischen Peking und P'yongyang, 1949-1967, S. 12 f.
[9] Vgl. Hans J. Morgenthau, Politics among Nations, S. 507; Elmar Plischke, International Integration, S. 3 f.
[10] Concepts of International Politics, S. 73 ff.
[11] Politics among Nations, S. 507.
[12] Nach Padelford-Lincoln, S. 342.
[13] Theoretische Fragen, S. 316.
[14] Unten S. 132 ff.
[15] London, Permanent Crisis, S. 213 ff.

Erstes Kapitel

Möglichkeiten und Grenzen der Volksdiplomatie im Lichte der heutigen sozialwissenschaftlichen Erkenntnisse

1. Kapitel: Möglichkeiten und Grenzen der Volksdiplomatie im Lichte der heutigen sozialwissenschaftlichen Erkenntnisse

Begreift man Volksdiplomatie als einen spezifischen Umweg der diplomatischen Einflussnahme eines Staates auf den aussenpolitischen Entscheidungsprozess eines anderen Staates, so hat man sich zunächst genaue Vorstellungen über Erfolgsaussichten und den für Erfolge erforderlichen Aufwand zu verschaffen, ehe man Volksdiplomatie mit anderen Methoden internationaler Einflussnahme vergleichen und dann bewerten kann. Dazu bedarf es einer Bestandsaufnahme der möglichen methodologischen Probleme der Volksdiplomatie, wobei besonders auf die Bestimmung des unmittelbaren Adressaten und seiner Stellung zum aussenpolitischen Entscheidungsprozess, die Zweckmässigkeit verschiedener Argumentationsweisen und mögliche Reaktionen und Gegenkräfte zu achten ist.

I. DER ADRESSAT DER VOLKSDIPLOMATIE

Während für die traditionelle – an der Kommunikation zwischen Repräsentanten von Staaten orientierte – Diplomatie der Adressat durch die Verfassung des zu beeinflussenden Staates vorgegeben ist, ergibt sich für die Volksdiplomatie eine erste Schwierigkeit schon daraus, dass der unmittelbare Adressat recht nebulös bleibt. In der politischen Philosophie ist der Begriff "Volk" schon nicht einhellig geklärt. Im weltweiten Rahmen ist man von einer Verständigung über den Inhalt dieses Begriffs noch weit enfernt. Im Westen gibt es einmal die Auffassung, der Verfechter der repräsentativen Demokratie, die das Volk lediglich als eine Idee oder als eine Umschreibung für die Idee der Allgemeinheit auffassen und zwischen der Bevölkerung bzw. der Gesellschaft und dem Volk scharf unterscheiden. Sie meinen, dass die Bevölkerung nur in ganz wenigen Momenten zum Volk werde, wenn sie sich etwa während eines Wahlaktes zur Allgemeinheit entschliesse[1]. Demgegenüber steht die Anhängerschaft der unmittelbaren Demokratie, die meint, dass das Volk ständig präsent und in der Lage sei, unmittelbar auf das politische Geschehen einzuwirken. Diese Differenzierung wird schon in den Schriften Rousseaus deutlich: Mit der Unterscheidung von "volonté générale" und "volonté de tous"[2]. Die marxistische Philosophie des historischen Materialismus ist dem Begriff "Volk" gegenüber äusserst skeptisch; sie bevorzugt den Begriff "Nation", noch lieber aber "Klasse", heute in erster Linie die der Arbeiter und Bauern[3]. Nach der Auffassung der chinesischen Kommunisten gibt es überhaupt keinen allgemeinen Begriff des Volkes, sondern einen "in den verschiedenen Geschichtsperioden jedes Landes" verschiedenen Bedeutungsinhalt des Wortes[4]. So schreibt Mao Tse-tung:

> "Während des antijapanischen Krieges gehörten alle Klassenschichten und sozialen Gruppierungen, die den Japanern Widerstand leisteten, zur Kategorie des Volkes."

Im chinesischen "Befreiungskrieg" unter kommunistischer Führung sollen alle Klassenschichten und sozialen Gruppierungen Chinas, die sich den "amerikanischen Imperialisten und ihren Helfershelfern – den bürokratischen Kapitalisten und der Grundbesitzerklasse – sowie den diese Klassen vertretenden Kuomintang-Reaktionären" widersetzten, als "Volk" anzusehen gewesen sein. Im heutigen China (Festland), "während des Aufbaus des Sozialismus, gehören alle Klassenschichten und gesellschaftlichen Gruppierungen, die die Sache des sozialistischen Aufbaus fördern und unterstützen und sich für sie einsetzen, zur Kategorie des Volkes"[5]. Dabei ist sich Mao Tse-tung durchaus der Widersprüche bewusst, die in einer solchen Grossgruppe bestehen können, so dass für ihn selbst in den einzelnen historischen Etappen das "Volk" ein nicht gänzlich klarer und abgrenzbarer Begriff ist[6]. Die Vertreter der repräsentativen Demokratie sind hier in einer weitaus besseren Lage, da sie sich nicht so sehr an das Volk halten, sondern an die Repräsentanten, die bei genauem Studium des Repräsentationsverfahrens leicht und relativ dauerhaft zu ermitteln sind.

Die Volksdiplomatie soll Gruppen im vorkonstitutionellen gesellschaftlichen Raum ansprechen, um bei ihnen Gestimmtheiten zu erzeugen oder zu stärken, die bestimmte Verhaltensweisen der aussenpolitischen Entscheidungsorgane bewirken können. Im Gegensatz zur traditionellen Diplomatie werden bei der Volksdiplomatie der Adressat und der eigentlich zu beeinflussende Träger der Entscheidung, d.h. der materielle Inhaber der Auswärtigen Gewalt, in vielen Fällen ohne direkten und institutionalisierten dauernden Kontakt miteinander sein. Die Aussenministerien betreiben zwar mehr oder weniger geschickt public relations in ihrem eigenen Staat, in vielen Staaten hat die Bevölkerung auch Gelegenheit, als Wählerschaft die Generallinie der Aussenpolitik zu beeinflussen. Das sind jedoch keine so andauernden Kontakte, dass sie für eine Volksdiplomatie, die jederzeit und in Einzelfragen wirksam zu werden hat, ausreichen könnten. Für die Volksdiplomatie kommt es vielmehr darauf an, ob die öffentliche Meinung im weitesten Sinnen – organisiert als Presse und Funk oder nicht organisiert als Stimmung von Gruppen der Bevölkerung – auf den aussenpolitischen Entscheidungsprozess Einfluss haben kann.

Obwohl gerade in unserem Jahrhundert viele Versuche unternommen worden sind, mit Volksbewegungen auf die Gestaltung der Aussenpolitik Einfluss zu nehmen – man denke nur an die verschiedenen Friedensgesellschaften –, ist die exakte wissenschaftliche Erfassung und Beschreibung des Einflusses der öffentlichen Meinung im weitesten

Sinne auf aussenpolitische Entscheidungen recht unbefriedigend. Das liegt allerdings wohl nicht so sehr an einem Desinteresse der kompetenten Wissenschaften, sondern eher an der Diskretion des Forschungsgegenstandes. Die Erhellung eines aussenpolitischen Entscheidungsprozesses durch den Wissenschaftler hat meistens anhand von Akten zu erfolgen. Die Autoren von Aktenstücken, Gutachten, Vorlagen und Notenentwürfen, bedienen sich nun jedoch gerade möglichst rationaler Argumente, um ihre Meinung durchzusetzen. Sie werden in der Regel daher nicht vermerken, ob und wie sie am Morgen durch einen Zeitungsbericht oder durch eine politisierende Diskussion von Fahrgästen in der Untergrundbahn oder vielleicht sogar durch einen Schock angesichts einer tobenden Wahlversammlung am Vorabend in ihren Überlegungen beeinflusst worden sind. So kann denn beispielsweise de Rivera zu der Auffassung gelangen, die öffentliche Meinung habe bei aussenpolitischen Entscheidungen keine Bedeutung, solange nur eine weitverbreitete Abneigung gegen Steuererhöhungen berücksichtigt wird, d. h., solange keine Entscheidung getroffen wird, deren Verwirklichung besondere materielle Aufwendungen erfordert[7]. Die Akten der Aussenministerien mögen de Rivera Recht geben. Es kann auch hier nicht nachgeprüft werden, ob diese Haltung für die Vereinigten Staaten von Amerika, wo er seine Untersuchungen durchgeführt hat, zutrifft; für Europa und insbesondere Deutschland ist eine solche These jedenfalls zu bezweifeln[7a].

Aussenpolitik ist ein Teil der Gesamtpolitik eines Staates. Ein Fehler in diesem Teilbereich wird die öffentliche Reputation und damit die Durchsetzungskraft einer Regierung genau so treffen wie ein Fehlschlag der Innenpolitik. Allerdings dürften viele kleine aussenpolitische Fehler weitaus seltener öffentlich bekannt und in ihrer Tragweite erkannt werden als innenpolitische Fehlentscheidungen. Demnach scheint es eher geboten, öffentliche Meinungen als nicht unwesentliche Faktoren aussenpolitischer Entscheidungsprozesse zu unterstellen, als sie zu ignorieren[7b].

Besonderes Gewicht dürfte die öffentliche Meinung bei politischen Entscheidungsprozessen vor allem durch ein Moment erhalten, auf das Harold Lasswell zuerst eindringlich hingewiesen hat: Die Unsicherheit und Labilität vieler Menschen, die sich zur Politik hingezogen fühlen[8]. Die französische Schriftstellerin Françoise Mallet-Joris hat in ähnlicher Richtung die Seelenlage vieler eifriger Politiker gekennzeichnet, und zwar mit den gehässigen Worten:

> "Die Politik ist unter anderem der Minderwertigkeitskomplex des betrogenen Gatten, das Alibi des Schüchternen, die Potenz des Schwachen, die Geliebte des Einsamen.[9]

Bei einer sicher nicht unerheblichen Zahl von Menschen, die zur Politik und in die Nähe politischer Entscheidungsinstanzen drängen, ersetzt die Politik gestörte Beziehungen zu Mitmenschen durch Beziehungen zu Kollektiven. Solche Kollektive können gedacht und ideologisch abgegrenzt sein, wie beispielsweise "das Proletariat" oder "die arische Rasse", oder als wirkliche soziale Gruppierungen existieren. Während nun der auf ein gedachtes Kollektiv orientierte Politiker tatsächlich unverändert isoliert bleibt, muss der auf eine existente Gruppe ausgerichtete Politiker in einen Austauschprozess mit der Gruppe eintreten, um den menschlichen Kontakt zu pflegen, den die Gruppe substituiert. Öffentliche Meinung wird er daher, soweit er sie als Meinung seiner Bezugsgruppe versteht, schon ganz irrational wenn nicht bei allen, so doch bei den generellen Entscheidungen berücksichtigen, um die Übereinstimmung mit seiner Bezugsgruppe zu wahren. Selbst dann, wenn die öffentliche Meinung der rationalen Erkenntnis des Politikers widersprechen sollte, wird gerade der labile Typ des Politikers mit Unsicherheit und Entschlusslosigkeit oder mit übertriebener Schärfe und Schroffheit reagieren[10], was vernünftiger Entscheidung nicht förderlich ist. Durch Mobilisierung öffentlicher Meinung in einem Staat mit vielen konkret sozialbezogenen Politikern des labilen Typus liesse sich also jedenfalls wenigstens eine Reihe aussenpolitischer Fehlentscheidungen provozieren. Bei Staaten mit mehr ideologisch orientierten Politikern, insbesondere Diktaturen, verspricht die Ausnutzung dieses seelischen Momentes weniger Erfolg, da die nicht existente, sondern nur gedachte Bezugsgruppe volksdiplomatischer Einwirkung entzogen bleibt.

Aber nicht nur der labile Typus des Politikers bietet Angriffspunkte für erfolgreiche Volksdiplomatie. Auch der innerlich gefestigte, rein rationale sogenannte Staatsmann kann durch Streiks, Wahlniederlagen u.ä. in seiner Handlungs- und Entscheidungsfreiheit beeinflusst werden, denn auch er ist in vielen Staaten schon von verfassungswegen nicht vollkommen unabhängig.

Es ist also auf jeden Fall besser, davon auszugehen, dass Volk und Regierung enger zusammenhängen, als es die zahlreichen Studien zum aussenpolitischen Entscheidungsprozess vermuten lassen.

Wie bereits dargestellt, fehlt dem unmittelbaren Adressaten der Volksdiplomatie oft eine dauerhafte, festumrissene Gestalt. Die sowjetische Theorie begnügt sich, wie die eingangs erwähnten[11] Äusserungen zeigen, damit, den Adressaten nur negativ zu umschreiben. Denn mit der Formel "Diplomatie über die Köpfe der Regierung hinweg" wird lediglich definiert, mit wem hier keine Kommunikation gesucht werden soll. Damit bleibt es dem volksdiplomatisch aktiven Staat überlassen, den Adressaten in dem verbleibenden sozialen Raum selbst zu definieren.

Der japanische Terminus "Kokumin Gaiko" (Diplomatie mit dem einzelnen Staatsbürger) sagt zwar ganz eindeutig, dass das fremde Staatsvolk ohne Rücksicht auf die Regierung mobilisiert werden soll, aber auch Japan war nicht der Notwendigkeit enthoben, unter der Vielzahl der Staatsbürger Gruppen auszumachen, die volksdiplomatisch besonders ansprechbar sind. Der volksdiplomatisch aktiv werdende Staat muss also zunächst einmal innerhalb der Bevölkerung des Staates, gegenüber dem er volksdiplomatisch aktiv werden will, eine Gruppe ausmachen, die bereit ist, seinem Einfluss zu folgen, die Regierung in seinem Sinne zu beeinflussen, auf sie eventuell Druck auszuüben oder sie sogar zu stürzen und durch eine neue, ihm genehme Regierung zu ersetzen.

Ein erstes Kriterium für die Auswahl des Adressaten bietet die Erkenntnis der Sozialpsychologie, dass die Möglichkeit zur Einflussnahme auf Gruppen zu wachsen scheint, je ähnlicher die Haltung des Einflussnehmenden der Haltung der angesprochenen Gruppe ist [12]. Entscheidend ist also eine Sympathie des Adressaten. Weiterhin ist zu erwägen, ob es besser ist, kleinere Gruppen von "opinion leaders" oder Massen anzusprechen oder beides nebeneinander zu tun [13].

Die Art der Gruppe, die ein volksdiplomatisch aktiver Staat als Adressat seiner Bemühungen auswählt, hängt ausserdem von den Zielen ab, auf die diese Bemühungen gerichtet sind: Geht es darum, die Regierung eines Staates in ihrer einmal eingenommenen wohlwollenden Haltung zu bestärken, so käme als Adressat volksdiplomatischer Aktivität die innenpolitische Gruppe infrage, auf die die Regierung sich in der Regel stützt oder auf die sie sich stützen könnte. Diese Gruppe müsste dann für eine weitgehende Solidarisierung mit dem volksdiplomatisch aktiven Staat gewonnen werden, damit sie bereit ist, die Regierung an den einmal eingeschlagenen freundlichen Kurs zu binden. Denkbar wäre es aber auch, die Regierung von ihrer Trägergruppe zu trennen und zu dieser in Gegensatz zu halten, damit sie zur Machterhaltung auf Interventionen des volksdiplomatisch aktiven Staates angewiesen ist und dessen Anweisungen genau folgt. Geht es darum, eine Regierung zu schwächen, um beispielsweise eine von ihr mitgetragene Allianz zu erschüttern, würde es genügen, die Gruppen auszumachen, auf die die Regierung sich in der Regel stützt, und ihnen Misstrauen gegenüber der Regierung einzuflössen oder starke, politisch neutrale Gruppen zu politisieren, um sie zum Element der Unruhe im Innern zu machen. Geht es darum, eine Regierung zu stürzen, käme es darauf an, eine oder mehrere Gruppen auszumachen, die zu der Regierung in Widerspruch stehen, oder neutral wenn nicht gar positiv eingestellte Gruppen gegen die Regierung aufzubringen.

Wenn auch Lenin gesagt hat, dass "überall . . . Gegensätze zwischen Regierungen und Völkern (bestehen) und (man) deshalb . . . den Völkern helfen (müsse), in die Fragen des Krieges und des Friedens (d.h. der Aussenpolitik, d.Verf.) einzugreifen" [14], so zeigen doch schon die ersten Überlegungen zur Methodik der Volksdiplomatie, dass Volksdiplomatie keineswegs bloss auf die Ausnutzung von Widersprüchen innerhalb einer Gesellschaft hinausläuft, sondern dass im Gegenteil gerade die Ausnutzung gesellschaftlicher Konformität für die Volksdiplomatie sinnvoll sein kann. Entscheidend ist nicht allgemein das Bestehen eines Antagonismus, sondern die Tatsache, dass es sich um eine Gruppe innerhalb einer Gesellschaft handeln muss, von deren Haltung notwendig die Haltung der Gesellschaft mit abhängt, bzw. ohne deren Konsens der Staat auseinanderbrechen würde. So heisst es dem Zwischenbericht der deutschen Kommission für die Reform des Auswärtigen Dienstes von 1969:

> ". . . Die ganaue Beobachtung der Entwicklung und der Veränderungen der politischen Relevanz organisierter sozialer Gruppen sowie die Aufnahme entsprechender Beziehungen zu diesen Gruppen ist für das Bild der Innen- und teilweise auch der Aussenpolitik des einzelnen Landes unerlässlich . . ."[15]

Die Frage nach dem richtigen Adressaten der Volksdiplomatie setzt also die Antwort auf die Frage nach den Kräften voraus, die für die Erhaltung bzw. Zerstörung eines Staates und seiner inneren Ordnung, insbesondere der Autorität der Regierung, von Bedeutung sind.

Dann ist aber zunächst einmal die Frage zu klären, wodurch die Stabilität eines Staates und seiner inneren Ordnung, seiner Verfassung im weitesten Sinne und die Loyalität zu einer Regierung begründet wird, welche Gruppen und welche Situationen für den Bestand eines Staates relevant sind. Erst dann lässt sich beurteilen, welche Gruppen für die jeweiligen volksdiplomatischen Aktivitäten als Adressaten infrage kommen. Im Rahmen dieser Untersuchung kann die Antwort auf eine solche anhand der wirklichen Lagen immer wieder neu zu klärende Frage nur durch ein Schema gegeben werden, das von einer als allgemein angenommenen menschlichen Verhaltensweise ausgehen muss.

1. *Die notwendige Prämisse: Staat und Stabilität*

Seit der Antike zieht sich durch die staatsphilosophische und staatstheoretische Literatur Europas die These, dass die sozialen Gruppen, unter ihnen auch der Staat, keine Schöpfung übernatürlicher Kräfte sondern Menschenwerk seien, das seinen Ursprung in der Schwäche des Menschen habe und seinen Sinn daraus erhalte, den schwachen Menschen im Zusammenschluss mit anderen genauso schwachen Menschen zu Taten zu befähigen, die ihm eine Sicherheit vor den Gefahren seiner Umwelt und eine Verwirklichung seines wahren Menschseins ermöglichen. So heisst es bei Plato:

> "Es entsteht also, . . ., eine Stadt, wie ich glaube, weil jeder einzelne von uns sich selbst nicht genügt, sondern vieler bedarf. . . . Es gründet sie . . . unser Bedürfnis . . ."[16]

Augustinus setzt die Furcht vor dem Tod an die Spitze der Skala menschlicher Motivation und ordnet der Gruppenbildung den Selbsterhaltungstrieb des Menschen als bestimmendes Element[17]. Diese theologische Begründung findet sich heute wiederum bei Reinhold Niebuhr, der davon spricht, dass der Mensch in der Unsicherheit geboren ist und lebt, und nach einer absoluten Sicherheit seiner Existenz trachtet[18]. Auch im Zeitalter des beginnenden Rationalismus ist diese Begründung nicht aufgegeben worden. So schreibt Thomas Hobbes im Leviathan:

> "Die letzte Ursache und der Hauptzweck des Zusammenlebens der Menschen in einem Staat und somit auch der damit verbundenen Selbstverpflichtung (. . .) ist sein Selbsterhaltungstrieb und sein Wunsch nach einem gesicherten Leben . . ."[19]
> "Das Ziel jeder Staatsgründung ist Friede und Schutz . . ."[20]

Rousseau spricht von der Schwäche des Einzelnen[21], womit nichts anderes als die Unvollkommenheit und die Hilflosigkeit in der Vereinzelung gemeint ist[22]. Die Angst des Menschen wird immer wieder als begründendes Element des Staates angesehen[23]. Die Existenzialphilosophie hat diese Überlegungen mit der Annahme geschärft, dass der menschlichen Natur "eine gegenstandslose Grundstimmung der Angst schlechthin, eine Weltangst" eigen sei[24].

In der sozialpsychologischen Literatur wird die philosophische These untermauert und bestätigt. So spricht Alfred Adler in seiner "Menschenkenntnis" davon, dass die "Minderwertigkeit, die ihm (dem Menschen, d. Verf.) anhaftet, die ihm als ein Gefühl des Verkürztseins und der Unsicherheit zum Bewusstsein kommt, . . . als ein fortwährender Reiz (wirkt,) einen Weg ausfindig zu machen, um die Anpassung an dieses Leben zu bewerkstelligen, vorzusorgen, sich Situationen zu schaffen, wo die Nachteile der menschlichen Stellung in der Natur ausgeglichen erscheinen"[25]. Der amerikanische Psychologe Abraham Maslow entwickelt in seiner "Theory of Human Motivation" fünf Hauptkategorien menschlicher Bedürfnisse:

"1. Physical (water, food, sex etc.);
2. Safety (order, predictability, dependability of the environment);
3. Love, affection, belongingness;
4. Self-esteem;
5. Self-actualization."[26]

Die Bedürfnisse unter Ziffer 1, 3, 4 und 5 sind dabei durchaus auch in der Individualität und Vereinzelung zu befriedigen. Aber gerade ihre Befriedigung ist erst wirklich hinreichend gesichert, wenn das Bedürfnis nach "safety" befriedigt wird, wenn nicht nur Wasser, Nahrung, Selbstachtung und Selbstverwirklichung möglich sind, sondern wenn sie gesichert möglich sind. Erst dann kann der Mensch an seine Selbstverwirklichung denken. Die physische Existenz des Menschen und seine Sicherheit bilden zusammen erst die Voraussetzung der Verwirklichung der drei weiteren Grundbedürfnisse.

Davies spricht daher davon, dass die Sicherheit einen instrumentalen Charakter habe, die dem Menschen erst zusammen mit der physischen Existenz die Verwirklichung der drei nachgeordneten Grundbedürfnisse ermögliche. Nicht das blosse Vorhandensein von Nahrung gäbe dem Menschen die Freiheit, sich zu verwirklichen, sondern erst die Sicherheit, dass dieser Zustand unverändert bleibt, setze weitere seelische Kräfte frei. Um diesen Zustand der täglichen Sorge um die physische Existenz zu überwinden, bilde der Mensch Gruppen, und werde er politisch tätig[27]. Davies schreibt weiter, dass mit dem Wachsen von Angst und Furcht die Bereitschaft wachse, die eigene Identität aufzugeben und sich nur noch als Teil einer Gruppe zu empfinden[28]. Angst integriert also die Gruppen[29]. Die Solidarität innerhalb einer Gruppe hängt demnach von dem Druck und der von ihm in der Gruppe erzeugten Angst ab. Für den Zusammenhalt einer Gruppe ist est allerdings entscheidend, dass es sich nicht um eine momentane Gefahr handelt, sondern um eine anhaltende Angst, deren Ursprung nicht immer zu erkennen ist, so dass man sich auf die verschiedensten Eventualitäten vorbereiten und jederzeit zur Abwehr bereit sein muss[30].

Sigmund Freud lehrt, dass innerhalb der Gruppen sich die Schwachen gegen die Macht herrschsüchtiger Anführer vereinigt hätten, um zur Verwirklichung ihrer eigenen Wünsche durch gemeinsame Aktionen genügende Sicherheit zu erlangen. Solche Vereinigungen seien aber für eine Selbstverwirklichung nur dann geeignet gewesen, wenn sie dauerhaft organisiert waren. Die Schwachen hätten daher Institutionen geschaffen, "die über die Einhaltung der Vorschriften – Gesetze – wachen und die Ausführung der rechtmässigen Gewaltakte besorgen"[31]. Wenn man Ordnung und Verfahren orientiert auf die Gerechtigkeit als Wesen des Staates auffasst[32], dann ist dies eine psychologische Begründung für den modernen Staat. (Ob der der psychologischen Staatsbegründung zugrundeliegende Gesellungsdrang des Menschen ein angeborener oder erworbener Trieb ist, kann in diesem Zusammenhang dahingestellt bleiben[33].)

Die reale Existenz einer Gruppe oder eines Staates hängt also davon ab, dass das Bedürfnis des Menschen nach Sicherheit befriedigt und der Mensch so von existenzieller Angst befreit wird, dass er Freiheit zur Selbstverwirklichung findet[34]. Um eine Solidarität der Gruppenglieder zu erreichen, kommt es also nicht allein darauf an, dass Menschen in Angst als Masse zusammendrängen, sondern die Masse muss zur Gruppe werden, d.h. eine Leistung erbringen, die als angemessene Reaktion für die Abwehr konkreter und zu erwartender Gefahren verstanden werden kann. Die Gruppe muss planen, und sie muss sich für die Verwirklichung eines Planes entscheiden und entsprechende Vorkehrungen treffen. Erst dann wird aus der Panik, in der sich die angsterfüllte Masse befindet, eine integrierte Einheit, in der das Gefühl innerer Verbundenheit und Sympathie zwischen den Gruppengliedern besteht und Solidarität möglich ist.[35] Hofstätter führt aus, dass "die Gruppe, von der nichts erwartet wird, . . . ihren inneren Zusammenhalt" verliert[36]. Eine entscheidende Voraussetzung für die Integrität einer Gruppe ist also ihre Leistungsfähigkeit und die Schaffung eines Verfahrens, das für die planmässige Bewältigung der sich für sie ergebenden Herausforderungen eingerichtet ist und eines Apparates, mit dem eine geeignete Entscheidung herbeigeführt und durchgesetzt werden kann.

Daraus ergibt sich gerade für die Grossgruppe ein besonderes Problem, nämlich dass die Distanz zwischen den Gruppengliedern immer grösser und damit die Abstimmung zwischen dem individuellen Wollen und Denken und dem Plan der Gruppe immer schwieriger und immer komplizierter wird. Hofstätter kommt zu dem Ergebnis, dass die zunehmende Grösse einer Gruppe die Erfolgsaussichten einer Gruppe in negativer Weise beeinflusst. Das erfordere in wachsendem Masse eine Organisation der Gruppe, die nicht nur auf Arbeitsteilung zielen darf, sondern genauso auf Repräsentation der Glieder im Entscheidungsprozess der Gruppe ausgerichtet sein muss. Erst wenn Arbeitsteilung und Repräsentation die einzelnen Gruppenlieder mit der Gesamtgruppe verbinden und integrieren, sei die erforderliche Stabilität der Gruppe gewährleistet[37]. Daraus ergibt sich, dass eine Gruppe, insbesondere ein Staat, dann gefährdet ist, wenn er den Gruppengliedern nicht in etwa gleichem Masse als geeignet zur Bewältigung ihrer Probleme erscheint; die Gruppe kann dann in Panik geraten und zur Masse werden. Ist eine solche Paniksituation eingetreten, dann besteht wiederum die Wahrscheinlichkeit, dass das erstbeste Angebot einer Lösung, die auch nur im entferntesten Erfolgsaussichten verspricht, von der vermassten Gruppe angenommen wird. Ein bekanntes historisches Beispiel ist der starke Zulauf, den die NSDAP in der Weltwirtschaftskrise erhielt[38].

Die Leistungsfähigkeit einer Gruppe ist also die entscheidende Voraussetzung für die Stabilität der Gruppe und die Loyalität der Gruppenglieder zur Gruppe und zu den Entscheidungen ihrer Führungsorgane. So hat schon Thomas Hobbes im "Leviathan" davon gesprochen[39], dass der Staat, der keinen Schutz mehr bietet, die Treue seiner Bürger verliert, denen es dann freisteht, sich nach dem Gebot der Vernunft zu schützen. Loyalität ist also eine Funktion der Leistungsfähigkeit der Gruppe[40]. (Dies gilt, wie Ernst B. Haas[41] nachgewiesen hat, auch für die Loyalität gegen internationale Organisationen.) Eine Regierung, die sich der Loyalität der Regierten versichern will, muss daher ihre Leistungsfähigkeit den Regierten ständig demonstrieren. Max Weber hat dazu bemerkt[42], dass die Befriedigung die rationale Rechtfertigung einer legitimen Regierung sei. Der Zusammenhalt einer Gruppe ist also eine Funktion des Bewusstseins von der existenziellen Leistung der Gruppe.

Die Schaffung eines Bewusstseins der Leistungsfähigkeit einer Gruppe erfordert eine reziproke Kommunikation zwischen der Gruppenführung und den Gruppengliedern. Die Führung muss die Erwartungen der Glieder kennen und die Glieder müssen die Leistung der Führung erfahren. Das Kommunikationssystem wird damit zur Voraussetzung für den Zusammenhalt der Gruppe[43]. Je präziser das Kommunikationssystem arbeitet, desto fester dürfte der Zusammenhalt der Gruppe sein[44]. Fraser hat daher die These aufgestellt, dass durch die Erfindung des Rundfunks ein wesentliches Mittel zur Stärkung der Loyalität in der Grossgruppe gegeben sei[45]. Für das Fernsehen dürfte das sogar noch weit mehr gelten.

Mit dem Wachsen der Grösse einer Gruppe und mit der permanenten Leistung der Gruppe für den Einzelnen ist allerdings die Gefahr verbunden, dass den Gruppengliedern das Bewusstsein von der Leistung der Gruppe als Voraussetzung ihrer menschenwürdigen Existenz verlorengeht. Die Existenz in der Gruppe wird zu einer "natürlichen Existenz", und der Gedanke, dass diese "natürliche Existenz" erst ein Produkt der Gruppenexistenz ist[46], tritt in den Hintergrund. Damit schwindet aber auch die Loyalität zur Gruppe, die auf der Erkenntnis der Gruppenbildung als existenzieller Entscheidung für eine menschenwürdige Lebensführung beruht. Je grösser und selbstverständlicher die Gruppe erscheint, desto stärker wird in ihr die Aloyalität. Dies zwingt wiederum die Gruppe, den Staat, bzw. ihre auf die Loyalität angewiesene Führung, die Regierung, zu einer ständigen inneren Staatspflege[47], mit der die Bedeutung und Erhaltung der Leistungsfähigkeit der Gruppe für die Existenz des Einzelnen bewusst gemacht, also ein Staatsbewusstsein entwickelt und gepflegt werden muss.

Bereits bei Rousseau ist aber schon der Gedanke angedeutet, dass mit der wachsenden Leistungsfähigkeit der europäischen Staaten im 18. Jahrhundert das Bewusstsein der Zugehörigkeit zu einem Staat mehr und mehr zurückgegangen und durch das Bewusstsein der Zugehörigkeit zu der europäischen Zivilisation und Kultur verdrängt worden sei. Er vermutete also, dass mit der Selbstverständlichkeit der Leistung des sich modernisierenden Staates das Bewusstsein von der existenziellen Notwendigkeit staatlicher Ordnung schwinden würde, und empfahl, das Bewusstsein der wirtschaftlichen und physischen Abhängigkeit von der Gruppe durch den Gedanken an eine überpersönlichkeit, die Nation, zu ersetzen[48]. Der oft auf Rousseau zurückgeführte Gedanke der nationalen Integration zielt also am Ende darauf, die Gruppe mit einer Überpersönlichkeit auszustatten und zwischen den Gruppengliedern und dieser Überpersönlichkeit Gefühlsbindungen herzustellen, und zwar Gefühlsbindungen, die der gedachten Nationalpersönlichkeit einen eigenen und nicht mehr bloss instrumentalen Wert geben[49]. Die ursprünglich nomologische, d.h. am Gesetz orientierte Gruppe wird dann zur psychologischen Gruppe, wenn nicht gar zur biologischen Gruppe[50]. Die Loyalität der Gruppenglieder zur Gruppenführung bzw. die Solidarität der Gruppenglieder untereinander wird auf diese Weise in der Idee der Nation neu fundiert, wobei das neue Fundament bis zur Ideologie fortentwickelt werden kann[51].

Aber auch die nationale Idee knüpft an die Leistungsfähigkeit der Gruppe an, sie will aus dem Erlebnis der gemeinsamen Leistung Gefühlsbindungen entwickeln, die zu Gemeinschaftsgefühlen gesteigert werden, bis hin zu einer Art Personifizierung der Gruppe und der Entwicklung von Anhänglichkeitsgefühlen gegenüber dieser gedachten Überperson[52]. Die Koordination zu gemeinsamer Leistung wird durch eine Subordination unter die gedachte Überperson ergänzt. So hat schon Ernest Renan hervorgehoben, dass eine Nation nicht dadurch begründet werde, dass Menschen dieselbe Sprache sprechen oder zu derselben ethnischen Gruppe gehören, sondern dass sie in der Vergangenheit gemeinsam Grosses vollbracht haben und in der Zukunft genauso zu handeln wünschen[53].

Es fragt sich jedoch, ob die nationalen Ideen einschliesslich ihrer extremen Formen, der Nationalismen, geeignet sind, nicht nur die nationale Loyalität innerhalb der Gruppe zu festigen, sondern darüberhinaus auch eine rational zu begründende Disloyalität, beispielsweise tief divergierende Wirtschaftsinteressen und die Unfähigkeit der Menschen, ihre Interessen unterzuordnen[54], zu überspielen, d.h. ob sie ein ganz neuer und selbständiger Integrationsfaktor sein können. Das nationale Argument knüpft zunächst daran an, dass die Gruppe bereits Leistungen für ihre Glieder erbracht hat; es will aus dem Bewusstsein der gemeinsamen historischen Leistung die Bereitschaft erzeugen, auch gegenüber zukünftigen Lagen an der bewährten Lebensform festzuhalten[55]. Lemberg spricht in diesem Zusammenhang von der "Schicksalsgemeinschaft"[56] und Grodzins weist auf die in vielen Staaten als vornehmste nationale Gedenktage begangenen Befreiungsfeiertage hin, die als ein Reaktivieren vergangener gemeinsamer Leistung zu verstehen sind[57]. Die Existenz der Gruppe als solcher wird damit zur Voraussetzung menschlicher Existenz überhaupt[58]. Dies kann zu der Bereitschaft führen, für die Nation, die mit der persönlichen Existenz identifiziert wird, auch das Leben einzusetzen[59]. Die Existenz der Nation erhält damit den Rang eines Grundbedürfnisses menschlicher Existenz überhaupt.

Die Wirkung des Nationalgedankens knüpft aber nicht nur an die Bewährung der Gruppe an, sondern auch an ein weiteres psychisches Element, nämlich die mit dem Gruppenerlebnis, insbesondere der Ausprägung des "Wir"-Empfindens einhergehende Differenzierung, die bis zur Verachtung für die anderen[60] gehen kann, und die damit verbundene Furcht des Menschen vor allem Fremden als Ursache potentieller Gefahr. Das Fremde, insbesondere die "out-group" in der Terminologie Sumners[61] wird zu einem Integrationsmoment, das die Disziplin und Loyalität innerhalb der eigenen Gruppe stärkt[62]. Je stärker die Gefahr, die von der "out-group" ausgeht, eingeschätzt wird, je stärker die "out-group" als Quelle von Frustrationen angenommen wird, desto heftiger wird die Aggressivität gegen sie und desto grösser ist auch die Bereitschaft, Einzelinteressen zurückzustellen und sich ganz mit der eigenen Gruppe zu identifizieren[63]. Besonders in Kriegszeiten lässt sich daher oft ein starkes Zunehmen der Integrität der Gesellschaft beobachten[64]. Das Bewusstsein, sich von anderen Gruppen zu unterscheiden und zu diesen Gruppen in einem Gegensatz zu stehen, hat eine eigene integrierende Wirkung[65], die Carl Schmitt sogar zur Grundstruktur des "Politischen" schlechthin erklären möchte[66]. So hat schon Ernst Curtius behauptet, dass die Griechen sich gegenüber Fremden als *ein* Volk gefühlt hätten[67].

Eine besondere integrierende Wirkung kommt der sprachlichen oder auch der nur angenommenen ethnischen Verwandtschaft innerhalb einer Gruppe und der damit korrespondierenden sprachlichen oder ethnischen Andersartigkeit der "out-group" zu. Hiermit wird die Andersartigkeit der Gruppe nicht nur verdeutlicht, sondern die Gruppe wird zu einer vorgegebenen "natürlichen" Einheit der Träger einer gleichen Sprache oder ethnischen Tradition erhoben. Die Bewahrung der mit der Gruppe identifizierten Sprache und ethnischen Tradition wird damit zu einem Grundbedürfnis der menschlichen Existenz[68]. An die Stelle der ursprünglich auf psysische Existenzsicherung und Angst aufgebauten Solidarität und Loyalität innerhalb der Gruppe tritt eine auf psychische Existenz orientierte neue Form der Solidarität und Loyalität innerhalb einer Gruppe. Diese Ersetzung des begründenden Elements der Gruppenexistenz kann so weit gehen, dass bei einer Kollision zwischen der nationalen Frage und wirtschaftlichen Fragen, die alle Gruppenglieder in gleicher Weise berühren, der nationalen Frage der Vorrang vor wirtschaftlichen Fragen eingeräumt wird[69].

Das nationale Element gerade in seiner durch Verbindung von Patriotismus und Fremdenhass zum Nationalismus gesteigerten Form[70] kann sich völlig verselbständigen und sogar bei sozialen Antagonismen innerhalb einer Gruppe, die rational zu einer Disloyalität führen würden, die rationale Disloyalität überspielen[71]. Ein leistungsschwaches System kann sich also mittels solcher ursprünglich sekundärer Werte stabilisieren und so die Loyalität zur Führung sichern[72]. Zweifelhaft ist jedoch die Auffassung von Ratzel[73] und auch Freud[74], dass *nur* der Hass die Grossgruppe nach innen bindet. Lorenz[75] will den Beweis für diese These darin sehen, dass nur aggressive, d.h. "zum Hassen" fähige Tiere statt Herden Gruppen bilden. Entscheidend dürfte jedoch nicht nur der Hass auf den Gegner sein, sondern vielmehr "stress" oder Frustration, denen die Gruppe ausgesetzt ist. Frustration und "stress" können aber auch von physischen Umständen und Ereignissen beispielsweise immer wiederkehrenden Überschwemmungen, ausgehen.

Wenn eine Gruppe einmal integriert ist, ergibt sich das Problem der Bewahrung der Gruppe jedoch daraus, dass mit der Tüchtigkeit der Gruppe der integrierende "stress", der Katalysator des "Notwendigen", entfällt und durch andere Kräfte ersetzt werden muss, soll die Gruppe für alle Eventualitäten der Zukunft erhalten bleiben. Diese Funktion können Götter von primitiven Kulten bis zum religiös identifizierenden Staat, aber auch wahre oder vermeintliche Feinde übernehmen[76]. Dabei kann sich im Laufe der Zeit zwischen der ursprünglich gruppenbegründenden physischen Existenzsicherung des Menschen und dem ursprünglich sekundären Nationalbewusstsein ein Widerspruch ergeben, so dass es für die Fortexistenz einer Gruppe darauf ankommt, ob sie sich für diese oder jene Lösung entscheidet. Sofern die soziale Frage den Vorrang erhält[77], kann sie zur Disloyalität oder Entfremdung innerhalb einer national begründeten Gruppe bzw. zur Begründung neuer Solidaritäten und Loyalitäten führen. Daran knüpft der berühmte Schlussatz des Kommunistischen Manifestes an, "Proletarier aller Länder vereinigt euch". Sein Gegenstück ist der Satz "Right or wrong my country", für dessen Gewicht etwa der Burgfriede der Sozialdemokraten in Deutschland während des Ersten Weltkrieges ein beredtes Zeugnis ablegt.

Wenn allerdings die Betonung des nationalen Prinzips gerade in Friedens- und Kriegszeiten zu einer so starken Umstrukturierung der Gesellschaft führt, dass die Interessen grosser Gruppen vollkommen unberücksichtigt bleiben, kann dieses Prinzip eine desintegrierende Entfremdung einleiten. Dem nationalen Prinzip innewohnende Aggressivität kann dann gegen die eigene Gruppe gerichtet werden. Dies wurde besonders seit 1917 bei allen Beteiligten des Ersten Weltkrieges deutlich[78]. Gerade das letztgenannte Ereignis zeigt aber auch, dass bei grossen Anstrengungen und Auseinandersetzungen, die mehrere Gruppen miteinander führen, innerhalb der einzelnen Gruppen durch die Konzentration auf einen Bereich, in den Kriegen vor allem den militärischen, ein Zerfall der Ordnung in den übrigen Bereichen die Folge ist, so dass hier die Gruppenglieder in den Zustand der elementaren Existenzangst zurückfallen, in der sie zunächst keine neue, einen Schutz versprechende Ordnung erkennen können, und damit in chaotischer Panik einen völligen Zerfall der alten Ordnung beschleunigen. Hier tritt zwar eine Entfremdung, aber noch keine antagonistische Umpolarisation ein, sondern eine reine Depolarisation und Destruktion, schliesslich eine Auflösung der Gruppe.

Aus sozialpsychologischer Sicht ergibt sich also, dass ein Staat eine Ordnung ist, die sich eine Gruppe gibt, um sich gemeinschaftlich gegen existenzielle Gefahren zu schützen und das Leben der Gruppenglieder von elementaren Ängsten zu befreien, damit ein menschenwürdiges Leben möglich wird. Die Stabilität einer Gruppe resultiert aus der Polarisierung des Bewusstseins der Gruppenglieder auf die Staatsidee, wobei diese als Leistungsprinzip oder als nationales, aber auch religiöses Prinzip begründet sein kann. Die genannten Prinzipien sind dabei keine abschliessende Aufzählung, sondern nur drei besonders klar hervortretende Kräfte, die in der sozialen Wirklichkeit mit anderen Kräften gemeinsam auftreten oder auch durch andere Kräfte ersetzt werden können. Für eine erste Untersuchung der Möglichkeit einer Volksdiplomatie reicht es jedoch aus, diese drei Elemente zu betrachten.

2. *Antagonistische oder konforme Adressaten*

Die skizzierte sozialpsychologische Hypothese gibt für die Kriterien bei der Wahl des richtigen Adressaten einer Volksdiplomatie keinen abschliessenden und überall gültigen Katalog von Merkmalen. Sie legt lediglich die Annahme nahe, dass bestimmte gesellschaftliche Konfliktsituationen denkbar sind, die besonders günstige Ansätze für volksdiplomatische Aktivitäten bieten könnten. Sie schliesst aber auch nicht aus, gerade auf die Gegenkräfte zu setzen, um eine Regierung zu stützen.

Wenn in einem stark an nationalen oder religiösen Ideen orientierten Staat einzelne Gruppen sich in einer nach sozialer Gerechtigheit strebenden Zeit gesellschaftlich deklassiert oder entfremdet verstehen, bieten sie vielleicht Ansätze für eine auf Sturz der Regierung zielende Volksdiplomatie, wie auch umgekehrt in einem leistungsbezogenen Staat die von einer Irridenta vorgetragene nationale Frage zum Hebel volksdiplomatischen Vorgehens werden kann. Aber nicht nur Umsturz und Veränderung sind denkbare Aufgaben der Volksdiplomatie, sondern auch Bewahrung und Stabilisierung einer als wünschenswert erkannten Regierung oder Ordnung. Dann wären regierungs- oder ordnungskonforme Schichten auszuwählen.

Es ist also bisher noch nicht möglich, für den Adressaten volksdiplomatischer Bemühungen sichere Auswahlkriterien anzugeben. Man kann nur vermuten, dass Volksdiplomatie, die nur Erschütterung will, sich ohne grosse Beachtung innerer Strukturierungen gegen jeden Staat richten kann, da sie nur Massen in Panik versetzen will, während Volksdiplomatie, die Gruppen zum Handeln und zur Einflussnahme bewegen will, bei der Auswahl des Adressaten nur solche Gruppen anzielen kann, die sich von ihnen ausgehenden Einflusses bewusst sind oder bewusst werden können, die die soziale Ordnung also als beinfluss- und veränderbar und nicht als statisch vorgegeben betrachten. Mit dieser Einschränkung, dass statische Gesellschaften geringere Aussichten für volksdiplomatische Erfolge bieten, sollte man zunächst einmal besser von der Hypothese einer totalen Manipulierbarkeit einer Gesellschaft ausgehen, als an die Unanfechtbarheit bestehender sozialer Ordnungen zu glauben. Die Manipulierbarkeit könnte bis in die Spitzen hinein bestehen, bei konformer Volksdiplomatie vielleicht sogar auch die Spitzen umfassen. Der volksdiplomatisch aktive Staat hat sich bei der Auswahl der volksdiplomatisch anzusprechenden Kreise einer Gesellschaft daher zunächst von seinem Ziel leiten zu lassen und die der Verwirklichung seines Zieles wahrscheinlich zugeneigten Kreise auszumachen, d.h. die gesellschaftlichen Gebilde, die von ihrer Art und Stellung her am ehesten den gewünschten Einfluss auf den Entscheidungsgang ausüben könnten.

Zur Veranschaulichung der weiteren Überlegungen sei ein Schema mit drei Gruppen unterschiedlicher Grösse und unterschiedlichen Einflusses konstruiert: Die Gruppe A umfasst 0,5% der Bevölkerung, stellt 70% der höheren Beamten, bei allgemeinem gleichen Wahlrecht 60% der Parlamentarier und 90% der Minister; die Gruppe B umfasst 5% der Bevölkerung, stellt 25% der höheren Beamten, 10% der Parlamentarier und 10% der Minister; die Gruppe C umfasst 50% der Bevölkerung, stellt 0,1% der höheren Beamten, 25% der Parlamentarier und keinen Minister. Ein Staat, der gegenüber diesem Modellstaat volksdiplomatisch aktiv werden will, und zwar mit dem Ziel, die derzeitige Regierung und ihren Kurs zu erhalten, hat sich dann zunächst an die Gruppe A zu wenden; er muss aber auch zugleich die Wähler der aus der Gruppe A hervorgehenden Abgeordneten gewinnen, die zu einem grossen Teil der Gruppe C zugehören werden. Gruppe B ist also volksdiplomatisch relativ bedeutungslos. Ein Staat, der die Politik des Modellstaates volksdiplomatisch verändern will, kann an den gleichen Punkten ansetzen, aber auch versuchen, Angehörige der Gruppe B als Repräsentanten aufzubauen. Will ein Staat die Position der Regierung des Modellstaates nur erschüttern, würde es genügen, das Vertrauen der Gruppe C in die Abgeordneten aus der Gruppe A zu erschüttern; selbstverständlich könnte er auch versuchen, die Gruppe A von ihren entscheidenden Abgeordneten zu trennen. Aufgrund des engen Konnexes zwischen der Gruppe A und der Regierung wäre ein solches Unternehmen jedoch erheblich schwerer als eine Beeinflussung der Gruppe C gegen die aus Gruppe A hervorgegangene Regierung. Die Nähe und Kommunikation zwischen einzelnen Gruppen in einer Gesellschaft und von ihnen wiederum zur Regierung erweist sich damit als ein entscheidendes Kriterium für den Adressaten volksdiplomatischer Aktivität. Dies gilt natürlich so nur bei der Prämisse eines allgemeinen gleichen Wahlrechts. Andere Faktoren, beispielsweise eine Über- bzw. Unterrepräsentation einzelner Gruppen oder eine besondere revolutionäre Bereitschaft, könnten neue Kriterien in die Überlegungen einführen. Aber das sind letzten Endes nur taktische Variationen, die nichts über die Probleme der Volksdiplomatie als solcher aussagen.

Unter der Voraussetzung des allgemeinen gleichen Wahlrechts wären weiterhin besonders grosse und besonders kleine, aber einflussreiche Gruppen als qualifizierte Adressaten auszusuchen, während an Einfluss und Grösse mittlere Gruppen für die Volksdiplomatie relativ bedeutungslos sind. Diese Differenzierung macht allerdings nur eine Aussage über relativ günstige Möglichkeiten und Erfolgsaussichten volksdiplomatischer Aktivität, sie besagt keineswegs, dass, wenn man von dem unterschiedlichen Aufwand absieht, irgendwelche Gruppen volksdiplomatisch nicht ansprechbar wären, sondern nur unter welchen Voraussetzungen besonders leicht Erfolge möglich sein könnten. Extrem günstig wäre die Situation für eine Veränderung der Politik eines Staates mittels volksdiplomatischer Einflussnahme vielleicht, wenn eine grosse, antagonistisch polarisierte Gruppe angesprochen werden könnten. Dann könnte eine Verstärkung der Polarisation und der Gruppe von aussen, d.h. Unterstützung und

Förderung einer eventuellen Revolution, die zur Ersetzung der widersetzlichen Regierung durch eine andere Regierung führt, die nach Meinung des volksdiplomatisch aktiv werdenden Staates eine bessere Zusammenarbeit ermöglicht und Verständnis für seine Aussenpolitik erwarten lässt, ein aussichtsreiches Unternehmen sein.

Handelt es sich jedoch nur um eine depolarisierte Masse, ist keine Revolution, sondern nur eine Schwächung des Staates möglich, denn die depolarisierte Masse ist im Gegensatz zu der antagonistisch polarisierten Gruppe nicht in der Lage, planmässig zu handeln und damit den planmässig eingesetzten Hilfsmitteln der Regierung wirksam entgegenzutreten. Die depolarisierte Masse ist jedoch in ihrem angstvollen[79] Suchen und Warten auf eine neue Lösung und Ordnung ausserordentlich ansprechbar für jede Argumentation des volksdiplomatisch aktiv werdenden Staates, ob sie nun auf Lügen oder Wahrheit beruht[80], genau wie die einzelne labile Person leichter zu überzeugen ist[81]. Die verzweifelte Masse lässt sich also leicht mobilisieren, und damit lässt sich innerhalb des volksdiplomatisch zu beeinflussenden Staates eine permanente Unruhe schaffen, die der Regierung bei diplomatischen Verhandlungen den Untergrund und das Selbstbewusstsein entzieht. Die depolarisierte Masse ist auserdem nicht in der Lage, eigene Ansichten und Vorstellungen zu artikulieren; sie kann damit auch dem volksdiplomatisch aktiv werdenden Staat keine eigene Vorstellung entgegenhalten, die im Rahmen der Volksdiplomatie zu berücksichtigen wäre. Sie ist also der Volksdiplomatie weit mehr ausgeliefert als die antagonistisch polarisierte Gruppe innerhalb eines anderen Staates, die eigene Vorstellungen im Rahmen ihrer Beziehungen mit dem anderen Staat entwickeln und durchsetzen könnte. Von der depolarisierten Masse sind also lediglich Reflexe aus Massenpsychosen zu erwarten, die die Volksdiplomatie erweckt. Solche Reflexe könnten allerdings als Reaktion auf Frustationen zu Agressivität werden[82] und dann gegen den volksdiplomatisch aktiven Staat gerichtet sein.

3. *Zwei Grundformen der Volksdiplomatie*

Während Diplomatie üblicherweise aus einem Ausgleichen zwischen verschiedenen Standpunkten, einem Überreden zu dem eigenen für richtig und nützlich gehaltenen Standpunkt und einem eventuellen Drohen mit Gewalt und Konsequenzen besteht, ist gegenüber der depolarisierten Masse ein Ausgleichen zwischen verschiedenen Standpunkten nicht möglich, da die Masse keinen eigenen Standpunkt entwickeln und vortragen kann. Sie kann nur überredet und bedroht werden. Gegenüber der antagonistisch polarisierten Gruppe ist allerdings eine quasi-diplomatische Tätigkeit möglich. Das dürfte auch der Grund sein, weshalb in der chinesischen Theorie Volksdiplomatie von Diplomatie gegenüber Regierungen und Parteien abgesetzt wird. Hier handelt es sich um polarisierte Gruppen mit einer eigenen Ordnung, die eigene Ansichten artikulieren können. Nach chinesischer Auffassung ist Volksdiplomatie also nur eine Diplomatie gegenüber Massen. Im Gegensatz dazu beschränkt sich die sowjetische Vorstellung von der Diplomatie "über die Köpfe der Regierungen hinweg" lediglich darauf, die diplomatischen Auseinandersetzungen mit Regierungen durch die Eröffnung einer weiteren Dimension der Auseinandersetzung zu fördern. Unter der Ebene der Regierungen liegt die Diplomatie mit ausländischen Parteien. Sie ist bereits für die Sowjetunion Bestandteil der neuen Diplomatie, die in bemerkenswertem Gegenstaz zur chinesischen Variante auch den Export der Revolution zum Mittel der Volksdiplomatie macht. Es zeigt sich hier eine sehr interessante und konsequente Abgrenzung in den Begriffen, wobei die sowjetische Definition nicht nur Massen als Adressaten der neuen Diplomatie ansieht, sondern auch institutionalisierte Träger des "Massenwillens", insbesondere kommunistische Parteien. Da beide Formen mit Volksdiplomatie, neue Diplomatie oder Diplomatie mit den Völkern umschrieben werden, soll im weiteren die chinesische Version als Volksdiplomatie im engeren Sinne bezeichnet werden, die sowjetische Definition als Volksdiplomatie im weiteren Sinne, d.h. eine Diplomatie, die lediglich Beziehungen mit den Regierungen ausschliesst.

Für die Auswahl des Adressaten ergibt sich bei der Volksdiplomatie im engeren Sinne, dass eine depolarisierte Masse innerhalb eines Staates besonders geeignet ist, während die Volksdiplomatie im weiteren Sinne nicht nur eine depolarisierte Masse innerhalb des volksdiplomatisch zu beeinflussenden Staates suchen muss, sondern die Masse neu zu polarisieren hat, wie die Sowjetunion etwa über die Kommunistische Internationale kommunistische Parteien in anderen Staaten gründete und förderte, um für die Massen ein neues Polarisationszentrum zu schaffen. Die Volksdiplomatie im weiteren Sinne kann sich aber auch auf bereits polarisierte Gruppen stützen oder mit Parteien direkte Beziehungen aufnehmen und pflegen. Dabei ist es durchaus möglich, diese Parteien den Vorstellungen des volksdiplomatisch aktiv werdenden Staates entsprechend umzugestalten. Hier wäre etwa auf den kommunistischen Einfluss zu verweisen, der in der "Partei der Revolution" auf Kuba innerhalb einiger Jahre durchgesetzt werden konnte und aus dieser Partei ein Instrument der sowjetischen Politik machen wollte. Will ein Staat anderes als blosse Unruhe in dem volksdiplomatisch zu beeinflussenden Staat, nämlich Förderung oder Sturz der Regierung, so muss er sich zur Volksdiplomatie im weiteren Sinne entschliessen, d.h. er muss eine polarisierte Gruppe suchen oder ihre Entwicklung unterstützen, um einen organisierten Partner für die gezielte Einflussnahme innerhalb des anderen Staates zu bekommen. Wenn er auf die Polarisierung verzichten will, dann muss er sich damit begnügen, in dem anderen Staat lediglich eine Destruktion und Auflösung zu bewirken; er muss dann aber auch damit rechnen, dass jetzt eine Neupolarisation, vielleicht sogar unter Ausnutzung von Aggressionsgefühlen gegen ihn selbst, durch dritte Kräfte einsetzt, die seiner Aussenpolitik entgegenlaufen kann. Für diesen Vorgang ist die Entwicklung von KPD und NSDAP in der Weimarer Republik mit ihren Rückwirkungen auf die sowjetische Aussenpolitik ein Beispiel.

II. DAS ARGUMENT DER VOLKSDIPLOMATIE

Schon die Überlegungen zur integrierenden Funktion nationaler Ideen und zur Überlagerung von Integrationselementen in einem Staat liessen erkennen, dass nicht nur die Einflussmöglichkeit und Ansprechbarkeit einer Gruppe für den Erfolg einer Volksdiplomatie entscheidend ist, sondern auch das Argument, mit dem Einfluss genommen wird. Es kommt darauf an, ob es stark genug ist, sich durchzusetzen [83]. Wenn das Ziel der Volksdiplomatie die Stabilisierung einer Regierung ist, wird sich das Argument mit den Äusserungen der Regierung decken, ja oft als Manifestation einer Staatspflege der Regierung [84] angesehen werden. Dabei kann es jedoch entscheidend sein, dass es mit gesellschaftlichen Grundanschauungen übereinstimmt, dass beispielsweise in einer nationalistischen Atmosphäre eine volksdiplomatisch unterstützte Regierung nicht den Anschein einer Satellitenregierung erweckt.

Wenn die Volksdiplomatie sich jedoch gegen die Regierung richtet, ihre Schwächung oder ihren Sturz, d.h. De- bzw. Umpolarisierung oder Entfremdung der sie tragenden Gruppen herbeiführen will, dann ist das Argument in dem Bereich zu suchen, den das Staatsbewusstsein vernachlässigt. In einem Staat, der das nationale Prinzip zum Polarisationsfaktor erhoben hat, wäre eine auf Veränderung oder Zerfall zielende Volksdiplomatie auf die soziale Frage abzustellen. In einem Staat, der das soziale Argument zum Polarisationszentrum und damit zum Kernpunkt seines Staatsbewusstseins erhoben hat, der also auf seine Leistung etwa im wirtschaftlichen Bereich die Betonung legt, wäre beispielsweise – sofern ein Staat in dieser Hinsicht heterogen ist – das nationale oder religiöse Argument für Veränderung oder Zerfall erfolgversprechend. Je mehr ein Staat in der Lage ist, mehrere Polarisationspunkte in sein Staatsbewusstsein einzubeziehen, sowohl nationale wie auch wirtschaftliche Probleme als durch sich bewältigt und zu bewältigen darzustellen, und damit die Gesellschaft als Pluralität von Interessen zu integrieren, desto weniger bietet er Ansatzpunkte für eine Volksdiplomatie. Umgekehrt dürfte aber auch der Staat, der die Gesellschaft im Stande homogener monistischer Interessen hält, wenig Angriffspunkte für volksdiplomatische Aktivitäten bieten. Eine starke Identifikation mit einem moralisch oder ethisch begründeten Staatsgedanken könnte bewirken, dass eine gegen diesen Gedanken angesprochene Gruppe ihre Identifikation nur noch verstärkt. Volksdiplomatie wäre also immer da einsatzfähig, wo zwischen gesellschaftlichen Kräften und Staatsidee eine grosse Diskrepanz besteht.

Volksdiplomatie ist demnach insbesondere immer dann ein erfolgversprechendes Mittel aggressiver Aussenpolitik, wenn der zu beeinflussende Staat ein einseitig fundiertes Staatsbewusstsein pflegt, also entweder ein nationalistisches oder ein auf Leistung abgestelltes Prinzip überbetont. In solchen Staaten ist eine latente Disloyalität zu erwarten, darüberhinaus natürlich in allen Staaten, die nicht in der Lage sind, die

Gesellschaft in dieser oder jener Richtung zu polarisieren, die also kein Staatsbewusstsein ausbilden können. Gerade die letztere Gruppe ist für die Volksdiplomatie im engeren Sinne ein aussichtsreiches Objekt, da in ihr Solidarität und Loyalität fast völlig fehlen werden. Auf der anderen Seite darf aber nicht übersehen werden, dass gerade die Überbetonung eines Prinzips in einer Geseelschaft dazu führen kann, dass die Glieder der Gesellschaft das vernachlässigte Prinzip übersehen, zumindest dass es ihnen nicht bewusst wird. In einem solchen Fall muss die Volksdiplomatie überhaupt erst einmal den Anstoss für eine antagonistische Polarisation der Gesellschaft geben. Hier muss sie den Adressaten ausbilden. Dabei hat der volksdiplomatisch aktive Staat jedoch zu berücksichtigen, dass ein allzu direkter Angriff auf die "Staatsidee" unter Umständen die Bindung der Bevölkerung an diese Idee nur verstärken könnte, die Wirkungsmöglichkeiten der Volksdiplomatie also einengen würde [85]. Sofern leichtfassliche Argumente gefunden werden können, wäre eine möglichst indirekte Einflussnahme erfolgversprechender [86].

Nun hat man gerade die Volksdiplomatie nicht in erster Linie auf eine einmalige Einflussnahme abzustellen, sondern eine langandauernde Beeinflussung als Regelfall anzunehmen. Das zeitliche Andauern der Einflussnahme bekommt dabei eigenes Gewicht, es baut die Fremdheit des Einflusses und das daraus resultierende Misstrauen ab [87]. Selbst die anfängliche Unwirksamkeit eines Argumentes sagt nichts über den Erfolg einer volksdiplomatischen Aktivität, da es unterschwellig fortwirken und schon bald, vom verdächtigen Urheber losgelöst, neue Bedeutung erlangen kann [88].

Gegenüber einer depolarisierten Masse, d.h. der Bevölkerung eines Staates, der kein ausgebildetes Staatsbewusstsein hat, hat die Volksdiplomatie im engeren Sinne die Depolarisation zu bestärken, also innerhalb der Bevölkerung die orientierungslose Masse zu vermehren und die Desorientierung zu steigern, um damit immer grössere Gruppen der Bevölkerung in elementare Ängste zurückzustossen, aus denen sie durch die staatliche Ordnung befreit waren. Hier hat also das Argument auf eine allgemeine Angstpsychose hinzuwirken, eine Existenzangst zu erzeugen oder zu vertiefen, so dass die Regierung bei diplomatischen Verhandlungen nicht mehr in der Lage ist, sich auf eine öffentliche Meinung innerhalb ihrer Gesellschaft zu stützen. Das aktuellste Beispiel einer solchen depolarisierten Gesellschaft dürfte heute Vietnam (Süd) bieten, wo die Regierung mit dem Staat identisch wird, d.h. die staatliche Ordnung von der Gesellschaft so weitgehend getrennt ist, dass eine Durchsetzung der staatlichen Ordnung in der Bevölkerung kaum mehr möglich ist. Für die Volksdiplomatie im engeren Sinne ist also Angstverbreitung das entscheidende Kriterium für das richtige Argument. Es muss jetzt hier lediglich der konkreten Lage entsprechend eine Quelle der Elementarangst, die gesteigert werden soll, herausgefunden werden. Nach den Erkenntnissen der Sozialpsychologie ist dabei allerdings nicht so entscheidend, dass Angst erzeugt wird, sondern auch wie die Angst erzeugt wird. Je krasser die Gefahr heraufbeschworen wird, desto geringer ist zunächst die Bereitschaft, sie zu akzeptieren, während eine minimale, möglichst indirekte Erwähnung der Gefahr wirkungsvoller zu sein scheint [89].

Wenn bisher vor allem von der Funktion der Angst für die Volksdiplomatie gesprochen worden ist, so sollte das nur als Beschreibung des Extremfalles verstanden werden. Die Argumentation auch der Volksdiplomatie im engeren Sinne ist viel breiter. Besonders hinzuweisen ist in diesem Zusammenhang auf die Funktion von Hoffnung und Erwartung für die Volksdiplomatie. So kann während offizieller, vor allem geheimer zwischenstaatlicher Verhandlungen von existenzieller Bedeutung der volksdiplomatisch aktive Staat unter der Bevölkerung des Verhandlungspartners Gerüchte über sein mögliches Entgegenkommen verbreiten. Vielleicht gelingt es ihm sogar, den Verhandlungspartner zu gelegentlichen Zwischenkommuniqués zu bewegen, die Fortschritte und Hoffnungen auf einen befriedigenden Abschluss der Auseinandersetzung attestieren, obwohl gerade noch die entscheidenden Streitfragen offen sind. Wenn man davon ausgeht, dass eine Bevölkerung in einer Krisensituation während existenzieller Verhandlungen in der Mehrheit eher Skepsis als erwartungsvolle Hoffnung zeigen und den ergebnislosen Abbruch der Verhandlungen für möglich halten wird, wecken Gerüchte und voreilige positive Kommuniqués gerade in einer Krisenstimmung überspannte Erwartungen und Hoffnungen, deren Enttäuschung nur grössere Verzweiflung als zuvor, und Misstrauen gegenüber der Leistungsfähigkeit der Regierung zurücklässt. Die Regierung des so unter Druck geratenen Staates muss also auf Gedeih und Verderb ein wenigstens positiv erscheinendes Ergebnis der Verhandlungen herbeiführen, und so verhindern, dass die bestehende Krise innenpolitisch nicht noch weiter gesteigert wird. Sie gerät in Abhängigkeit und Zugzwang gegenüber dem volksdiplomatisch aktiven Partner, der ihr durch Erzeugung einer Erwartungspsychose im eigenen Land den Rückzug aus den Verhandlungen abschneidet.

Enttäuschte Hoffnungen können aber auch zu Frustrationen führen, die Agressivität gegen ihren Urheber hervorrufen [90]. Der volksdiplomatisch aktive Staat, der mit der Methode gesteigerter Hoffnungen als Zwangsmittel gegen den Verhandlungspartner arbeitet, muss also auch damit rechnen, dass er statt einer für ihn erfolgreichen Verhandlung eine verstärkte Krise herbeiführen kann.

Für die Volksdiplomatie im weiteren Sinne, die darauf zielt, nicht nur eine Gesellschaft zu depolarisieren und einer Regierung den Untergrund einer festen öffentlichen Meinung zu nehmen, sondern die darauf zielt, eine gegebene Regierung zu stärken oder eine neue Regierung einzusetzen, also bestimmte Loyalitäten zu schaffen oder zu pflegen, die eine Revolution, vielleicht auch nur eine völlige Änderung der politischen Machtkonstellation bei einer Wahl herbeiführen bzw. verhindern sollen, kommt es ausser auf die Bestärkung oder Aufhebung von Antagonismen, insbesondere der für die Entstehung der Antagonismen ursächlichen Angstvorstellungen, darauf an, gleichzeitig noch Lösungen und neue Ordnungen für die Zukunft in Aussicht zu stellen. Es muss also ein Argument angeboten werden, das nicht nur zur Masse depolarisiert, sondern zu einer neuen Gruppe umpolarisiert, und zwar so umpolarisiert, dass die Solidarität zu dem volksdiplomatisch aktiven Staat ein wesentlicher Bestandteil der neuen Ordnung wird. Der volksdiplomatisch aktive Staat muss sich bei der Volksdiplomatie im weiteren Sinne demnach selbst zu einem unmittelbaren Bestandteil seiner Argumentation machen, während bei der Volksdiplomatie im engeren Sinne der volksdiplomatisch aktive Staat sich selbst nicht notwendig mit zur Geltung bringen muss, so dass er etwa den "sleeper effect" nutzen kann[91].

Eine Voraussetzung der Volksdiplomatie im weiteren Sinne ist es daher, dass bei der anzusprechenden Gruppe eine Sympathie für den volksdiplomatisch aktiven Staat besteht oder geschaffen wird, aus der sich eine Solidarität mit ihm ergeben kann. Der volksdiplomatisch aktive Staat muss sich hier also, um seine Argumentation wirksam werden zu lassen, als solidarisierungswürdig beweisen, und zwar muss er seine Solidarisierungswürdigkeit so beweisen, dass die Solidarität mit ihm als höherrangig erscheint gegenüber dem innerhalb des anzusprechenden Staates vertretenen Loyalitätsprinzip. Das bedeutet beispielsweise: In einem Staat, der das nationale Prinzip zum Nationalismus übersteigert vertritt, muss der volksdiplomatisch auf Veränderung zielende Staat ein von ihm vertretenes soziales Prinzip als höherrangig darstellen, so dass beispielsweise die nationale Loyalität hinter die proletarische Solidarität zurückgedrängt wird.

Die nationale Frage verbindet Patriotismus, Verachtung und elementare Angst vor dem Fremden, die bis zum Hass gesteigert werden kann, mit dem Neidkomplex zu fast psychopathischem Verhalten. Daraus könnte folgen, dass sie der viel mehr auf Vernunft abgestellten sozialen Argumentation überlegen ist[92]. Durch die nationalistische Polarisation würde die natürliche Adaptionsbereitschaft der Masse neutralisiert. Das nationale Argument hat allerdings den Nachteil, dass es lokal nur begrenzt einsetzbar ist[93]. Sein Hauptfeld wäre vor allem die Irredenta. Weitaus elastischer und damit erfolgversprechender wäre ein Argument, das, wie etwa der Gedanke der Selbstbestimmung der Völker, an allgemein menschliche Werte anknüpft, wie die Würde des Menschen. Gerade vom Selbstbestimmungsgedanken her liesse sich eine dialektische Brücke zur sozialen Frage finden, wie es die sowjetische These von der sozialen Selbstbestimmung, die die nationale Selbstbestimmung obsolet macht, versucht[94]. Mit Sicherheit dürfte allerdings ein Ansatz für jede Argumentation der Volksdiplomatie fehlen, wenn die Polarisation einer Gruppe und die Ausbilding des Staatsbewusstseins gerade in der Auseinandersetzung mit dem volksdiplomatisch aktiv werdenden Staat erfolgt ist.

Es ergibt sich also, dass bei der Wahl des Arguments für die Volksdiplomatie der volksdiplomatisch aktiv werdende Staat im Falle, dass es ihm um eine pure Destruktion in dem zu beeinflussenden Staat geht, auf die Effektivität des Arguments für die Erzeugung einer Angstpsychose zu sehen hat. Wenn es jedoch um die Polarisierung der Gesellschaft geht, sei es zur Stärkung einer gegebenen Regierung oder zur Hervorbringung einer revolutionären Gruppe, wäre das Argument so zu wählen, dass eine Solidarität möglich wird, die das Polarisationsargument des zu beeinflussenden Staates überragt oder verstärkt. Das konkrete Argument ist dabei aus der jeweiligen Lage zu finden.

III. DAS ARGUMENTIEREN DER VOLKSDIPLOMATIE

Ist der zur Volksdiplomatie entschlossene Staat sich über Adressaten und Argument hinreichend klar geworden, ergibt sich die Frage, wie dieses Argument dem Adressaten nahegebracht werden kann. Die traditionelle Diplomatie ist Austausch von Gedanken, sie versucht aber auch, den Adressaten zu dem Ausgleich, der das Ziel aller diplomatischen Tätigkeit ist, zu überreden bzw. ihn unter Umständen durch Drohungen zum Einlenken zu bewegen. Der in traditioneller Weise tätige Diplomat ist dabei der Gegendiplomatie des Partners ausgesetzt, d.h. seinen Gegenargumenten, seiner Überredung und seinen eventuellen Drohungen. Er befindet sich also in dem Wechselspiel eines Kommunikationsprozesses. Diese Interaktion des Kommunikationsprozesses ist für das Argumentieren von entscheidender Bedeutung. Der traditionell tätige Diplomat kann nicht unbegrenzt sein Argument wiederholen, sondern er muss auf das Gegenargument des Partners eingehen und dieses in seinen Vortrag einbeziehen, will er nicht den Abbruch der Kommunikation riskieren.

Für die Volksdiplomatie im engeren Sinne ist ihrem Wesen nach das Entstehen eines solchen geistigen Austauschprozesses von vornherein ausgeschlossen. Sie hat keinen Partner, der eigene Vorstellungen artikulieren kann, sondern lediglich eine Masse als Zielobjekt, die sich nur reflexiv zu der Argumentation der Volksdiplomatie verhalten kann. Der traditionellen Diplomatie weitaus ähnlicher ist die Volksdiplomatie im weiteren Sinne, insbesondere dann, wenn sie sich an eine polarisierte Gruppe richtet, die eine eigene Ordnung ausgebildet hat und damit in der Lage ist, eigene Vorstellungen zu artikulieren und vorzutragen. Dies ist ein Problem, dass sich etwa dort stellt, wo Parteien auftreten, zumal dann, wenn sie einen erheblichen Anhang haben. Dieses Problem könnte für die Volksdiplomatie besonders schwierig werden, wenn solche Parteien die Macht in einem Staat erlangen und damit gezwungen sind, zwischen den nationalen Interessen und dem Interesse der von ihnen vertretenen Gruppen eine weitgehende Übereinstimmung herbeizuführen, um die Gesellschaft des Staates jetzt auf ihre Führung zu polarisieren. Wenn diese Situation eintritt, dann wird der Ausgleich zwischen dem volksdiplomatisch aktiv werdenden Staat und der

Partei auf der Gegenseite wiederum zu dem zentralen Problem der Volksdiplomatie. Hier besteht also kein Unterschied mehr zur traditionellen Diplomatie.

1. *Das Argumentieren der Volksdiplomatie im engeren Sinne*

Die Volksdiplomatie im engeren Sinne zielt nicht auf Ausgleich sondern auf Destruktion, d.h. auf Depolarisierung einer Gesellschaft. Wenn sie überredet und überredend auf die Massen einwirkt, so geschieht das nicht, um die Massen zur Übereinstimmung mit einer aussenpolitischen Konzeption des volksdiplomatisch aktiven Staates zu bewegen, sondern lediglich mit dem Ziel, die Massen zu verunsichern, ihnen also das Gefühl der Sicherheit zu nehmen, das ihnen ihr Staat vermitteln will. Die Unsicherheit erzeugt Orientierungslosigkeit und wirkt damit depolasierend. Das Spiel mit der Angst ist, wie gerade die ersten Jahre der Bundesrepublik Deutschland gezeigt haben, ein nicht selten angewandtes Mittel der Innenpolitik. Die Volksdiplomatie im engeren Sinne übernimmt dieses Mittel für die Gestaltung internationaler Beziehungen, indem sie die Bevölkerung eines Staates verängstigt, ihr sozusagen eine durch die staatliche Ordnung verdrängte elementare Angst wieder einredet. Es fragt sich allerdings, ob ein solches Einwirken auf die Massen Erfolg haben kann.

Massen befinden sich in einem Zustand permanenter elementarer Angst[95], die aus der Vereinzelung des Menschen in der Masse und dem Fehlen jeder Ordnung als Chance zu einem Ausweg resultiert. Die Angst wiederum führt zu einer fortschreitenden Depersonalisierung und zu einer damit korrespondierenden Bereitschaft, sich grossen kosmischen Gesetzen zu unterwerfen[96]. In einem von Massen durchsetzten Staat ist daher das Band der Loyalität zwischen der Gesellschaft und der Regierung zerschnitten. Die Regierung handelt in einem von der Gesellschaft vollkommen getrennten Raum, sie befindet sich in einem Schwebezustand, der ihr diplomatisches Handeln nahezu sinnlos macht, da all ihre diplomatischen Aktionen nur noch für eine Regierung erfolgen, die im Verhältnis zur Gesellschaft lediglich eine Partei darstellt und keine Repräsentation des Staates. Ein Staat als Idee der Allgemeinheit und ein geordnetes Verfahren zur Hervorbringung eines Gemeinwillens ist dabei eigentlich schon nicht mehr vorhanden. Die Volksdiplomatie im engeren Sinne, die auf eine Demoralisierung der Regierung durch die Trennung von der Gesellschaft zielt, muss also den Zustand der Angst, in dem sich die Massen befinden, erhalten und nach Möglichkeit vertiefen. Sie muss Massenpsychosen erzeugen und pflegen. Sie muss sozusagen die Massen immer wieder überreden, dass jede von der Regierung angebotene Ordnung als Lösung des chaotischen Zustandes unbrauchbar ist. Dabei kommt ihr entgegen, dass die Massen in ihrer Verängstigung zutiefst skeptisch, ja pessimistisch sind und jeden Lösungsvorschlag von vornherein als ungeeignet betrachten[97], besonders wenn er von Gruppen in ihrer Nähe stammt, während sie von Fremden schon eher ungewöhnliche Lösungen erwarten[98]. Gerade dieser Umstand könnte den volksdiplomatisch aktiven Staat aber auch dazu veranlassen, von der Volksdiplomatie im engeren Sinne zur Volksdiplomatie im weiteren Sinne überzugehen, d.h. die Massen als seine Partei neu zu polarisieren.

Will der Volksdiplomatie im engeren Sinne treibende Staat eine Repolarisation der Bevölkerung verhindern, muss er die Skepsis der Massen verstärken. Da die Regierung des volksdiplomatisch beeinflussten Staates gerade versuchen wird, an die Vernunft zu appellieren, um ihre Lösungen durchzusetzen, muss der volksdiplomatisch aktive Staat die Skepsis mit einem pseudorationalen Fundament versehen[99], vor dem die Rationalität des Lösungsvorschlages der Regierung unlogisch und "unwissenschaftlich" erscheint. Das volksdiplomatische Argument, mit dem die Depolarisierung der Bevölkerung zur Masse erreicht werden soll, muss also in "wissenschaftlichem Gewande" auftreten. Dieses Gewand der Wissenschaftlichkeit bietet die Ideologie oder – ganz allgemein – eine sich wissenschaftlich gebende orientierende Weltanschauung[100].

Nun hat es Ideologien und orientierende Weltanschauungen schon vor Beginn der systematischen Volksdiplomatie gegeben, ihre politische Verwendbarkeit ist nicht erst für die Volksdiplomatie entdeckt worden, sondern schon von inneren Kräften zur Umpolarisierung innerhalb eines Staates oder einer Gesellschaft angewandt worden. Ideologie bzw. orientierende Weltanschauung sollte im innenpolitischen Kampf mit scheinlogischen Argumenten bzw. mit einer von verschleierten Axiomen ausgehenden Logik überzeugen und dadurch die Neupolarisierung einer Gesellschaft bewirken. Die Propagierung einer Ideologie oder Weltanschauung ist also auf die Wechselbeziehung einer Diskussion zwischen den Propagandisten und dem zu Beeinflussenden ausgerichtet. Ideologie oder Weltanschauung werden nicht geschlossen als Lehrgebäude vorgetragen, sondern anhand der Fragen und Zweifel des zu Überzeugenden entwickelt. Ihr Erfolg basiert auf Pro- und Contra-Argumentation[101]. Die Massen sind jedoch nicht in der Lage, Fragen zu stellen und Zweifel zu äussern, ihre Auffassungen zu artikulieren und damit einen Partner für die Propaganda einer Ideologie oder Weltanschauung zu bieten. Gegenüber Massen kann es zur Verbreitung einer ideologisch begründeten Haltung keine Propaganda geben. Gegenüber Massen erfolgt auch nicht nur dem Scheine nach eine geistige Auseinandersetzung um die Richtigkeit einer Ideologie oder Weltanschauung, sondern lediglich eine Demonstration der Richtigkeit der ideologisch begründeten Auffassung[102]. Damit muss Volksdiplomatie im engeren Sinne auf das vielleicht stärkere Mittel geistiger Beeinflussung, die Pro- und Contra-Argumentation verzichten.

Das erste Mittel einer Demonstration der Richtigkeit einer Ideologie oder Weltanschauung ist die beharrliche Wiederholung eines Arguments, die Agitation. So hat Lenin davon gesprochen, dass gegenüber einer "Menge von Personen" nur eine oder wenige Ideen durch einen Agitator vermittelt würden[103]. Hannah Arendt bemerkt zu diesem Aspekt, den sie als Element totalitärer Propaganda qualifiziert, die Wiederholung eines Arguments über längere Zeit erhebe das Argument zu einem historischen

Faktum von nicht zufälligem, sondern aus seiner Dauer abgeleitetem naturgesetzlichen Charakter[104]. Die permanente elementare Angst, in der sich die Masse befindet, bewirkt dass ein solches, als Weltgesetz erkennbares Argument fraglos hingenommen wird, dass die Massen sich ihm unterwerfen und sich vollkommen von ihm abhängig machen. Da sich die Wirklichkeit in den Augen der Massen im Zustand des Chaos befindet, können sie nicht das Argument an dieser chaotischen Wirklichkeit überprüfen[105]. Unwirkliches halten sie daher ohne weiteres für Wirklichkeit[106]. Sie sind damit der Agitation vollkommen ausgeliefert und bieten ihr keinen Widerstand. Das Argumentieren der Volksdiplomatie im engeren Sinne läuft also auf Demonstrieren der Richtigkeit des Arguments hinaus, wobei das erste Mittel der Demonstration die Agitation ist, die als verbale Einflussnahme gerade an die schon von Le Bon[107] beschriebene Empfänglichkeit der Massen für Reden anknüpft.

Die Voraussetzung erfolgreicher Agitation ist die weit fortgeschrittene Depolarisierung einer Gesellschaft, die einer Gegenpropaganda der Regierung kaum noch zugänglich ist, da gegenüber den Massen die Regierung unglaubwürdig ist, und mithin die von ihr propagierten Lösungsvorschläge von vornherein als ungeeignet erscheinen. Erfolgreiche Agitation setzt daher voraus, dass die Ansatzpunkte für eine Gegenpropaganda der Regierung des volksdiplomatisch beeinflussten Staates aufgehoben werden, dass also der Zustand der Depolarisation bzw. Vermassung der Gesellschaft bewahrt und verstärkt wird[108]. Agitation ist demnach nicht möglich ohne ständig zu beweisen, dass die Regierung des volksdiplomatisch beeinflussten Staates unfähig ist, die Krisensituation zu überwinden. Auch dieser Beweis kann wiederum durch Agitation erbracht werden, indem etwa Lösungen für Probleme in der Agitation diskreditiert werden.

Da bei der Volksdiplomatie im engeren Sinne aber ein Gedankenaustausch fehlt und nur eine einseitige Einflussnahme erfolgt, wird die Gefahrenpsychose nicht durch Interaktion abgebaut oder auf einem erträglichen Niveau stabilisiert, sondern immer mehr bis zur Panik gesteigert.

Fragt man nach der Wirksamkeit der Volksdiplomatie im engeren Sinne, so sind aber auch die denkbaren Reaktionen des beeinflussten Staates zu bedenken. Er hat Massen zu stabilisieren, und dafür bietet sich als nächstes Mittel wiederum Agitation, gefolgt von totalitärer Indoktrination bis hin zu Gegenterror[109]. Gerade hierbei ist zu bedenken, dass die Frustration der Angstpsychose in starkem Masse Aggressivität erzeugt[110], die sich entweder nach aussen gegen den volksdiplomatisch aktiven Staat oder nach innen in sozialen Spannungen abreagieren kann[111]. Aber gerade um den weiteren Zerfall eines Staates infolge wachsender sozialer Spannungen aufzufangen, wird die Regierung versuchen, diese Aggression nach aussen abzuleiten, und zwar gegen den volksdiplomatisch aktiven Staat[112]. Neben der weiteren Verschlechterung des innenpolitischen Klimas bewirkt die Volksdiplomatie im engeren Sinne im beeinflussten Staat also eventuell wachsende internationale Aggressivität nach aussen. Dies geschieht um so mehr, als der volksdiplomatisch aktive Staat in Anbetracht einer vermeintlichen Stärke seines Arguments das für die Auswärtige Politik wesentliche Bemühen um Ausgleichung und Kompromiss zwischen unterschiedlichen Interessen vernachlässigt und der volksdiplomatisch beeinflusste Staat mit Rücksicht auf die latente Aggressivität seiner Gesellschaft ebenfalls keine Konzessionen machen kann. Es entsteht die Vorstellung des "Kalten Krieges", also einer katastrophalen Weltlage, die die elementare Angst der Massen nur zu bestätigen scheint.

Diese Überlegungen geben aber auch zu erkennen, dass die Volksdiplomatie im engeren Sinne vor allem in der Gefahr steht, durch zu starke Entwicklung von Angstpsychosen Aggressivitäten beim Adressaten auszulösen, die das gewünschte Nachgeben der Regierung verhindern[113]. Ein zu intensiver Einsatz dieses Mittels kann seine Wirkung also in das Gegenteil verkehren.

2. *Das Argumentieren der Volksdiplomatie im weiteren Sinne*

Für die Volksdiplomatie im weiteren Sinne ist es nicht das eigentliche Ziel des Argumentierens, eine Gesellschaft zu depolarisieren und einer Regierung das Fundament der Loyalität zu zerstören, sondern eine Gesellschaft auf eine bestimmte Haltung zu polarisieren, dadurch eine Regierung zu stabilisieren oder eine neue Regierung an die Macht zu bringen. Zum Zwecke der Polarisierung kann es durchaus erforderlich werden, zunächst eine Gesellschaft zu depolarisieren, um sie zu einer "natürlichen Masse" zu machen, auf die eine neue Ordnung übertragen werden kann. Grundsätzlich setzt jedoch die Volksdiplomatie im weiteren Sinne keine depolarisierte Gesellschaft voraus. Sie kann sich sogar eine gegebene Polarisierung zu Nutze machen. Die Depolarisierung der Gesellschaft als Mittel zur Verstärkung des günstigsten Poles wird nur dann bedeutsam, wenn der volksdiplomatisch aktive Staat feststellt, dass der von ihm ins Auge gefasste Adressat zunächst nur eine kleine Gruppe bildet, die noch keine entscheidende Stellung in der Gesellschaft hat. Depolarisierung erfolgt also im Rahmen einer Volksdiplomatie im weiteren Sinne zum Zwecke der Verstärkung des begünstigten Pols. Man würde bei Staaten, die eine Volksdiplomatie im weiteren Sinne betreiben, demnach zwar auf volksdiplomatische Methoden treffen, die der Volksdiplomatie im engeren Sinne eigentümlich sind, sie wären aber von intensiver konventioneller Kommunikation begleitet, die bei der Volksdiplomatie im engeren Sinne fehlt. Agitation und Terror gehören daher nicht zum Wesen der Volksdiplomatie im weiteren Sinne, sondern sie sind lediglich eine Vorstufe auf dem Wege zur Neugruppierung der Gesellschaft, ein zusätzliches Mittel der Einflussnahme.

Die Volksdiplomatie im weiteren Sinne muss die Masse zur Gruppe zusammenfassen, die zwar unter extremen Umständen noch eine elementare Angst empfindet, die aber bereits als Ausweg aus dieser Angstsituation eine Ordnung erkannt hat, die es jetzt zur Überwindung der elementaren Angst durchzusetzen gilt. Da die depolarisierte

Masse gerade von aussen die Lösung erwartet[114], hat der fremde Staat die grösste Aussicht, als "Befreier" von der Angst begrüsst zu werden und so die Gewalt über die Massen zu erlangen.

Da die Volksdiplomatie im weiteren Sinne einen Adressaten hat oder alsbald erwarten muss, der in der Lage ist, als geordnete Gruppe eigene Auffassungen zu artikulieren, ergibt sich hier die Aufgabe, Propaganda zu treiben, d.h. durch einen Austausch von Gedanken einen Konsens herbeizuführen, um den Einfluss zu erhalten und noch zu verfestigen. Volksdiplomatie im weiteren Sinne hat es also, wie die traditionelle Diplomatie, mit einer echten Kommunikation zu tun, und zwar einer Kommunikation, die nicht einseitig Vorstellungen propagiert, sondern mögliche Differenzierungen zum Ausdruck bringt und ausgleicht. Auch dabei bedarf es natürlich des Beweises, der Argumente, um die Überzeugungen zu untermauern[115], doch kommt es vor allem darauf an, die Überlegenheit des neuen Ordnungsgedankens zu demonstrieren. Unter dem Aspekt der Volksdiplomatie im weiteren Sinne ist ein Wettkampf zum Beweis der Überlegenheit des eigenen Systems zu führen und damit die Gruppe in ihrer Solidarität zu dem volksdiplomatisch aktiven Staat zu bestärken, weil diese Solidarität die Aussicht enthält, dass bei einem Sieg in Zusammenarbeit mit dem volksdiplomatisch aktiven Staat die bessere Ordnung verwirklicht werden kann, also die Aufhebung der elementaren Angst erfolgen wird.

Nun kann es aber durchaus sein, dass selbst eine heftig betriebene Volksdiplomatie im engeren Sinne nicht die Voraussetzungen schafft, um das Ziel einer Volksdiplomatie im weiteren Sinne, eine bestimmte Polarisierung einer Gesellschaft, herbeizuführen, im Extremfall die Regierung zu stärken oder zu stürzen. Hier ergibt sich für die Volksdiplomatie im weiteren Sinne die Frage, ob dann nicht eine Gewaltanwendung erfolgen sollte, d.h. die gegnerischen Kräfte, eventuell die Regierung, zu beseitigen sind, um die so schutzlos gewordene Bevölkerung intensiver dem Sog der Neupolarisation auszusetzen. Dieses Problem stellt sich insbesondere im Zusammenhang mit der Besetzung und der daran anschliessenden Umerziehung der Bevölkerung. Die Besetzung hätte im Rahmen der Volksdiplomatie zwei Aspekte: Einmal die Ordnung zu zerstören und damit gewaltsam eine Depolarisation der Massen einzuleiten, und zum anderen einen Erziehungs- und Polarisierungsprozess innerhalb der Gesellschaft zu forcieren. Bis zu diesem Punkt besteht noch eine Ähnlichkeit zwischen Volksdiplomatie im engeren Sinne und Volksdiplomatie im weiteren Sinne. Die Mittel und Methoden entsprechen sich hier weitgehend.

Das eigentliche Problem der Volksdiplomatie im weiteren Sinne dürfte sich aber daraus ergeben, dass die mit Unterstützung des volksdiplomatisch aktiven Staates an die Macht gelangte Regierung nicht in einem sozialen Vakuum existiert, sondern in einer Gesellschaft, in der sie zur Sicherung ihrer Macht nach der Verankerung in wenigstens einigen, besonders starken Gruppen suchen muss, wenn sie sich nicht als pure Gewaltherrschaft unter fremdem Schutz etablieren will. Diesen tragenden Gruppen gegenüber muss die Regierung, sei es nun als Staatsführung oder herrschende Parteizentrale, als Opinion Leader auftreten und insbesondere die Solidarität zu dem volksdiplomatisch aktiven Staat als grundlegendes politisches Credo propagieren. Bei einem solchen Prozess der politischen Meinungsbildung oder Staatspflege steht die Regierung aber nicht nur unter dem Einfluss des volksdiplomatisch aktiven Staates, sondern auch in mehr oder weniger offenem geistigem Austausch mit den Gruppengliedern, deren vorgegebene Vorstellungen sie nolens volens beachten und integrieren muss. Dieser in der Sozialpsychologie als "two steps flow of information" bezeichnete Vorgang gibt den vorgegebenen gesellschaftlichen Vorstellungen die Möglichkeit, modifizierend auf die Ausbildung des neuen politischen Credos einzuwirken und je nach dem Grad der Offenheit der Meinungsbildung die von dem volksdiplomatisch aktiven Staat eingegebenen Werte zu modifizieren. Je länger eine solche Entwicklung anhält, desto mehr wird die neue Regierung, schon um sich die Loyalität der gesellschaftlichen Kräfte als Voraussetzung relativ reibungsloser Herrschaft zu sichern, in Konflikt zu dem volksdiplomatisch aktiven Staat geraten. Jetzt wird für die Volksdiplomatie im weiteren Sinne genau wie für die traditionelle Diplomatie der Ausgleich das zentrale Problem, und zwar einmal in dem Sinne, dass entsprechend neuen Situationen Anpassungen zu erfolgen haben, und zum anderen in dem Sinne, dass die einmal bestehende Solidarität gesichert wird. Diese Sicherung der Solidarität zeigt wiederum zwei Aspekte: Einmal muss die Solidarität als Bereitschaft zum Zusammengehen mit dem anderen Staat gewahrt bleiben, und zum anderen muss die Loyalität zu der begünstigten Regierung gesichert werden. Diese beiden Aspekte können dann miteinander in Konflikt geraten, wenn die Regierung sich plötzlich entschliesst, zu dem volksdiplomatisch aktiv gewordenen Staat eine kritische Haltung einzunehmen. Jetzt ist die Solidarität der Bevölkerung zu dem volksdiplomatisch aktiven Staat gegen die ursprünglich von ihm begünstigte Regierung einzusetzen, um diese von ihrem Kurs abzubringen. Bei dieser Umkehrung der Loyalität muss der volksdiplomatisch aktive Staat sich wieder der Methodik der Depolarisierung und Umpolarisierung bedienen.

Bei der Volksdiplomatie im weiteren Sinne steht also der volksdiplomatisch aktive Staat nach dem ersten Erfolg seines Vorgehens stets in einem Spannungsverhältnis zwischen der von ihm erzeugten Solidarität und der von ihm ursprünglich geförderten Loyalität zu der neuen Gruppe. Er muss jetzt vor allem die Führung der Gruppe, also die neue Regierung, auf einen ihm günstigen Kurs festlegen. Damit verändert sich die Volksdiplomatie zur Diplomatie zwischen den Parteien oder Herrschaftsgruppen, die sich von der traditionellen Diplomatie kaum noch materiell unterscheidet. Der volksdiplomatisch aktive Staat muss nun die Entwicklung der Parteiführung unter Kontrolle halten. Dazu bedarf es der Unterordnung der regierenden Parteien unter die Führung der Leitgruppe des volksdiplomatisch aktiven Staates. Ein volksdiplomatisch aktiver

Staat muss daher in seiner Interessenssphäre eine fest institutionalisierte Sicherung seiner Stellung anstreben. Das kann einmal durch eine Verankerung seiner Stellung in den Verfassungen der Staaten seiner Sphäre geschehen, etwa durch Begründung eines ewigen Bundes, so dass dann die Solidarität überhaupt nicht mehr zur Disposition oder gar Reflektion steht, sondern dass vielmehr Reflektionen über die Solidarität "legitimen" Einsatz schärfster Machtmittel auslösen. Die Institutionalisierung könnte aber auch völkerrechtlich durch Verteidigungspakte mit automatischem Interventionsrecht bei Abweichungen von der politischen Linie des Führungsstaates oder durch Integrationsorganisationen für die Wirtschaft erfolgen. Durch solche Regelungen wird die Solidarität fast zu einem völkerrechtlichen Institut. Zur realen Absicherung dieser institutionalisierten Solidaritäten kann der volksdiplomatisch aktive Staat den zu solidarisierenden Staat bzw. seine Regierung in reale Abhängigkeit zu sich bringen, etwa indem er die Regierung zunächst in eine Politik treibt, die sie in Gegensatz zur Bevölkerung bringt, und, wenn es dann zur Erhebung kommt, demonstriert, dass die Regierung sich nur mit Hilfe seines Machtsapparates durchsetzen kann, oder indem er dahin wirkt, dass die Wirtschaft des zu solidarisierenden Staates nur partiell voll entwickelt wird, im übrigen aber von seiner Wirtschaft abhängig bleibt, so dass die Bevölkerung den Eindruck gewinnt, die Solidarität sei zur Vermeidung einer Wirtschaftskrise unvermeidlich. In beiden Fällen würde also die Solidarität durch Mobilisierung von Ängsten vor Verlust einer relativ erträglichen Position durch ungewisse Experimente gesichert.

IV. ZUSAMMENFASSUNG

Die bisherigen Überlegungen führen zu dem Ergebnis, dass Volksdiplomatie als Methodik für die Gestaltung auswärtiger Beziehungen durchaus möglich sein könnte, wenn es auch keine befriedigende Aufklärung über den Einfluss der öffentlichen Meinung auf den aussenpolitischen Entscheidungsprozess gibt. Volksdiplomatie könnte in zwei Varianten konzipiert werden: nämlich als eine lediglich auf Depolarisierung von Gruppen und Hervorbringung labiler Massen gerichtete Form, die Volksdiplomatie im engeren Sinne, und als eine auf Polarisierung und Stabilisierung gewünschter Gruppenstrukturen gerichtete Form, die Volksdiplomatie im weiteren Sinne. Beide Formen können methodisch miteinander verbunden werden. Ziel beider Methoden ist die Manipulation von Loyalitäten. Die rein theoretische Konstruktion eines Modells der "Volksdiplomatie" führte hinsichtlich der Möglichkeit für eine Realisierung der Methode zu der These, dass Volksdiplomatie im engeren Sinne stets dort praktiziert werden kann, wo Herrschaft über Massen vorliegt, während die Volksdiplomatie im weiteren Sinne voraussetzt, dass die Herrschaft auf die Loyalität von Gruppen gestützt wird, und die Gruppen in der Lage sind, sich als mitbestimmende Faktoren einer politischen Ordnung zu begreifen. In den Gruppen bzw. den zu Gruppen zu polarisierenden Massen müssen also für die Volksdiplomatie im weiteren Sinne aktivistische

Ideen vorhanden oder erzeugbar sein, die eigene Initiative als aussichtsreich begreifen lassen. Die Gesellschaft muss mithin einen erheblichen Grad der Politisierung erreicht haben, die gesellschaftlichen Verhältnisse, die Machtverteilungen müssen als politisch, d.h. als allgemein bedeutsam, betrachtet werden, und die Gesellschaft selbst muss sich als Urheber und Herrn der Ordnung verstehen, dem es möglich ist, eine Veränderung der Ordnung in Richtung auf eine bessere Hervorbringung des Gemeinwillens durchzusetzen. Die Ordnung darf also nicht als vorgegeben und statisch verstanden werden, sondern sie muss als veränderbare Hervorbringung der Gesellschaft gelten. Die Volksdiplomatie im engeren Sinne zielt nicht auf eine Aktivität einer Gesellschaft, sondern gearde auf eine lähmende Panik der Gesellschaft; sie ist daher von einem bestimmten Grad der Politisierung gänzlich unabhängig und setzt lediglich voraus, dass der Herrscher des volksdiplomatisch zu beeinflussenden Staates von der Stabilität der Massen abhängig ist, dass die Massen ihn als den Verteidiger gegen existenzielle Gefahren anerkennen und ihr Geschick als Folge seiner Leistungen und nicht als überirdische, d.h. unlenkbare Fügung, begreifen. Davon abgesehen, gibt es für beide Formen der Volksdiplomatie grundsätzlich keine Grenzen der Anwendbarheit, sofern die Einflussnahme technisch möglich ist. Allerdings können erhebliche Gegenkräfte durch die Volksdiplomatie aktiviert werden oder bereits in dem Zielstaat vorhanden sein, die den Erfolg volksdiplomatischen Vorgehens beeinträchtigen, wenn nicht ganz ausschliessen. Für die Volksdiplomatie im engeren Sinne entstehen die stärksten Gegenkräfte aus der Aggressivität der erregten Masse, die der Regierung des volksdiplomatisch beeinflussten Staates die Möglichkeit bietet, die Masse in der Aggressivität gegen den volksdiplomatisch aktiven Staat neu zu polarisieren. Da diese Form der Volksdiplomatie nicht zur Kommunikation und damit zum Ausgleich führt, läuft sie Gefahr, in eine Eskalation von Terror und Aggressivität zu münden. Sie könnte statt auf einen Weg zur Lösung von Interessenkonflikten in eine gewaltsame Auseinandersetzung gelangen.

Die Volksdiplomatie im weiteren Sinne ist hingegen ein Mittel zur internationalen Kommunikation; sie zielt auf eine bestimmte Polarisierung und vermeidet damit an sich das Aufbrechen von Aggressivität in labilen Massen. Für diese Form könnte das Problem jedoch darin bestehen, zu verhindern, dass einmal gewünschte und geförderte Loyalitäten zu einer bestimmten Regierung dieser nicht eine Basis geben, auf der Auseinandersetzungen mit dem volksdiplomatisch aktiven Staat geführt werden können. Die entscheidende Aufgabe der Volksdiplomatie im weiteren Sinne wäre es also, Solidaritäten zu dem volksdiplomatisch aktiven Staat zu begründen, die stärker sind als mögliche Loyalitäten zu Repräsentanten des eigenen Staates.

Volksdiplomatie wäre demnach in jeder Form keine unproblematische Methode der Gestaltung auswärtiger Beziehungen. Sie wäre vielmehr mit erheblichen Risiken und Unwägbarkeiten behaftet.

Anmerkungen zu Teil 1

1 Vgl. Krüger, Staatslehre, S. 249 ff., mit zahlreichen Verweisungen.
2 Contrat social, 2. Buch 3. Kapitel.
3 Vgl. Korowin, S. 34 f.; Lewin-Kaljushnaja, S. 113 f.
4 M. Y. Cho, S. 12 f.
5 Nach Cho, S. 12 f.
6 Vgl. Cho, S. 12 f.
7 S. 344 ff.
7a Vgl. Bailey, S. 123.
7b Vgl. Bailey, S. 2 ff.; Speier, S. 485.
8 S. 39 f.
9 Lettre à moi-même, Paris 1963, S. 38, zitiert nach Grosser, S. 20.
10 Vgl. de Rivera, S. 193 ff.
11 Oben S. 3 f.
12 Vgl. Katz-Lazarsfeld, S. 65 und S. 81.
13 Vgl. dazu Emge, S. 157.
14 Lenin, Werke Bd. 26, S. 242, zitiert nach Florin, S. 17 f.
15 Der diplomatische Dienst in einer sich wandelnden Welt, in: Bulletin des Presse- und Informationsamtes der Bundesregierung 1969, S. 913-917, S. 917.
16 Politeia, 2. Buch 11. Kapitel.
17 De Civitate Dei XIV, 1; XVIII, 2.
18 The Nature and Destiny of Men, I, S. 137, 150, 177 und 181, nach Waltz, S. 21.
19 2. Teil, XVII.
20 2. Teil, XVIII.
21 Contrat Social, 1. Buch, 6. Kapitel.
22 Vgl. zu diesem Problem auch: Carl J. Friedrich: Man and his Government, S. 391.
23 Vgl. Nitschke, S. 22-30; Maddox, S. 1122 f.; H. J. Laski, Grammar, S. 20.
24 Wiesbrock, S. 11.
25 S. 21.
26 Zitiert nach Davies, S. 9.
27 Davies, S. 9 f.
28 S. 81 f.
29 Vgl. Mühle, S. 223.
30 Vgl. Davies, S. 67 f.
31 Gesammelte Werke, London 1952 ff., Band 16, S. 16.
32 Vgl. Krüger, Allgemeine Staatslehre, S. 197 ff.
33 Vgl. dazu: Lersch, S. 78.
34 Vgl. dazu auch: Kaplan, System and Process in International Politics, S. 275.
35 Vgl. dazu: Hamblin, S. 226; Hofstätter, S. 164; auch mit weiteren Verweisen Murty, S. 24.
36 S. 166.
37 Vgl. dazu ausführlich Hofstätter, S. 181 ff.

[38] Vgl. dazu auch: Davies, S. 33.
[39] 2. Teil, XXIX.
[40] Vgl. Grodzins.
[41] Beyond the Nation-State, S. 49 f.
[42] S. 30 f.
[43] Vgl. Deutsch, Nerves of Government, S. 177 f.
[44] Vgl. Deutsch, Nerves of Government, S. 150.
[45] S. 205.
[46] Vgl. Grosser, S. 135 f.
[47] Vgl. Krüger, Allgemeine Staatslehre, S. 363 ff.
[48] Contrat Social, 2. Buch 7. und 9. Kapitel; 3. Buch 9. Kapitel; vgl. dazu auch: Waltz, S. 178.
[49] Vgl. Grosser, S 136.
[50] So Lerche, S. 45 f.
[51] Vgl. Wirth, S. 475 ff.
[52] Vgl. dazu Freud, Gesammelte Werke, Band 33, S. 16.
[53] S. 38.
[54] Vgl. Niebuhr, Moral Man and Immoral Society, S. 6.
[55] Vgl. Grosser, S. 140 ff.
[56] Nation und Nationalismus, I, S. 14.
[57] S. 61.
[58] Vgl. Grosser, S. 135 f.
[59] Vgl. Raimond Aron, The Quest for a Philosophy of Foreign Affairs, S. 86.
[60] Vgl. Hofstätter, S. 167 f.
[61] 1906, nach Lersch, S. 51.
[62] Vgl. Lerche, S. 145 f. und S. 205; Finlay-Holsti-Fagen, S. 7 und S. 10 ff.
[63] Vgl. Finlay-Holsti-Fagen, S. 11; Lemberg, Nationalismus Bd. 2, S. 82 ff.; aber auch die oben erwähnte Beobachtung von Davies, dass in Situationen extremer Gefahr die Individualität einer Verschmelzung mit der Umwelt weicht.
[64] Vgl. dazu Raymond Aron, Konflikt und Krieg, S. 445; Brock-Galtung, S. 33 ff.; Lanzetta, S. 216 ff.; Hamblin, S. 21; Klosinski, S. 17, meint allerdings, dass die Angst das Selbstbewusstsein steigere.
[65] Vgl. Grosser, S. 145 ff.; Quincy Wright, A Study of War, S. 1016 f.; in "The Psychological Approach to War and Peace", S. 21, betrachtet Wright Kriege sogar als Korrelat der inneren Integration.
[66] Vgl. Der Begriff des Politischen, 1932 (Ausg. 1963), siehe dazu auch Schmitz.
[67] Griechische Geschichte, 1. Bd., S. 467.
[68] Vgl. Doob, S. 170 ff.; Grodzins, S. 8.
[69] Vgl. Duchacek, S. 40 und S. 72.
[70] Vgl. Klineberg, S. 53 ff.
[71] Vgl. dazu: Good, S. 7 f.; Sulzbach, S. 34 f.; Klineberg, S. 19; Duchacek, S. 40; Schwarz, S. 113 f.
[72] Kaplan, System and Process in International Politics, S. 250, bezeichnet dieses als "pathological mechanism of regulation", mit dem sich leistungsschwache Systeme Loyalität zu sichern trachten.
[73] S. 242 ff.
[74] Werke Bd. 16, S. 23.
[75] S. 327 f.
[76] Vgl. Grosser, S. 140.
[77] Niebuhr, Moral Men and Immoral Society, S. 15, meint, dass dies in der Gegenwart der Fall sei.

[78] Vgl. dazu: Raymond Aron, Konflikt und Krieg vom Standpunkt der historischen Soziologie, S. 445.
[79] Nach Grabowsky, S. 153, ist gerade in der Masse die Daseinsangst heute besonders ausgeprägt.
[80] Vgl. Fraser, S. 205.
[81] Vgl. Hovland u.a., S. 277.
[82] Vgl. de Rivera, S. 356.
[83] Vgl. hierzu auch Crabb, S. 105 ff.
[84] Vgl. zum Begriff der Staatspflege Krüger, Allgemeine Staatslehre, S. 214 ff.
[85] Vgl. Hovland u.a., S. 272.
[86] Vgl. Hovland u.a., S. 272 f.
[87] Vgl. Hovland u.a., S. 270, wo schon "several weeks" als erheblicher Zeitraum angegeben wird.
[88] Vgl. zu diesem sogenannten "sleeper effect" Hovland u.a., S. 280; hier werden schon vier Wochen als ausreichend angenommen.
[89] So Hovland u.a., S. 271.
[90] Vgl. de Rivera, S. 356.
[91] Vgl. Hovland u.a., S. 280.
[92] Vgl. dazu auch Grabowsky, S. 147.
[93] Vgl. Meissner, S. 45.
[94] Vgl. London, Permanent Crisis, S. 285.
[95] Vgl. dazu Grabowsky, S. 153.
[96] Vgl. Arendt, S. 118.
[97] Vgl. Arendt, S. 122.
[98] Vgl. Grabowsky, S. 147.
[99] Vgl. auch Crabb, S. 106 ff.
[100] Vgl. dazu: Arendt, S. 118 f.
[101] Vgl. dazu auch Hovland u.a., S. 274.
[102] Vgl. Crabb, S. 105 f.
[103] Vgl. auch Le Bon, S. 104 f.; auch Crabb, S. 109.
[104] S. 122 f.; vgl. auch Hovland u.a., S. 270.
[105] Vgl. Arendt, S. 137; auch schon Le Bon, S. 50.
[106] So schon Le Bon, S. 52.
[107] S. 83 f.
[108] Zur Wirkungslosigleit der Gegenpropaganda gegenüber Massen, vgl. auch Arendt, S. 137.
[109] Vgl. Nitschke, S. 30; Murty, S. 32 ff., de Rivera, S. 356.
[110] Vgl. Klineberg, S. 12; Lorenz, S. 388 f.
[111] Vgl. Scott, S. 5 f.
[112] Vgl. Finlay-Holsti-Fagen, S. 12 ff.
[113] Vgl. dazu auch die Untersuchungen von Hovland u.a. über die Effektivität des "minimal appeal on fear", S. 271.
[114] Vgl. Grabowsky, S. 147.
[115] Vgl. auch Crabb, S. 105 ff.

Zweites Kapitel

Möglichkeiten und Grenzen der Volksdiplomatie im Lichte der Geschichte und Zeitgeschichte

2. Kapitel: Möglichkeiten und Grenzen der Volksdiplomatie im Lichte der Geschichte und Zeitgeschichte

Einer der ältesten Texte, der als taktische Anweisung für die Volksdiplomatie angesehen werden könnte, ist das um das Jahr 500 v. Chr. von einem Chinesen namens Sun-Tzu verfasste "Traktat über die Kriegskunst". Es gehört bis heute zu den Standardwerken nicht nur der Kriegsakademien, sondern auch der Parteischulen der sogenannten sozialistischen Staaten und fehlt auch nicht im gesellschaftswissenschaftlichen Grundstudium ihrer Diplomaten. In dem Traktat findet sich der bemerkenswerte Satz:

> "Die höchste Kunst besteht darin, den Widerstand des Feindes ohne Kampf auf dem Schlachtfeld zu brechen."[1]

Hier wird schon das in Europa erst über zweitausend Jahre später diskutierte Primat der Diplomatie vor dem Krieg postuliert, und es heisst dann weiter:

> "Zersetzt alles, was im Lande Eueres Gegners gut ist. Verwickelt die Vertreter der herrschenden Schichten in verbrecherische Unternehmungen; unterhöhlt auch sonst ihre Stellung und ihr Ansehen, gebt sie der öffentlichen Schande vor ihren Mitbürgern preis. Nützt die Mitarbeit auch der niedrigsten und der abscheulichsten Menschen. Stört mit allen Mitteln die Tätigkeit der Regierungen. Verbreitet Uneinigkeit und Streit unter den Bürgern des feindlichen Landes. Fordert die Jungen gegen die Alten heraus ..."[2]

Wenn auch die einleitend[3] wiedergegebenen Äusserungen in der sowjetischen Literatur weismachen wollen, dass Volksdiplomatie erst seit dem Jahre 1917 praktiziert worden ist, scheint es offenbar angebracht, auch frühere Epochen kritisch zu betrachten, da die volksdiplomatisch günstigen Lagen keineswegs erst im Jahre 1917 aufgetreten sind. Die für die Volksdiplomatie im weiteren Sinne wichtige Voraussetzung der Politisierung einer Gesellschaft, die Vorstellung von der Kraft und dem Recht der Gesellschaft zur Hervorbringung einer eigenen politischen Ordnung, ist bereits am Ende des Mittelalters in Frankreich verbreitet gewesen und hat im 18. Jahrhundert zur Formulierung der "Volkssouveränität" durch Rousseau geführt. Die Volksdiplomatie im engeren Sinne, die auf die Trennung der Massen vom Herrscher zielt, dürfte sogar in jeder Gesellschaft möglich gewesen sein, die über den Zusammenhalt durch primäre personale Bindungen in Stammes-, Familien- und Klanverbände hinausgelangt und zur Entbiologisierung der Herrschaft fortgeschritten ist. Aber selbst da, wo Herrschaft noch wesentlich personal gebunden ist, etwa durch ein innerhalb einer Dynastie vererbtes Charisma, kann durch Legitimitätskonflikte eine Lösung der Gesellschaft vom Herrscher herbeigeführt werden. Erst die moderne Gesellschaft versteht ihr Geschick nicht mehr als naturgegeben, sondern ganz als Folge von Leistungen der Führung[4]. Daher dürfte sich gerade in der voll rationalisierten Epoche seit dem Ende des 18. Jahrhunderts die Volksdiplomatie besonders entwickelt haben.

I. DIE FRÜHGESCHICHTE DER VOLKSDIPLOMATIE

Panikmache vor allem vor und während kriegerischer Auseinandersetzungen ist vielleicht so alt wie die Geschichte der Menschheit. Die Reden der Herolde in Homers Ilias, im Beowulf, im Walthari, die grausame Bemalung und Verkleidung der Krieger, der ohrenbetäubende Lärm der Gallier und Germanen, riesige Bärenfellmützen und friderizianische Doppelhelme sollen nicht nur imponieren, sondern auch Panik in den Reihen des Gegners verbreiten, damit seine Truppen in Überzeugung von ihrer Unterlegenheit ohne Kampf das Feld verlassen. Stalinorgel und regelmässige Bramabassierereien mit der Zerstörungskraft der Kernwaffen, wie sie besonders die sowjetischen Verteidigungsminister pflegen, erscheinen als moderne Formen dieser Art von kriegerischer Panikmache[5].

Während in den historischen Fällen von Panikmache der unmittelbare Zusammenhang zur militärischen Taktik nicht zu übersehen ist, so dass man diese Schreckenspropaganda nur als Volksdiplomatie begreifen kann, wenn man den Krieg selbst als Mittel der Diplomatie verstehen will, stehen die Fälle von Angsterzeugung durch drohende Worte in der Gegenwart mehr für sich allein, weshalb die Zeit, in der solche Propaganda der Furcht vorherrscht, heute als "Kalter Krieg" bezeichnet wird. Aus diesem Blickwinkel liesse sich Volksdiplomatie im weiteren Sinne als Ersatz für die bewaffnete Austragung von Konflikten, als Substitution des heissen Krieges, der ultima ratio der Diplomatie etwa im Sinne von Clausewitz, verstehen. Man könnte dann zu der These gelangen, dass wegen des unwägbaren Risikos des modernen Kriegsgeschehens die Volksdiplomatie im weiteren Sinne als eine für den Urheber weniger gefährliche Art psychischer Gewaltanwendung bezw. Gewaltandrohung in das diplomatische Instrumentarium aufgenommen worden ist.

Volksdiplomatie im weiteren Sinne, d.h. Versuche, Parteien gegeneinander auszuspielen und die Entscheidung über Parteien von aussen zu manipulieren, lassen sich schon im antiken Athen nachweisen. Die ersten grossen Massnahmen der Volksdiplomatie im weiteren Sinne in der Neuzeit liess vermutlich Philipp II. von Spanien über die Guise in den Hugenottenkriegen in Frankreich in der zweiten Hälfte des 16. Jahrhunderts unternehmen. Polen und der Papst bedienten sich Anfang des

17. Jahrhunderts gegenüber Russland einer Art Volksdiplomatie im weiteren Sinne, indem sie nach dem Ende der Dynastie Rjuriks wiederholt Thronprätendenten aufbauten und unterstützten, die sich als der einem Mordanschlag entkommene letzte Zarewitsch Demetrius ausgaben. Der erste dieser falschen Demetrii hatte in Form eines Ehevertrages Polen und der katholischen Kriche umfangreiche Privilegien in Russland zugesichert. Doch nachdem Demetrius I. gestützt auf eine breite Zustimmung der Bevölkerung die Macht in Moskau übernommen hatte, hatte er schon mit Rücksicht auf die Empfindung seiner russischen Untertanen keine Eile, seine Verpflichtungen gegenüber Polen einzulösen; bei dem zweiten ebenfalls von Polen gestützten Demetrius war das Ergebnis nicht besser[6]. Hier zeigte sich schon der "two steps flow of information", die Schwierigkeit der Solidaritätsbewahrung, die als zentrales Problem erfolgreicher Volksdiplomatie im weiteren Sinne angesehen werden muss.

Später lassen sich auch bei anderen Staaten Versuche nachweisen, gerade gegenüber Frankreich mit volksdiplomatischen Mitteln Politik zu betreiben, so der Versuch Katharinas von Russland, ein Gesetzbuch unter Zugrundelegung der Ideen der Aufklärung für Russland zu entwerfen, und zwar in französischer Sprache. Dieses Gesetzbuch erregte in Europa ungeheures Aufsehen und brachte der Zarin den Ruhm grösster Fortschrittlichkeit ein, wobei es gar nicht darauf ankam, dass es in Russland niemals in Kraft getreten war und bei dem damaligen Ausbildungstand der russischen Richter auch gar nicht in Kraft treten konnte[7]. Katharina wollte mit dieser Schrift sich und ihrem in Europa langsam zur Geltung kommenden Staat ein fortschrittliches Image erwerben. Ähnliche Massnahmen hat auch Friedrich der Grosse getroffen, als er in Europa seine politischen Anschauungen verbreiten liess.

Solcher Art Beispiele einer auswärtigen "Staatspflege"[8] gibt es eine ganze Fülle. Hier ist es vor allem die Einflussnahme auf die meinungsbildenden Schichten einer Bevölkerung, um in der öffentlichen Meinung des Auslands ein wohlwollendes Urteil über sich und seinen Staat zu wecken. Sinn dieser Staatspflege ist es, für zukünftige politische Aktionen, die gemeinsam mit diesem Staat oder zumindest mit seiner Duldung durchgeführt werden sollen, in der Bevölkerung Sympathie zu wecken und zu verhindern, dass eine abgeneigte öffentliche Meinung dem eigenen politischen Ziel in den Weg tritt und die für eine gemeinsame Unternehmung vorgesehene Regierung von gemeinsamem Handeln zurückhält; aber häufig ist es auch nur das Bestreben von Politikern, ihr im Ausland negatives Image zu verwischen und sich damit eine gewisse Freiheit im politischen Handeln zu sichern, damit eine öffentliche Meinung, wie sie in Europa sicher im 18. Jahrhundert in den gebildeten Schichten schon bestanden hat, nicht gegen ihre vielleicht nicht immer ganz einwandfreien politischen Massnahmen Stellung bezieht und eine Gegenaktion anderer Staaten gegen sie mobilisiert. Hier treten Ansätze volksdiplomatischen Vorgehens zutage.

Von dieser "ausländischen Staatspflege" ist allerdings die Einflussnahme auf die innenpolitischen Verhältnisse eines anderen Staates durch die Beeinflussung von Gliedern seiner Entscheidungsorgane abzugrenzen, d.h. der Versuch, über Mittelsleute in den Entscheidungsprozess einzugreifen, und nicht nur von aussen über Diplomaten auf den Entscheidungsprozess einzuwirken. Die Versuche, Ratgeber und Beamte fremder Staaten zur Vernachlässigung ihrer Treupflichten zu bewegen, füllen Aktenbände und Geschichtsbücher; sie haben allerdings mit Volksdiplomatie nichts zu tun.

1. *Die Volksdiplomatie des revolutionären Frankreich*

Die französische Nation, das französische "Volk" ist in der Auseinandersetzung der französischen Könige mit zwei ausserfranzösischen Monarchien entstanden. Zunächst war es die Auseinandersetzung mit den britischen Herrschern und ihren Ansprüchen auf Teile des französischen Königreiches, und später war es die Furcht vor einer habsburgischen Einkreisung und das Streben nach einer Ostexpansion bis zum Rhein zur Herstellung einer natürlichen Grenze gegen das Habsburgische Deutsche Reich. Die deutschen Fürsten, die Frankreich bei dieser Expansion unterstützt hatten, allen voran Brandenburg-Preussen, erschienen als die ewigen Freunde des französischen Volkes. Auf diese Beobachtung baut die These des französischen Historikers Bainville auf, dass der Ausbruch der Revolution im Jahre 1789 in Paris nicht zuletzt aus der Heirat Ludwigs XVI. mit der habsburgischen Prinzessin Marie-Antoinette zu erklären sei. Das französische Volk habe sich durch diesen Schritt klassischer Diplomatie an den Erbfeind verraten gesehen und den verräterischen König stürzen wollen. Das Volk habe nicht begriffen, dass inzwischen Brandenburg-Preussen zu einer Grossmacht zu werden drohte, die weit gefährlicher sein würde, als es das absterbende Habsburgische Deutsche Reich sein konnte[9]. Die durch eine lange historische Erfahrung geprägte öffentliche Meinung soll nach dieser These der realen Entwicklung nicht mehr gefolgt sein und damit, so meint jedenfalls Bainville, die französische Aussenpolitik für lange Jahre gehindert haben, rechtzeitig gegen das aufkommende preussische Staatsgebilde vorzugehen.

Für die Richtigkeit dieser These spricht die Schonung, die über lange Zeit der preussischen Monarchie auch von den Aussenpolitikern des revolutionären Frankreich gewährt wurde. Mit der Pilnitzer Deklaration von 1791 hatten Österreich und Preussen sich verpflichtet, zugunsten des Souveräns in Frankreich einzuschreiten. Die an die dann folgenden militärischen Vorbereitungen anknüpfende Kriegserklärung der gesetzgebenden Versammlung von 1792 ergeht allerdings nur an die Adresse Österreichs. Und selbst nachdem Preussen sich drei Jahre am ersten Koalitionskrieg aktiv beteiligt hat, wird es im Frieden von Basel schonend behandelt. Frankreich verspricht, die Gebietsverluste, die Preussen auf dem linken Rheinufer hinnehmen musste, durch rechtstheinische Abtretungen aus vor allem österreichischem Besitz zu kompensieren.

Österreich fällt somit die ganze Last des Krieges zu. Selbst Napoleon I. betreibt bis zum Jahre 1806 noch eine Koalitionspolitik mit Preussen. Erst danach wird Preussen für Frankreich in eine Reihe mit den übrigen europäischen Staaten gestellt. Hat die These Bainvilles also einige gute Gründe für sich, so geht sie dennoch zu weit, wenn sie die einzige Ursache für die französische Revolution in der habsburgischen Heirat Ludwigs XVI. sehen will. Richtig an dieser These dürfte jedoch sein, dass in der französischen Revolution aussenpolitische Fragen eine nicht ganz unwesentliche Rolle gespielt haben. In diesem Rahmen ist die These Bainvilles gerade im Zusammenhang mit der Frage der Volksdiplomatie bemerkenswert und interessant. Sie zeigt, dass das aussenpolitische Bild, das, aus welchen Gründen auch immer, in einer Bevölkerung entstanden ist, Kräfte freisetzen kann, die die traditionelle Entscheidungsinstanz verdrängen und durch eine neue Entscheidungsinstanz ersetzen können, die bei ihren aussenpolitischen Entscheidungen mehr auf die Vorstellungen der Gesellschaft als auf objektive Lagen orientiert ist.

Die Entwicklung einer französischen Volksdiplomatie scheint von dem Aufkommen der Ideen direkter Demokratie nicht zu trennen zu sein. Ideen der unmittelbaren Demokratie, die Appelle an die Massen implizieren, waren schon bei den Montagnards und seit 1790 in wachsendem Masse bei den Jakobinern anzutreffen, und die beherrschende Stellung der jakobinischen Publizistik führte etwa im Jahre 1792 zu einem Vordringen unmittelbar demokratischer Ideen bis in die aussenpolitischen Entscheidungsinstanzen der girondistischen Regierung. Schon im Jahre 1791 rief ein Abgeordneter die Nationalversammlung auf, die Völker für einen Krieg gegen die Könige zu gewinnen[10], und im Jahre 1792 befahl der Konvent den Generalen der Republik, den in ihrer Freiheit bedrängten Völkern zu helfen und sie zu verteidigen[11]. 1793 wird dann mit der levée en masse die Volksmasse zum unmittelbaren Träger und Vollstrecker einer aussenpolitischen Massnahme, nämlich des Krieges gegen Österreich, erklärt. Inzwischen haben sich die radikalen Demokraten des Jakobinerclubs von Paris durchgesetzt, die Girondisten sind entmachtet, die Phase der unmittelbaren Demokratie in Gestalt einer Terrorherrschaft in Paris beginnt.

Gleich nach der Französischen Revolution waren vor allem im Rheinland und in Süddeutschland, aber auch in den norddeutschen Städten nach dem Modell des Pariser Jakobinerclubs deutsche Jakobinerclubs entstanden, in denen die Ideen der Französischen Revolution diskutiert wurden und in denen vor allem erörtert wurde, wie die französischen Ideen auf die deutschen Verhältnisse übertragen werden könnten. Der Schwerpunkt dieser deutschen Jakobinerclubs lag im Rheingebiet, das auch seit je her ein besonderes Interessengebiet der französischen Aussenpolitik gewesen war. Eine führende Rolle spielte der Mainzer Jakobinerclub.

Für die französische Aussenpolitik bekamen die Jakobinerclubs in zweierlei Hinsicht

Bedeutung. Einmal erzeugten sie ganz allgemein in Deutschland eine öffentliche Meinung zugunsten des neuen französischen Staates, die wiederum auf die Regierungen mässigend und damit zum Vorteil Frankreichs einwirken musste. Insofern hatten die deutschen Jakobinerclubs Funktionen im Rahmen einer ausländischen Staatspflege für Frankreich. Darüberhinaus propagierten die Jakobinerclubs aber auch den Gedanken einer festen staatsrechtlichen Verbindung zu Frankreich. Der Erfolg dieser Propaganda zeigte sich in der Bitte der Bürger von Mühlhausen oder des "Nationalkonvents Freier Deutscher", in den französischen Staatsverband aufgenommen zu werden[12].

Aber der französische Staat begnügte sich nicht mit dieser autonomen Sympathiebewegung für seine Politik, sondern bereits 1792 begannen französische Diplomaten im Auftrage der französischen Regierung, aktiv auf die Jakobinerclubs Einfluss zu nehmen, und unterstützten sie sowohl ideell als auch materiell in der Hoffnung, aus ihnen revolutionäre Zentren entwickeln zu können, die zum Sturz der gefährlichen europäischen Koalitionsmächte und zur Gründung verschwisterter Republiken beitragen konnten. So ist bekannt, dass der französische Gesandte in Hamburg, Lehoc, den dortigen Jacobinerclub nach Kräften förderte[13]. Der Mainzer Jakobinerclub übernahm im Jahre 1792 nach der Besetzung der Stadt Mainz durch die französischen Truppen praktisch das Regiment in der Mainzer Republik; er wurde von der französischen Regierung als eine französische Partei angesehen, die man für die Verwaltung des annektierten Territoriums einsetzen konnte. Auch in ferneren Gebieten betätigte sich Frankreich volksdiplomatisch. Im Jahre 1793 bemühte sich der französische Gesandte in den Vereinigten Staaten, Genet, durch Appelle an das amerikanische Volk den Widerstand des amerikanischen Präsidenten gegen die Anwerbung von Freiwilligen für einen Einfall in britische und spanische Kolonien zu überspielen[14].

Ein typisches Zeugnis volksdiplomatischen Denkens aus der Zeit des Direktoriums ist die Bevollmächtigungsurkunde für den französischen Agenten in Basel von 1796. Sie lautet in einer bezeichnenderweise gleich als Flugblatt verbreiteten Übersetzung:

> "Das vollziehende Direktorium bevollmächtigt den Bürger Poterat, denen Einwohnern des Markgrafentums Baden, des Breisgaus und jeder anderen Gegend Deutschlands, welche ihre Unabhängigkeit sich zu verschaffen wünschen, in seinem Namen den mächtigsten Beistand der fränkischen République zu versprechen, damit dieses glorreiche Unternehmen gelingen könne, und im Fall eines unglücklichen Ausgangs dieses Unternehmens denen Hauptunternehmern dieser Volksbewegung die Vergütung dieses Verlusts sowie auch das fränkische Bürgerrecht zuzusichern; der Bürger Poterat wird angewiesen, sich zur Ausführung dieser Sache mit dem Hauptgeneral Moreau und General Laborde, der am Rhein kommandiert, zu besprechen. Das Direktorium wird sie vorläufig

benachrichtigen, dass es sein Wille ist, dass die Volksbewegung auf dem rechten Rheinufer durch die fränkischen Truppen unterstützt werde, und es gibt den deutschen Volksfreunden die feierliche Zusage, dass sie von den Franken, ihren Brüdern, niemals nichts für ihre Freiheit zu befürchten, wohl aber alle Unterstützung und Beistand zu gewärtigen haben".[15]

Der so bevollmächtigte Agent liess daraufhin folgende Instruktion an die deutschen Revolutionäre ergehen:

"Die Patrioten, die den Auftrag erhalten haben, ihrem Vaterlande die Freiheit und die Herausgabe ihrer Rechte durch verabredete Massnahmen zu verschaffen, ...

4. Haben ... denen Einwohnern zu hinterbringen, dass die fränkische Republik für die geleistete Hilfe, ihnen ihre Freiheit zu verschaffen, weiter nichts verlangt als eine ihren Kräften angemessene Mitwirkung und Beitrag zur Erhaltung der in dieser Absicht schon bestimmten und bereitstehenden Armee ..."[16]

Das Ziel einer neuen, die alten Loyalitäten verdrängenden Solidarität wird hier in aller Deutlichkeit angesprochen. Das gilt auch für eine Anweisung des Direktoriums, unter den Truppen des Gegners Flugzettel zu verbreiten, die lauten sollten:

"Eure Regierung ... weist den Frieden zurück. Erobert ihn, indem Ihr ein verhasstes Joch abwerft und Euch mit den Kindern der Freiheit vereinigt, ... um ihnen zu helfen, Eure Tyrannen zu stürzen."[17]

Die Ausführung der geplanten Unternehmungen scheiterte jedoch ausnahmslos an der traditionell geprägten Haltung der meisten französischen Diplomaten und Generale, die überhaupt nicht begreifen konnten, dass hier ein neues aussenpolitisches Instrumentarium bereitlag[18]. Immerhin konnte aber Frankreich die Drohung mit Revolutionen nutzen, um die Stellung der deutschen Fürsten zu verunsichern, und sie so bei den Friedensverhandlungen in Rastatt im Jahre 1798 zu einem schnelleren Nachgeben gegenüber französischen Forderungen zu bewegen[19].

Bereits in dieser frühen Phase tritt als ein bestimmendes Element der Volksdiplomatie die Solidarität zwischen den "Völkern", hier zunächst verstanden als Solidarität der Völker im Kampfe um ihre Freiheit, hervor, eine Solidarität, die dann sofort auf den in der Entwicklung führenden Staat als Vorkämpfer der Freiheit bezogen wird, mit der Folge, dass das Verhalten der solidarischen Völker an der Auswirkung, an dem Nachteil und Nutzen für den in dem gemeinsamen Kampf als Vorhut angesehenen Staat gemessen wird. Mit diesem Streben nach Solidarität geht eine Loyalitätskrise der angesprochenen Völker im Verhältnis zu den traditionellen politischen Entscheidungsinstanzen einher, zunächst als Diskreditierung der alten europäischen Regierungen. Solidarität und Loyalitätskrise ergänzen sich in dieser Entwicklung.

Ein weiterer Aspekt der Solidarität der Völker im Kampf gegen das gemeinsame Übel, zunächst die europäische Reaktion, tritt im Zusammenhang mit der Strategie des levée en masse zutage. Ein besonderes Problem der Massenarmee und der Volksbewaffnung war die Logistik. Für die bis dahin verhältnismässig kleinen Armeen sollten die Versorgung und der Nachschub aus dem Territorium des Kriegsherrn herangeführt oder in neutralen Ländern gekauft werden. Bei einer Massenarmee war dieses logistische Prinzip nicht mehr anwendbar. Die Armee musste sich aus dem Lande selbst versorgen. Das führte unvermeidlich zu Spannungen mit der Bevölkerung der besetzten Gebiete und der Kampfgebiete, die die Requisitionen als unrechtmässige Eingriffe in ihr Eigentum verstand. Die Massenarmee stand hier einer zweiten Front gegenüber[20]. Der betroffenen Bevölkerung musste die Solidarität mit der kämpfenden Truppe und den Prinzipien, für die sie in den Kampf zog, klargelegt werden, wenn man die Versorgung hinreichend sichern wollte. Die erwähnte Instruktion Poterats spricht das ganz deutlich aus.

Der angegriffene Staat, in dessen Gebiet die feindliche Truppe stand, erhielt seinerseits damit die Möglichkeit, an der rückwärtigen Front den Feind empfindlich zu treffen, wenn es ihm gelang, eine Solidarisierung seiner Bevölkerung mit dem Gegner zu verhindern oder sogar die Bevölkerung zu aktivem Widerstand gegen die feindlichen Truppen hinter der Front zu mobilisieren[21]. Im Zusammenhang mit der Französischen Revolution ist der bedeutendste Fall eines solchen organisierten Widerstandes das Auftreten der Guerrilleros gegen die französischen Besatzungstruppen in Spanien[22]. Ca. 50.000 Guerrilleros banden 250.000 französische Soldaten. Diese zweite Front erhielt eine solche entscheidende Funktion, dass Clausewitz später davon sprach, es habe sich "hier nicht bloss um eine Steigerung des Volksbeistandes, sondern um eine wahrhaft neue Potenz" gehandelt[23]. Es wäre zu untersuchen, in welchem Masse die Annexion weiter deutscher Gebiete bis in den norddeutschen Raum, die Frankreich zu Beginn des 19. Jahrhunderts vornahm, im Zusammenhang mit der Überlegung erfolgte, dass eine dadurch verstärkte Loyalität zu Frankreich, also mehr als eine blosse Solidarität mit der französischen Sache, den Nachschub der französischen Truppen durch eine weite, sonst sehr gefahrvolle Zone und sogar die Versorgung der Truppen aus diesem frontnäheren Raum selbst sichern würde.

Die Probleme des Volkskrieges, seine Vorteile und seine Schwächen wurden erstaunlicherweise von den entscheidenden Politikern der von Frankreich angegriffenen Staaten zunächst überhaupt nicht erkannt[24]. Es bedurfte einer längeren Zeit, bis Militärs und Verwaltungsleute Einfluss gewannen, die ihrer Herkunft nach einen gewissen Kontakt zu französischen und demokratischen Vorstellungen hatten und die vor allem in Preussen und Österreich die allgemeine Volksbewaffnung durchsetzen konnten. Aber gerade der österreichische Kanzler Metternich bemühte sich von Anfang an, die Volksbewegung einzudämmen[25], um die europäische Politik von Volksleidenschaften freizuhalten.

Während der Befreiungskriege wurde man sich des neuen Phänomens zwar voll bewusst. Dies zeigt die Benennung einer der entscheidenden Schlachten, nämlich der Schlacht von Leipzig im Jahre 1813, als "Völkerschlacht" an. Aber nach dem endgültigen Sieg über Napoleon ist die Volksdiplomatie schnell wieder aus dem aussenpolitischen Instrumentarium der europäischen Staaten verschwunden. Die erste Begegnung mit der neuen Kraft muss bei den europäischen Staatsmännern eine ungeheure Erschütterung ausgelöst und auch eine entsprechende Furcht vor den in einer solchen politischen Phase freiwerdenden Energien erzeugt haben. Bismarck war noch zwei Generationen später, während des deutsch-französischen Krieges von 1870/71, von der Furcht erfüllt, dass es in Frankreich zu einer Erhebung der Bevölkerung gegen die deutschen Truppen kommen würde[26]. Man sollte die diplomatischen Bemühungen der auf den Wiener Kongress folgenden Jahrzehnte auch unter dem Aspekt sehen, dass die Zurückdrängung des demokratischen Gedankengutes eine Freihaltung des diplomatischen Geschehens von volksdiplomatischen Aktivitäten im Auge hatte[27].

In der zweiten Hälfte des 19. Jahrhunderts lebte die Volksdiplomatie dann allerdings doch wieder auf. Im Jahre 1859 liess Napoleon III. im Krieg gegen Österreich an die nichtdeutschen Nationalitäten des Vielvölkerreiches appellieren, sich gegen den Kaiser zu erheben und mit französisch-italienischer Unterstützung die nationale Unabhängigkeit zu erwerben. Die Appelle waren so wirksam, dass Österreich unverzüglich den Frieden von Villafranca schloss[28].

Ein weiterer Akt quasi-volksdiplomatischer Aktivität erfolgte ausserhalb Europas, nämlich im amerikanischen Bürgerkrieg 1861/63. Die Terrorisierung der gegnerischen Bevölkerung, vor allem der Bevölkerung der Südstaaten, wurde zu einem Mittel der militärischen Auseinandersetzung[29]. Auch hier zeigt sich wieder, dass demokratische Vorstellungen von der Volkssouveränität und die volksdiplomatische Aktivität miteinander verwandt sind. In Europa erfolgte der nächste Schritt echter volksdiplomatischer Aktivität nach dem deutsch-dänischen Krieg. Der militärisch geschlagene dänische Staat begann im Gebiet von Schleswig eine Kulturpolitik, deren Ziel es war, eine im Ansatz vorhandene Solidarität und Loyalität zum dänischen Volk und zur dänischen Krone zu sichern, auszubauen und zu gegebener Zeit im Dienste einer Rückgliederung der in diesem Krieg verlorenen Gebiete einzusetzen. Die Bedeutung dieser Politik wurde allerdings erst Jahrzehnte später, nämlich 1920 bei der Volksabstimmung in Nordschleswig klar.

Derselbe Bismarck, der sich 1870 vor den französischen Franktireurs fürchten sollte, hatte im Jahre 1866 erwogen, die Südslawen und die Ungarn zu Aufständen zu veranlassen, um Österreich zu schwächen[30], und im Jahre 1871 beschäftigte er sich mit den Möglichkeiten, einen Aufstand in Polen auszulösen, um zwischen Deutschland und Russland einen polnischen Pufferstaat zu schaffen[31]. Besonders am Ende des 19. Jahrhunderts griffen die Vereinigten Staaten von Amerika volksdiplomatisch in die internationale Politik ein, so bei der Unterstützung des Kubanischen Aufstandes von 1895 oder bei der Landung auf den Philippinen im Jahre 1898, als sie sich jeweils gegen die Spanier mit antikolonialen Revolutionären verbanden, um deren Kolonien unter ihren Einfluss zu bringen.

2. *Volksdiplomatische Taktiken im Zusammenhang mit dem Ersten Weltkrieg*[32]

In der realen Aussenpolitik der europäischen Staaten spielten volksdiplomatische Vorstellungen bis in das 20. Jahrhundert hinein keine entscheidende Rolle mehr. Selbst auf eine ausländische Staatspflege war man in dieser Zeit kaum vorbereitet. Bei bestimmten Anlässen betrieb man eine systematische Pressepolitik, so beispielsweise in Deutschland während der Vorbereitung für die Gründung des Deutschen Reiches von 1871. Eine systematische Kulturpolitik zur Entwicklung eines Image in anderen Staaten wurde erst in den letzten Jahren des 19. Jahrhunderts vorbereitet[33].

Die Bedeutung von Solidarität, Loyalität und gesteuerter Loyalitätskrise für die auswärtigen Beziehungen erkannten und erforschten zunächst die Militärs. Der französische Marschall Foche schrieb am Ende des 19. Jahrhunderts in seinem Buch "Des Principes de la Guerre", man werde feststellen, dass die Erscheinungsformen, die der Krieg zu Beginn des 19. Jahrhunderts gezeigt habe, für das Ende des Jahrhunderts weitaus bezeichnender seien; und wenige Jahre später erschien in England das Buch eines polnischen Bankiers mit dem Titel "The War of the Future in its Technical, Economic and Political Relations", in dem dargelegt wurde, dass der Krieg der Zukunft mit dem Hunger geführt werde. Von Hungersnöten würden die Völker der kriegführenden Parteien bedroht sein, und die Hungersnöte würden die Kriege entscheiden[34].

Der Erste Weltkrieg bestätigte alle diese Prophezeiungen in erschreckendem Masse. Die Militärtheoretiker hatten ihre Vorhersagen nun keineswegs mit demokratischen Vorstellungen begründet oder ihre Konzeptionen aus radikal-demokratischen Überzeugungen entwickelt, sondern sie waren von der Entwicklung der militärischen Technik ausgegangen, die seit Mitte des 19. Jahrhunderts eine rapide Veränderung von Strategie und Taktik erforderlich machte. Waren bis zu diesem Zeitpunkt die gebräuchlichen Handfeuerwaffen so primitiv eingerichtet, dass sie nur für einen Kampf Mann gegen Mann im offenen Feld einzusetzen waren, so war um 1850 erstmalig ein

Gewehr mit einer Schussentfernung von weit über 100 m entwickelt worden, das es möglich machte, aus einem Versteck und aus grösserer Entfernung ungesehen einen Gegner zu treffen. 1860 etwa war die Technik so weit "fortgeschritten", dass der Schütze im Liegen, also noch besser versteckt, zum Einsatz gebracht werden konnte, dazu mit einem Gewehr, das jetzt sieben Schüsse in einer Minute abgeben konnte[35]. 1886 wurde damit bereits eine Schussentfernung von 200 m erreicht und 1891 wurde eine Artillerie-Kanone geschaffen, die man verdeckt aufstellen konnte[36]. Der Krieg verlor damit den Charakter einer Auseinandersetzung von Mann zu Mann und wurde zum Massen- und Vernichtungskrieg, in dem es nur noch darum ging, die Materialversorgung des Gegners zu zerstören, so dass er von einer Fortsetzung der Kämpfe Abstand nehmen musste. Die Idee der Materialschlacht wurde geboren. Der Krieg verlor den Sinn, ein Einsatz für eine Verbesserung der eigenen Position zu sein. Der Aufwand überstieg auf beiden Seiten den zu erwartenden materiellen Gewinn[37], man konnte nur noch siegen.

Stellungskrieg und Materialschlachten liessen den Krieg von einem Kräftevergleich zwischen den Soldaten zu einem Leistungsvergleich zwischen den industriellen Kapazitäten der kriegführenden Parteien werden. Damit verschwand die strategische Bedeutung der Front, und damit entstand eine ganz neue strategische Bedeutung des Hinterlandes. Anfang 1915 erklärte die deutsche Regierung, die britischen Kontrollen der Schiffahrt in der Nordsee zielten nicht nur auf die Behinderung der deutschen Kriegführung, sondern auf eine Zerstörung der ganzen deutschen Volkswirtschaft, was mit den tradierten internationalen Rechtsnormen nicht übereinstimme. Die deutsche Regierung werde daher einen unbeschränkten Handelskrieg rund um die britischen Inseln eröffnen. Nun hatte die deutsche Marine allerdings schon unmittelbar nach Ausbruch des Krieges auf einen U-Bootkrieg zur Unterbindung der Handelsschiffahrt nach England gedrängt. Nur an den traditionell begründeten rechtlichen Bedenken des Auswärtigen Amtes war die Verwirklichung dieses Planes gescheitert.[38] Aber sechs Monate Krieg hatten genügt, um alle Bedenken zurückzustellen und Handelskrieg und Hungerblockade zu eröffnen. Die traditionelle Vorstellung, dass die Grausamkeit des Krieges auf die Armeen beschränkt bleiben müsste, war hinfällig geworden. Massendrepressionen unter der Zivilbevölkerung, durch Hunger ausgelöst, waren nicht mehr unvermeidliche Nebenwirkung, sondern geplantes Ziel der militärischen Operationen. Kurz: die Depression trat an die Stelle der Feldschlacht, und die Herstellung von Ersatznahrung wurde zur Gegenoffensive. 1915 tauchten daher in Deutschland allerorts Kriegskochbücher auf, die die Hausfrauen in den Stand setzen sollten, der Armee zum Siege zu verhelfen. In dem "Kleinen Hamburger Kriegskochbuch" wird die Bedeutung der neuen Strategie den Hausfrauen folgendermassen erläutert:

"Unsere Feinde, vor allem die Engländer, rechnen damit, dass das deutsche Volk nicht auf die Dauer ohne die gewohnte Nahrungsmittel-Einfuhr aus fremden Ländern bestehen kann. Sie bieten alle Mittel auf, jede Zufuhr an Lebens- und Futtermitteln abzuschneiden, in der Erwartung, das durch Hunger geschwächte Deutschland zu jedem, auch dem unwürdigsten Frieden zwingen zu können."

Diese Strategie ist am Ende nicht ohne Erfolg geblieben. Die verelendete deutsche Bevölkerung wandte sich gegen die Führung, und die Armee, "im Felde unbesiegt", wie man später so gern sagte, sah sich genötigt, einen Waffenstillstand zu akzeptieren. Dieser führte zum Versailler Friedensvertrag, dem sogenannten "Schanddiktat", das das Hamburger Kochbuch für den Fall des Versagens der Hausfrauen schon vorausgesagt hatte. Dass Leute aus der deutschen Armeeführung daraus später die "Dolchstosslegende" bildeten, zeugt lediglich von einem völligen Unverständnis gegenüber der neuen massenpsychologisch abgestützten Strategie.

Neben den immer noch in einem gewissen Zusammenhang zum Kriegsgeschehen stehenden neuen militärischen Entwicklungen hatte sich aber während des Ersten Weltkrieges auch schon eine bewusste Hinwendung zur Volksdiplomatie abgezeichnet. Bereits im Frühjahr 1914 hatte sich Wilhelm II. den Möglichkeiten zugewandt, durch den osmanischen Sultan als Kalifen, d.h. obersten Richter der muselmanischen Welt, die Muslime vor allem in Indien zu einem Aufstand gegen die britische Kolonialmacht aufzurufen. Die örtlichen deutschen Konsuln sollten eine solche Erhebung nach Kräften vorbereiten und unterstützen[39]. Auch der Sultan selbst hatte panislamische und pantürkische Aktivitäten entwickelt[40]. Im Westen hatte das Deutsche Reich auf die Gewinnung der Flamen für seine Sache gesetzt. Reichskanzler Bethmann Hollweg dachte dabei auch daran, auf diesem Wege zugleich für die Zeit nach der wie auch immer gearteten Beeindigung des Krieges dem "Deutschen Reich bei einem starken Teil der belgischen Bevölkerung . . . die Stellung eines natürlichen Beschützers und zuverlässigen Freundes" zu erwerben und zu sichern[41]. Die belgische Exilregierung setzte sich mit harten Strafandrohungen gegen die deutsche Politik erfolgreich zur Wehr und bei den kooperationsbereiten Flamen wuchsen gleichzeitig Zweifel, ob die Deutschen wirklich bereit wären, sie im Ernstfall zu beschützen. Die Flamenpolitik des Deutschen Reiches bleib so ohne dauernden Erfolg, zumal das deutsche Auswärtige Amt sie als Belastung etwaiger Friedensverhandlungen betrachtete und daher bekämpfte[42].

Gegen Russland war vom Deutschen Reich ebenfalls eine breit angelegte volksdiplomatische Aktivität entfaltet worden, die in Polen, in Finnland, im Kaukasus und sogar in den asiatischen Provinzen des russischen Reiches ansetzte[43]. Eine wichtige Massnahme in dieser Richtung war das deutsch-österreichische Polenpatent vom 12. November 1917, mit dem zugleich der propolnischen Politik der Westmächte entgegengewirkt werden sollte. Die folgenreichste volksdiplomatische Aktion der Geschichte war kurz zuvor angelaufen, als das Deutsche Reich Lenin, in genauer Kenntnis seiner revolutionären Pläne, die Rückkehr nach Russland ermöglichte, um an der Ostfront zu einem baldigen Sonderfrieden gelangen zu können[44].

Bei allen diesen Unternehmungen stand die militärische Schwächung des Gegners noch im Vordergrund[45]. Das Ziel war Disloyalität, Schwächung und Entfremdung, nicht Solidarität. Grossbritannien und Frankreich hatten ihrerseits volksdiplomitische Aktivitäten gegen die Mittelmächte entwickelt, vor allem die Hungerblockade gegen Deutschland, um die Zivilbevölkerung zu zermürben und zur Revolution gegen den Kaiser zu treiben. Dem deutschen Generalstab vermittelte das den Eindruck, das eigentliche Kriegsziel der Westmächte sei die Auslösung einer Revolution in Deutschland geworden[46]. Grossbritannien versuchte die Araber gegen den Sultan des Osmanischen Reiches zu mobilisieren, indem es ihnen ein arabisches Reich unter den Herrschern von Nedj versprach. Die erfolgreichste und kriegswichtigste volksdiplomatische Aktion Grossbritanniens richtete sich allerdings auf die Vereinigten Staaten, wo eine öffentliche Meinung für die Beteiligung am Krieg gegen Deutschland mobilisiert wurde[47]. Man entwickelte immer mehr eine allgemeine antideutsche Propaganda mit Verbreitung von Greuelmärchen und Schwarz-Weiss-Malerei. Teufel und Engel sollten in einer Auseinandersetzung stehen[48].

Die geschilderten volksdiplomatischen Aspekte des Ersten Weltkrieges erreichten ihren Höhepunkt im Jahre 1917 mit dem Kriegseintritt der Vereinigten Staaten von Amerika. Wilson, der damalige amerikanische Präsident, hatte der klassischen Geheimdiplomatie den Kampf angesagt, um den Empfindungen der Völker in den internationalen Beziehungen Einfluss zu geben[49]. Die USA entwickelten ein systematisches, auf innenpolitische Veränderung in den Feindstaaten gerichtetes Programm, das unter anderem im ersten Punkt der Mount Vernon-Rede Wilsons vom 4. Juli 1918 mit der Formel niedergelegt wurde:

> "The destruction of every arbitrary power anywhere that can separately, secretly, and of its single choice disturb the peace of the world; . . ."[50]

Noch im Jahre 1918 wurden in London besondere Propaganda-Institutionen geschaffen, das "Department for Enemy Propaganda" und das "International Committee"[51]. Sie sollten eine Entmutigungskampagne gegen Deutschland führen[52]. Ein Hindernis der alliierten Volksdiplomatie war jedoch die mangelnde Klarheit über die Kriegsziele, so dass in Deutschland eine Gegenpropaganda ungeheuerliche Kriegsziele der Alliierten behaupten und damit die alliierte Propaganda neutralisieren konnte[53]. Schon die antideutsche Propaganda hatte volksdiplomatischen Prinzipien widersprochen, indem sie, statt zwischen dem guten Volk und der bösen Regierung eine Krise hervorzurufen, durch Verteufelung aller Deutschen eine Verstärkung der Verbindung zwischen Volk und Regierung bewirkte, was beispielweise in dem Burgfriedenskonzept der SPD im Deutschen Reichstag zum Ausdruck gelangte. Diese Entwicklung ging nicht zuletzt darauf zurück, dass die alliierte Propaganda sich besonders stark auf die innere Front im eigenen Lande und auf eine Mobilisierung der Neutralen richtete[54]. Ihnen musste die Auseinandersetzung als eine prinzipielle Frage deutlich gemacht werden, um sie für ein Durchhalten oder für eine Beteiligung an dem Krieg zu gewinnen[55]. Eine wirklich volksdiplomatische Richtung erhielt die Propaganda erst mit dem Kriegseintritt der USA, und zwar durch die Propagierung des Grundsatzes der Selbstbestimmung der Völker – als vierten Punkt der Wilsonschen Kongressrede vom 11. Februar 1918. Der Programmsatz lautete:

> "Fourth, that all well-defined national aspirations shall be accorded the utmost satisfaction that can be accorded them without introducing new or perpetuating old elements of discord and antagonism that would be likely in time to break the peace of Europe and consequently of the world."[56]

Damit wurde zwischen den angenommenen Völkern Europas und der bestehenden politischen Ordnung Europas ein Gegensatz proklamiert, der die Schaffung einer inneren Front bei den Mittelmächten bewirken sollte. Liess sich dieser Grundsatz gegenüber dem polnischen Volk noch als die Wiederherstellung des von Österreich, Preussen und Russland teilweise annektierten polnischen Staates verstehen und rechtfertigen, so war die Propaganda der Selbstbestimmung gegenüber Ungarn schlechthin die Forderung, die Realunion mit Österreich aufzulösen, d.h. eine neue, bessere Regierung vom ungarischen Volk hervorbringen zu lassen.

Die Problematik der "Volksdiplomatie" trat dann bei der Anwendung dieser Propaganda gegenüber den Österreichischen Erblanden und den Nebenlanden der Ungarischen Krone zutage. Was hier als Volk zu verstehen war, blieb unklar; ein mährisches oder böhmisches Volk, ein slowakisches, ein kroatisches oder mazedonisches Volk liess sich mit einigem guten Willen doch herauskristallisieren, obwohl es im böhmisch-mährischen Raum bei der starken Durchsetzung der tschechischen Bevölkerung mit Deutschen schon schwierig war, ein typisch tschechisches Territorium festzustellen und einen rein tschechischen Nationalstaat zu konzipieren. Die Adressaten der Selbstbestimmungspropaganda waren jedoch nicht einmal diese als ethnische Gruppen erkennbaren Einheiten, sondern ganz synthetische Volksbegriffe, nämlich das tschechisch-slowakische Volk oder das jugoslawische Volk, in Wirklichkeit also Völker, die es als ethnische Einheiten nicht gab, und die als politische Einheiten, d.h. als Staatsvölker historisch niemals bestanden hatten, sondern die jetzt ganz synthetisch neu konzipiert wurden. Die Volksdiplomatie half sich hier mit künstlichen Völkern. Dennoch war der Erfolg dieses Vorgehens nicht gering. Es löste eine schon im Ansatz vorhandene Demoralisierung des österreichisch-ungarischen Heeres aus und trug zum Zusammenbruch der Mittelmächte bei. Bei der Neuordnung Europas nach dem Ersten Weltkrieg trat dann mit dem Prinzip der Selbstbestimmung der Völker das volksdiplomatische Konzept noch mehr in den Vordergrund, und Dänemark konnte in dieser Situation die Früchte seiner Kulturarbeit in Schleswig mit der Angliederung Nord-Schleswigs ernten.

In den bisherigen Beispielen hatte die Volksdiplomatie stets primär der Destruktion eines Staates gedient. Am Ende des Ersten Weltkrieges findet sich aber auch ein bemerkenswerter Ansatz zu bewahrender Volksdiplomatie. Die Vereinigten Staaten fürchteten Ende 1918, in Deutschland könnte eine kommunistische Revolution erfolgen und die dann eingesetzte Regierung könnte ihre Zustimmung zu einer neuen europäischen Friedensordnung verweigern. Sie wollten daher die Provisorische Regierung unter Ebert stärken, und zwar durch die Erklärung, dass nur eine demokratisch gewählte deutsche Regierung Verhandlungspartner für einen Waffenstillstands- und späteren Friedensvertrag sein könnte, sowie durch das Angebot grosszügiger Nahrungsmittelhilfe[57].

Die bisher betrachteten volksdiplomatischen Aktivitäten zeichnen sich in den meisten Fällen durch eine nicht gerade systematische Anwendung des neuen Instruments aus. Man hat sogar den Eindruck, dass den Staaten oft die Revolution der diplomatischen Methoden, die sie anwandten, nicht einmal voll bewusst gewesen ist. Volksdiplomatische Aktivitäten wurden vor allem in Kriegszeiten zur Unterstützung der militärischen Aktionen entwickelt; von einer systematischen, selbständigen Volksdiplomatie kann bis zum Ende des Ersten Weltkrieges noch nicht gesprochen werden.

3. *Der Beginn der systematischen und dauernden Volksdiplomatie*

Ein Ansatz zu systematischer und dauernder Volksdiplomatie konnte in den Schriften von Karl Marx gesehen werden, und zwar in der These, dass eine Harmonisierung der gesellschaftlichen Interessen ausserhalb kommunistischer Gesellschaftsordnungen, d.h. innerhalb aller derzeitigen Gesellschaftsordnungen, unmöglich sei, und dass es bis zur Schaffung der kommunistischen Gesellschaft in jeder Gesellschaft und damit auch in jedem Staat einen permanenten und unüberwindbaren Widerspruch geben müsste, der zu einem permanenten Klassenkampf führe. Die Regierung erschien jetzt als das Instrument der herrschenden Klasse, das die Ausbeutung der Masse der Bevölkerung als unterdrückter Klasse sichern sollte. Jede Regierung war damit ständig von Revolutionen bedroht. Im Jahr 1857 schrieb Friedrich Engels, der Militärtheoretiker des Marxismus, an Karl Marx:

> "Eine anhaltende wirtschaftliche Depression könne von einer klugen Revolutionsstrategie als nützliche Waffe verwendet werden, mit der man einen ständigen Druck ausüben kann . . ., um das Volk in die richtige Verfassung zu bringen . . ."[58]

Ungefähr zur selben Zeit sprach der französische Gewerkschaftler George Sorel davon, dass ein Generalstreik zu einer "napoleonischen Schlacht" werden könne[59]. Diese Äusserungen stehen selbstverständlich noch im Zusammenhang mit der "Revolutionsstrategie", also mit innenpolitischen Auseinandersetzungen. Aber zur Übernahme dieser Thesen in das Instrumentarium der Aussenpolitik war es jetzt nur noch ein kleiner Schritt, der allerdings voraussetzte, dass ein volksdiplomatisch aktiv werdender Staat sich die These vom permanenten oder zumindest langfristigen, unaufhebbaren Widerspruch in der Gesellschaft anderer Staaten zu eigen machte. Eine solche absolute Widerspruchstheorie legte als erster Staat die Sowjetunion ihrer Aussenpolitik zugrunde.

Bereits wenige Tage nach dem Erfolg der kommunistischen Oktoberrevolution in Russland nahm der Zweite Sowjetkongress am 26. Oktober (alter Rechnung) 1917 das Dekret Lenins "Über den Frieden" an. Gleichzeitig setzte er den Rat der Volkskommissare ein. Das erste Volkskommissariat, das dann organisiert wurde, war das Kommissariat für auswärtige Angelegenheiten, denn die internationalen Probleme bildeten zunächst die grössten Schwierigkeiten für die Existenz der Sowjetunion[60]. Lenin selbst sagte:

> "Seit den ersten Tagen der Oktoberrevolution sind die Aussenpolitik und die internationalen Beziehungen die wichtigste Frage geworden..."[61]

Schon Anfang November 1917 begann unter Leitung Trotzkis die Volksdiplomatie gegenüber den Alliierten und den Mittelmächten. Der erste sensationelle Schritt war die Veröffentlichung der geheimen Abkommen, die die zaristische Regierung mit den Alliierten über eine Aufteilung der Welt nach dem Ende des Krieges getroffen hatte, darunter die Abkommen über Persien und den Mittleren Orient. Das Ziel dieser Veröffentlichung war es, zwischen den Völkern, wie man in der Sowjetunion sagt, "des Ostens" und den europäischen Kolonialstaaten eine Auseinandersetzung einzuleiten, die die europäischen Staaten so binden würde, dass sie für die nächste Zeit von einer Intervention gegen die Sowjetunion Abstand nehmen müssten[62]. Gegenüber den Mittelmächten, vor allem Deutschland, verfolgte die neue Sowjetdiplomatie das Ziel, im Westen der sowjetischen Gebiete einen weiteren kommunistischen Staat entstehen zu lassen, der in Solidarität zur Sowjetunion die erwartete Intervention der Alliierten erschweren würde.

Die tatsächlich erfolgende Revolution in Deutschland nahm jedoch einen anderen Verlauf, als erwartet worden war. Statt der Deutschen Räterepublik entstand die Weimarer Republik, ein bürgerlicher Staat. Auch die erhoffte kommunistische Weltrevolution blieb nach dem Ende des Ersten Weltkrieges aus. Die Sowjetunion stand damit in einer Isolierung, die angesichts der beginnenden alliierten Intervention für die Existenz des neuen Staates bedrohlich wurde. Eine militärische Verteidigung der Sowjetunion gegen die Interventionstruppen schien wenig erfolgversprechend. Entscheidend wurde es daher, die Regierungen Westeuropas von vornherein an einer Intervention zu hindern, zumindest alles vorzubereiten, um sie durch innenpolitische Kräfte sehr schnell wieder von einer Intervention abbringen zu können.

Am 4. März 1919 wurde auf Anregnung Lenins die Dritte Internationale, die Kommunistische Internationale, kurz Komintern, gegründet, die als Koordinierungsgremium aller kommunistischen Parteien der Welt tätig werden sollte. Der erste Komintern-Kongress beschloss in mehreren Resolutionen die "Richtlinien" für die Arbeit der kommunistischen Parteien in der nächsten Zeit. Unter diesen "Richtlinien" stehen an erster Stelle die Anweisungen an die Völker, ihre Regierungen zu einer Beendigung der Intervention in der Sowjetunion zu bewegen, die Regierungen, wenn möglich, sogar zu stürzen. Es heisst dort:

> "Eine neue Epoche ist geboren! Die Epoche der Auflösung des Kapitalismus, seiner inneren Zersetzung. Die Epoche der kommunistischen Revolution des Proletariats.
>
> Das imperialistische System bricht zusammen. Gärung in den Kolonien, Gärung unter den früher unselbständigen kleinen Nationen, Aufstände des Proletariats, siegreiche proletarische Revolution in einigen Ländern . . .
>
> Der Menschheit, . . ., droht die Gefahr der Vernichtung. Es gibt nur eine Kraft, die sie retten kann, und diese Kraft ist das Proletariat. . . . die Arbeiterklasse. Sie muss eine wirkliche Ordnung schaffen, die kommunistische Ordnung. Sie muss . . . die Kriege unmöglich machen, die Grenzen der Staaten vernichten, . . ., die Verbrüderung und Befreiung der Völker verwirklichen.
>
> Dagegen rüstet sich das Weltkapital zum letzten Kampf . . .
>
> Diese neue ungeheure Verschwörung der Kapitalistenklasse muss das Proletariat mit der Eroberung der politischen Macht beantworten, . . ."[63]

Der Rat der Volkskommissare beschloss sofort, den extremen Linksparteien in aller Welt zwei Millionen Rubel zur Unterstützung ihrer revolutionären Tätigkeit über die diplomatischen Vertretungen des kommunistischen Russland zur Verfügung zu stellen[64].

Die Entschliessungen des Ersten Komintern-Kongresses erweisen sich damit als ein Programm, "über die Köpfe der Regierungen hinweg" die Völker zu einer sowjetfreundlichen Politik zu bewegen, zu einer Solidarität mit der Sowjetunion. Damit sollte eine Loyalitätskrise zwischen Volksmassen und Regierungen in den europäischen Staaten ausgelöst werden, um das diplomatische Ziel der Sowjetunion in dieser Etappe, den Schutz vor äusseren Einwirkungen und die Anerkennung in der Staatengemeinschaft, durchzusetzen. Die von der französischen Regierung im Jahre 1792 begonnene Politik wurde jetzt in grossem Stil entwickelt. Das volksdiplomatische Argument der Sowjetunion unterschied sich allerdings wesentlich von dem der Französischen Republik. Der tragende Gedanke war die Solidarität der Klassen gegenüber dem von Frankreich propagierten Prinzip der nationalen Souveränität. Die Sowjetunion bediente sich mithin eines sozialen Arguments, in einer Zeit, in der die herrschenden Gruppen der anderen Staaten das nationale Argument noch in den Vordergrund stellten. Wenn es richtig ist, wie Reinhold Niebuhr meint[65], dass in der Gegenwart die soziale Frage im Vordergrund steht, so hatte die Sowjetunion zweifellos das aussichtsreichere Argument gewählt.

Anfänglich schien die sowjetische Politik gegenüber Deutschland diese Annahme jedenfalls zu bestätigen. Unmittelbar nach dem Ersten Weltkrieg stand die soziale Frage in Deutschland an einer vorrangigen Stelle. Die soziale Auseinandersetzung bestimmte die innenpolitischen Verhältnisse. In dieser Zeit erfreute sich der proletarische Internationalismus, den die Sowjetunion propagierte, ausserordentlicher Sympathien, und in Deutschland zeigten sich weite Kreise bereit, mit der Sowjetunion solidarisch zu handeln. Durch das Anwachsen der nationalen Haltung in den zwanziger Jahren ist allerdings ein Rückgang der Sympathie für den proletarischen Internationalismus ausgelöst worden, und die Sowjetunion musste auf eine neue Linie übergehen, indem sie durch eine starke Förderung der kommunistischen Partei Deutschlands, die ihrerseits nun das nationale Prinzip und die nationale Entwicklung in den Vordergrund stellte, die nationale Frage mit der sozialen Frage zu verbinden und sich in den nationalen Kreisen, etwa der Reichswehrführung, neue Sympathien zu erwerben versuchte, wobei sie sich als Förderer der nationalen Unabhängigkeit und Grösse Deutschlands darstellte. Mit dem Umschlagen der nationalen Diskussion in den Nationalismus um 1933 zeigte sich dann, dass die soziale Frage und die Solidarität in der sozialen Frage kaum noch eine Bedeutung hatte, und nach den ersten grossen Erfolgen des Nationalismus, der in Gestalt des Nationalsozialismus versprach, die soziale Frage im Rahmen der nationalen Frage zu lösen, verlor die kommunistische Partei stark an Boden. Jetzt war die Sowjetunion sogar bereit, die kommunistische Partei ganz aufzugeben[66]. Dieser Vorgang legt auch die Frage nahe, inwieweit die sowjetische Volksdiplomatie in Deutschland eine innenpolitische Radikalisierung bewirkt, insbesondere zum Aufkommen des Nationalsozialismus beigetragen und sich damit selbst den Boden entzogen hat.

Eine ähnliche Wechselwirkung zeigte sich auch zwischen der nationalen Frage und der demokratischen Frage im 19. Jahrhundert. Am Ende des 18. Jahrhunderts, als ein deutsches Nationalbewusstsein erst schwach ausgebildet war, stiess die von Frankreich ausgehende demokratische Bewegung in Deutschland auf keine Widerstände. Nach den Befreiungskriegen, als das deutsche Nationalbewusstsein stärker entwickelt war, kam es zu einer Identifizierung der demokratischen Ordnung mit Frankreich. Die Demokratie wurde als undeutsch qualifiziert, und ihr wurden urdeutsche Formen der politischen Ordnung gegenüber gestellt. Diese Änderung bewirkte einen rapiden Rückgang der Solidarisierungsbereitschaft mit Frankreich.

Die beiden genannten Beispiele weisen auf eine sehr starke Wirkung nationaler Argumente und nationalistischer Anschauungen hin, so dass man die These aufstellen könnte, ein Staat, der die nationale Frage in den Vordergrund rückt und eine besonders nationalistische Politik betreibt, sei gegenüber der Volksdiplomatie in einer besseren Situation als ein Staat, der das Leistungsprinzip, etwa die sinnvolle Wirtschafts- und Sozialordnung, in den Vordergrund stellt.

Ein Staat, der besonders auf die Leistungen für das gemeinsame Wohl aller Bürger abstellte, war die Monarchie der Habsburger im 19. Jahrhundert. Hier wurde die rationale wirtschaftliche und politische Ordnung der nationalen Frage vorgezogen, allerdings ohne dauerhaften Erfolg. Vielmehr war etwa in Böhmen und Mähren das Vordringen der nationalen Frage so stark, dass selbst vernünftige wirtschaftliche Erwägungen nicht mehr ausreichten, um die nationale Verselbständigung aufzuhalten[67]. Sulzbach hat sogar die These aufgestellt, dass wirtschaftliche Notwendigkeiten stets von nationalistischen Erwägungen überspielt würden[68]. Es ergeben sich allerdings gegen solche Thesen insofern Bedenken, als sie alle auf Beobachtungen aus dem 19. Jahrhundert zurückgehen, in dem die nationale Frage im Vordergrund stand, während heute die soziale Frage für die Beurteilung eines Staates und die Entscheidung für Loyalität zu einer Regierung bedeutsamer ist. Auf der anderen Seite hat gerade der Nationalsozialismus gezeigt, dass eine Verbindung der nationalen Frage mit der sozialen Frage dem nationalen Denken neuen Auftrieb geben kann, insbesondere wenn an Neidkomplexe gegenüber fremdnationalen Gruppen angeknüpft wird.

Auch in der Auseinandersetzung mit den Intervenienten an der unmittelbaren militärischen Front spielten auf Seiten der Sowjetunion volksdiplomatische Massnahmen eine erhebliche Rolle. Nach sicherlich etwas zweifelhaften Angaben soll die 200.000 Mann starke Armee Tuchachewskis beim Einmarsch nach Polen im Jahre 1920 800.000 Mann an politischen Hilfskräften, Funktionären, Polizeiangehörigen und "zweifelhaften" Personen mit sich geführt haben[69]. Der Befehlshaber der britischen Interventionstruppen, d'Abernon, berichtete dazu, Moskau habe "über Spione, Agitatoren, Geheimboten und geheime Freunde, die in das polnische Gebiete eindrangen und den Widerstand der zuverlässigen Bevölkerung Polens untergruben" verfügt; ihre Tätigkeit sei ebenso erfolgreich gewesen wie die der eigentlichen Truppen der Roten Armee[70]. Die politischen Hilfstruppen Tuchachewskis hatten die Aufgabe, in den polnischen Dörfern einen Widerstand der Bevölkerung gegen die Grossgrundbesitzer zu organisieren, und schwankende Bevölkerungsteile durch systematische

Terrorakte davon zu überzeugen, dass nur ein Zusammengehen mit der Roten Armee ihr Leben einigermassen sichern würde. Das Ziel war also eine erzwungene Solidarisierung mit der Sowjetunion sowie eine Loyalitätskrise gegenüber der polnischen Regierung.

Trotz des erheblichen materiellen und personellen Einsatzes, den die Sowjetunion bis in die zwanziger Jahre für ihre Volksdiplomatie erbrachte, gelang es ihr nicht, damit grundlegende Erfolge zu erzielen. Selbst die ihr freundliche Politik der Weimarer Republik ging nicht so sehr auf eine Solidarität des deutschen Volkes zu dem kommunistisch geführten russischen Volk zurück, sondern vielmehr auf das nüchterne Kalkül von Politikern, die erkannten, dass sie, zum Aussenseiter der Staatengemeinschaft abgestempelt, nur in der Allianz mit einem anderen Aussenseiter der Staatengemeinschaft auf die Dauer Erfolg haben könnten, und zwar nicht im Sinne einer dauernden Verständigung mit der Sowjetunion, sondern vielmehr im Sinne einer Wiederaufnahme in die Staatengemeinschaft.

Die Enttäuschung über die geringen Erfolge der Volksdiplomatie führte zu einer Neukonzeption zu Beginn der dreissiger Jahre, die allerdings nicht von der Volksdiplomatie abging, sondern lediglich eine Erneuerung der Argumentation einleitete. Bisher hatte man sich vor allem auf die Schaffung kommunistischer Parteien und die Unterstützung kommunistischer Revolutionen konzentriert, von denen die baldige Entstehung einer Vielzahl kommunistischer Staaten erwartet wurde. Man hatte also auf ideologische Konformität als Basis der Solidarität gebaut. Jetzt wandte man sich einer neuen Argumentation zu, nämlich der Volksfronttaktik in Verbindung mit der "Solidarität der Friedenskräfte". So hatte schon Anfang 1934 Stalin vor dem XVII. Parteitag der KPdSU (B) davon gesprochen, dass in einer "durch die Miasmen der Kriegskombinationen vergifteten Atmosphäre" die Sowjetunion ihre "Friedenspolitik" durchführe, wobei sie sich "auf die moralische Unterstützung der Millionenmassen der Arbeiterklasse aller Länder, die an der Erhaltung des Friedens aufs stärkste interessiert ist", stützt[71]. Das Exekutivkomitee der Kommunistischen Internationale bot der Sozialistischen Internationale an, eine "Aktionseinheit im Kampfe gegen Faschismus, Kapitaloffensive und Krieg" herzustellen[72]. Der VII. und letzte Kongress der Komintern, der 1935 in Moskau zusammentrat, fasste eine Resolution "Über die Aufgaben der Kommunistischen Internationale im Zusammenhang mit der Vorbereitung eines neuen Weltkrieges durch den Imperialismus", in der gefordert wurde, "die Politik der Arbeiterklasse, den Kampf für den Frieden ... unter dem Gesichtspunkt der Verteidigung der Sowjetunion" zu führen und "mit allen Mitteln um jeden Preis den Sieg der Roten Armee über die imperialistische Armee" zu fördern[73].

Das volksdiplomatische System der Sowjetunion wurde dabei seit der Mitte der dreissiger Jahre erheblich verfeinert. Die Trennungslinie zwischen Volk und Regierung, die bisher zwischen der kommunistischen Partei und ihrem Anhang und der übrigen Bevölkerung und der Regierung verlaufen war, wurde verschoben. Auf der einen Seite sah man jetzt die kommunistischen und alle übrigen "fortschrittlichen" Kräfte, wobei man die Qualifizierung nach der Lage der verschiedenen Staaten unterschiedlich vornahm, auf der anderen Seite die "Bourgeoisie" und die von ihr gelenkte Regierung. Man anerkannte, dass zwischen den Kommunisten und den übrigen "fortschrittlichen" Kräften erhebliche Meinungsverschiedenheiten bestanden, stellte jedoch in den Vordergrund, dass alle diese Kräfte, besonders nach der Machtergreifung Hitlers in Deutschland, vom Faschismus bedroht seien und daher zur Niederschlagung des Faschismus zunächst einmal zusammenarbeiten müssten, ehe sie ihre Meinungsverschiedenheiten untereinander austragen könnten. Die "Volksfront" war das Gebot der Stunde.

Im Anschluss an diese Volksfrontlinie wurde dann für den weiteren internationalen Gebrauch die Linie der "Friedensfreunde" entwickelt. Hier wurden Meinungsverschiedenheiten über soziale Fragen völlig aussen vor gelassen. In diesem weiteren Kreis ging es nur noch darum, die drohende Gefahr eines neuen Krieges zu erkennen und abzuwehren. Alle, die "für den Frieden und gegen den Krieg" waren, wurden hier als Partei der sowjetischen Volksdiplomatie betrachtet und unterstützt. Dabei wurde allerdings nicht das Fernziel aus dem Auge gelassen, die in der Volksfront vereinigten Kräfte langsam auf die kommunistische Linie zu bringen und so am Ende zu dem System kommunistischer Staaten und einer kommunistischen Weltgemeinschaft zu gelangen[74].

Der Erfolg dieser neuen Taktik war für die Sowjetunion ermutigend. In Frankreich entstand die erste Volksfrontregierung im Jahre 1936, im Spanischen Bürgerkrieg konnten nicht nur Kommunisten zusammen mit Republikanern kämpfen, sondern die Sowjetunion konnte in westlichen Staaten die öffentliche Meinung, die gegen die spanische Falange gerichtet war, zugleich zu ihren eigenen Gunsten mobilisieren und damit ihre Anerkennung als europäische Macht weiter stärken[75].

Im Spanischen Bürgerkrieg wurde auch deutlich, dass das Konzept der Volksdiplomatie sich über den sowjetischen Bereich hinaus als systematische Methode diplomatischer Aktivität durchzusetzen begann. Den von der Sowjetunion unterstützten republikanischen Truppen standen die faschistischen Truppen gegenüber, die eine Unterstützung seitens des nationalsozialistischen Deutschland und Italiens erfuhren.

In Hitlers aussenpolitischem Denken spielte die Volksdiplomatie eine grosse Rolle. Vor Hermann Rauschning hatte er um 1933 die Grundzüge seiner Methodik mit folgenden Worten dargelegt:

> "... Was die artilleristische Vorbereitung für den frontalen Angriff der Infanterie

im Grabenkampf bedeutet hat, das wird in Zukunft die psychologische Zermürbung des Gegners durch revolutionäre Propaganda zu tun haben, ehe die Armeen überhaupt in Funktion treten. Das gegnerische Volk muss demoralisiert und kapitulationsbereit sein, es muss moralisch in die Passivität getrieben sein, ehe man an eine militärische Aktion denken darf. . . . Wir werden nicht vor der Anzettelung von Revolutionen zurückschrecken. . . . Gefühlsverwirrung, Widerstreit der Gefühle, Unentschlossenheit, Panik; das sind unsere Waffen. . . . Die Lehren der Revolution, das ist das Geheimnis der neuen Strategie. Ich habe von den Bolschewiken gelernt. . . . Generäle wollen . . . sich wie die Ritter aufführen. Sie glauben, Kriege wie die mittelalterlichen Turniere führen zu müssen. Ich brauche keine Ritter, ich brauche Revolutionen . . .

. . . zusammen mit dem vollen Einsatz unserer Waffen werden wir den Gegner durch einen geistigen Krieg zermürben . . . Ich werde den Franzosen als ihr Befreier kommen. Wir werden dem kleinen Mann des Mittelstandes als die Bringer einer gerechten sozialen Ordnung und eines ewigen Friedens kommen . . ."[76]

Diese Ausführungen sind ein Destillat volksdiplomatischer Methodik und Argumentation von bemerkenswerter Klarheit. Bei allen Vorbehalten gegenüber der Authentizität der Rauschningschen Berichte scheint es unwahrscheinlich, dass diese Gedanken ein Missverständnis sein können. Der konservative Rauschning dürfte das Wesen der Ausführungen genauso wenig begriffen haben, wie am Ende des 18. Jahrhunderts die französischen Diplomaten und Generale die volksdiplomatischen Anweisungen des Direktoriums verstanden hatten[77].

Deutschland entwickelte unter Hitler eine eigene volksdiplomatische Argumentation, die an das deutsche Volkstum und später die nordische oder arische Abstammung anknüpfte. Sie wurde vor allem von der NSDAP getragen und stiess auf grosse Bedenken im Auswärtigen Amt[78]. Auch hier zeigt sich wieder eine Entsprechung zur Situation in Frankreich am Ende des 18. Jahrhunderts.

Von Deutschland aus gefördert entstanden, aufbauend auf schon früher geschaffenen Vereinigungen zur Pflege des Auslandsdeutschtums, nationalsozialistisch inspirierte und kontrollierte Organisationen. Sie hatten vor allem zum Ziel, in den Grenzgebieten des Deutschen Reiches prodeutsche Parteien einzurichten, die eine Auflösung der angrenzenden Staaten, zumindest eine Abtretung grosser Gebietsteile an Deutschland bewirken sollten[79]. Die Hauptrichtung dieser Aktivität ging nach Mitteleuropa. In Polen, in der Tschechoslowakei und in Österreich wurden Vereinigungen gebildet, die offen eine Grenzverschiebung zugunsten des Deutschen Reiches forderten. Aber auch in Nord- und Südamerika versuchte man die deutschen Einwanderer zu gewinnen, um mit ihrer Hilfe die Regierungen zu Duldung oder Wohlwollen gegenüber der deutschen Politik zu bewegen. Diese Aktivitäten beunruhigten die Vereinigten Staaten von Amerika und führten 1938 zur Gründung des Interdepartmental Committee on Cooperation with the American Republics, aus dem später der US Information Service, ein Hauptinstrument amerikanischer Volksdiplomatie, wurde [80].

Der erste Erfolg deutscher Volksdiplomatie war der Anschluss Österreichs an das Deutsche Reich, der zweite das Münchner Abkommen von 1938, mit dem Teile der Tschechoslowakei an das Deutsche Reich abgetreten wurden. In der Tschechoslowakei unterstützte das Deutsche Reich gleichzeitig einen slowakischen Separatismus, der dazu führte, dass sich die tschechische Regierung von zwei Seiten unter Druck gesetzt sah, einerseits von den Slowaken, andererseits von der deutschen Minderheit.

Mit der rassischen Argumentation der deutschen Volksdiplomatie war jedoch über den deutschen Siedlungsraum kaum hinauszukommen. Das deutsche Argument war von vornherein eng auf einen ganz bestimmten Bereich festgelegt, der sich mit den strategischen Überlegungen überhaupt nicht deckte. Der Ausweg waren Purzelbäume des Ariernachweises, mit denen ganze Gruppen der südosteuropäischen Bevölkerung, wenn sie nur Anflüge deutscher Sprachkenntnisse zeigten, zu Ariern erklärt wurden. Die Einbeziehung eines erheblichen Teils der männlichen Mitglieder solcher Bevölkerungsgruppen in die deutsche Verteidigung durch Aufnahme in die Waffen-SS zog diese Bevölkerungsgruppen in ein Loyalitätssystem zur deutschen Regierung, genauer zur Person des Führers des Deutschen Reiches. Auch in Dänemark, Frankreich, Luxemburg, den Niederlanden und Belgien gewann man, wenn auch nicht in überwältigender Zahl, solche Hilfstruppen. Aber man ging über die Arisierung noch hinaus und bezog alle Staaten mit einer quasi-faschistischen Regierung in den Freundeskreis des deutschen "Volkes" ein, Rumänien, Ungarn, Italien, Spanien. Sie wurden zunächst einmal mit ihren Truppen zu Spiessgesellen Deutschlands gemacht, und nachdem sie sich so die unerbittliche Feindschaft der Gegner Deutschlands zugezogen hatten, war ihnen bei dem immer starrer werdenden Konzept der Gegner Deutschlands, das auf "unconditional surrender" zielte, ein Weg zurück zu einer eigenen Politik nicht mehr möglich. Jetzt mussten vor allem die Angehörigen dieser Hilfstruppen fürchten, dass eine allierte Besetzung ihres Landes Verfolgungen für sie persönlich mit sich bringen würde. Sie mussten daher ihrerseits auf ihre Regierungen Druck ausüben, der deutschen Politik weiter zu folgen.

Die Enge der ideologischen Position des Dritten Reiches war jedoch ein Hindernis, auch die volksdiplomatische Konzeption des Kaiserreiches im Ersten Weltkrieg wieder aufzunehmen, die darin bestanden hatte, in den Kolonien der Gegner, vor allem im Orient, Befreiungsbewegungen zu mobilisieren, um militärische Kräfte des Gegners in frontfernen Räumen zu binden. Man meinte jetzt, sich wenigstens auf der Basis des Antisemitismus mit arabischen Befreiungsbewegungen, vor allem aus Palästina, solidisieren zu können. Diese Politik hatte jedoch keine grossen Erfolge, zumal nicht erkannt wurde, dass die Araber keine Antisemiten, sondern Antizionisten sind. Eine Volksdiplomatie in Afrika oder in Indien wurde von den Nationalsozialisten niemals ernsthaft erwogen. Diese Menschen waren für sie minderwertig und man plante, sie nach dem Krieg genauso zu kolonisieren und zu unterwerfen, wie ihre gegenwärtigen Herren es taten, wenn nicht noch schlimmer. Die nationalsozialistische Ideologie stand also einer effektiven deutschen Volksdiplomatie immer wieder im Wege.

Weitaus erfolgreicher als die deutschen Versuche einer "Volksdiplomatie" während des Zweiten Weltkrieges waren die japanischen Bemühungen. Japan hatte schon lange vor dem Zweiten Weltkrieg eine eigene panasiatische Politik entwickelt, die eine panasiatische Solidarität propagierte. Ihre Parole lautete: Asien den Asiaten. Ihr Programm war auf eine Beseitigung der europäischen Herrschaft und der europäischen Kolonien in Asien und auch in Afrika gerichtet [81]. Der indische Unabhängigkeitspolitiker Chandra Bose genoss nach Enttäuschungen in Deutschland in Japan politisches Asyl, und Japan unterstützte ihn bei der Schaffung einer indischen Befreiungsbewegung gegen die Engländer. Japan zog mit der Parole der Befreiung Asiens und der Schaffung einer grossostasiatischen Wohlfahrtssphäre in diesen Krieg, und stiess zunächst überall dort, wo seine Truppen vordrangen, in Südostasien auf eine beachtliche Zustimmung der Bevölkerung, in erster Linie der Eliten, die schon lange nach Befreiung von der europäischen Herrschaft drängten. Ein grossostasiatischer Kongress im Jahre 1944 versammelte die führenden japanfreundlichen Politiker in Tokio. Die Versprechungen Japans für die Entwicklung Asiens nach dem Zweiten Weltkrieg weckten Hoffnungen und stärkten die japanische Position [82].

Der Ausbruch des Zweiten Weltkrieges hatte für die Sowjetunion zunächst einen Stillstand der volksdiplomatischen Aktivitäten mit sich gebracht. In Deutschland, dem Staat, der die Sowjetunion in dieser Zeit in erster Linie bedrohte, verzichtete die sowjetische Regierung weitgehend auf eine Förderung der Bevölkerungsgruppen, die mit ihr sympathisierten. Sie gab vielmehr ganz im Stile alter, man möchte fast sagen machiavellistischer Diplomatie ihre Parteigänger nationalsozialistischen Verfolgungen preis und bemühte sich um ein Arrangement mit der gefährlichen Regierung, das in dem Molotow-Ribbentrop-Abkommen von 1939 seinen völkerrechtlichen Ausdruck fand. Mögliche Hilfsaktionen für verfolgte Kommunisten wurden unterlassen [83]. Die propagandistische Tätigkeit im Ausland richtete sich jetzt vor allem darauf, zunächst einmal in den westeuropäischen Staaten und in den USA das Image der Sowjetunion als friedliebend und antifaschistisch aufzubauen, was besonders nach der Annektion der baltischen Republiken im Jahre 1940 notwendig war. Diese Aktivität der Sowjetunion war primär auf Angehörige von Entscheidungsinstanzen, Abgeordnete und Beamte, konzentriert [84], nicht zuletzt wohl, weil man sich davon eine schnellere

Wirkung versprach. Die Notwendigkeit solchen Vorgehens erwies sich schon durch den dann in kurzer Zeit folgenden deutschen Angriff auf die Sowjetunion.

Weitaus konsequenter und entschlossener bei der Anwendung volksdiplomatischer Methoden zeigte sich zu Beginn des Krieges Grossbritannien [85]. Bereits Anfang 1938 war ein arabisches Rundfunkprogramm eingerichtet worden, um der italienischen und deutschen Propaganda unter den Arabern entgegenzuwirken. Es folgten spanische und portugiesische Programme für Lateinamerika und ab Herbst 1938 wurden Rundfunkprogramme in italienischer, deutscher und französischer Sprache ausgestrahlt [86], um vor allem einen Widerstand der deutschen und italienischen Bevölkerung gegen die Nationalsozialisten und Faschisten zu mobilisieren und damit nicht zuletzt die Rüstungsindustrie zu untergraben. Hier zeigt sich ein Wiederaufleben der Konzeption der Hungerblockade während des Ersten Weltkrieges. Der Tenor dieses Programms ging dahin, die deutsche Regierung und die Nationalsozialisten als verantwortungslos, einfallslos, lächerlich und erfolglos darzustellen, der nationalsozialistischen Heimatpropaganda die Glaubwürdigkeit zu nehmen, indem man ihre Äusserungen mit tatsächlichen Vorgängen konfrontierte und offensichtlich werden liess, in welchem Masse diese Propaganda das tatsächliche Geschehen verfälschte. Ein solches Programm musste bei systematischer und andauernder Verbreitung dazu führen, dass das Vertrauen zwischen dem Volk und seiner Regierung untergraben wurde, und dass das Volk sich, führungslos geworden, den Allierten anvertraute. Angesichts der massiven Heimatpropaganda des Dritten Reiches blieben spektakuläre Erfolge dieses Propagandainstrumentes allerdings aus, obwohl man ihm in der Gesamtentwicklung kleinere Erfolge nicht absprechen kann [87].

Auch die Vereinigten Staaten von Amerika wandten sich der psychologischen Kriegsführung zu. 1942 begannen die organisatorischen Vorbereitungen bei der Armee [88], etwa gleichzeitig nahm die Stimme Amerikas ihren Sendebetrieb auf [89], von der der amerikanischer Aussenminister Rusk zwanzig Jahre später sagen konnte, sie sei ein "full-fledged partner in the conduct of American Foreign Affairs" geworden und ihr Programm sei eine "indispensable dimension of American diplomacy" [90].

Ende 1941 und im Frühjahr 1942 ging man aber auch zu einer anderen Massnahme über, die ebenfalls auf eine Trennung von Volk und Regierung in Deutschland ausgerichtet war. Es wurde eine ganz neue Konzeption des Bombenkrieges entwickelt: Während des Ersten Weltkrieges, als Bombenflugzeuge sehr simpler Bauart eingesetzt worden waren, war es deren Aufgabe gewesen, unmittelbar an der Front militärische Objekte anzugreifen. Ein Eindringen in das Hinterland verbot schon der geringe Aktionsradius dieser Flugzeuge, sobald sie durch die Bomben stärker belastet wurden. Während des Zweiten Weltkrieges wurden weitaus leistungsfähigere Flugzeuge eingesetzt, und damit wurde es auch möglich, weit hinter der Front Bombeneinsätze zu fliegen. Bis zum Frühjahr 1942 wurden diese Einsätze vor allem gegen militärische Objekte, in erster Linie Einrichtungen der Rüstungsindustrie, geflogen. Der Erfolg war wenig eindrucksvoll. Die Anlagen wurden durch eine umfassende Flugabwehr gesichert, der Aufwand auf alliierter Seite war beträchtlich, die Schäden, die die deutsche Rüstungsindustrie erlitt, waren gering. Luftaufkärer stellten bald fest, dass Betriebe, die man an einem Tag zerstört hatte, innerhalb der nächsten Woche wieder voll arbeiteten. Hinzu kam eine Verlagerung der Betriebe in unzugängliche Gebiete, die einen Lufteinsatz von vornherein ausschlossen. Da Grossbritannien sich vom Einsatz der Bombenflugzeuge erhebliche militärische Erfolge versprochen hatte, die bei dieser Entwicklung nicht zu erzielen waren, entwarf Anfang 1942 der wissenschaftliche Berater des britischen Premierministers Churchill, Lord Cherwell, das Konzept des Bombenkrieges gegen die Arbeiterwohnviertel in den deutschen Städten. Dem Konzept lagen mehrere Überlegungen zugrunde, einmal, dass Arbeiterwohnviertel dicht bebaut sind, also im Vergleich zu den weitläufig bebauten Wohngegenden besser gestellter Bevölkerungsgruppen ein günstiges Ziel bieten, und zum anderen – was noch weit entscheidender war –, dass die Bombardierung von Arbeiterwohnvierteln mit einer gewissen Wahrscheinlichkeit nicht so schnell zu ersetzende Verluste bei der rüstungswichtigen Industriearbeiterschaft hervorrufen würden, zum dritten, dass eine ständige Bombardierung der Arbeiterwohnviertel sowohl auf die physische als auch auf die psychische Kraft und das Durchhaltevermögen der rüstungswichtigen Bevölkerungsgruppen zurückwirken müsste. Der Verlust der Wohnung, sowie die durch Obdachlosigkeit hervorgerufenen Verwaltungsschwierigkeiten und Unzulänglichkeiten bei der Versorgung der Bevölkerung mussten die Arbeitskraft reduzieren. Da Wohnviertel nicht so mit Fliegerabwehrgeschützen zu umstellen waren wie Industrieanlagen, da der Einsatz von Geschützen in Wohnvierteln mit Rücksicht auf die Wohnbevölkerung begrenzt werden musste, und da sie so grossflächige Ziele boten, dass selbst bei einer starken Luftabwehr noch ein erheblicher Teil der Bomben abgeworfen werden konnte, da sogar abgeschossene Flugzeuge über Wohnvierteln noch Zerstörungen anrichten mussten, wurde erwartet, dass die von solchen Bombenangriffen betroffene Bevölkerung ihren Glauben an die Leistungsfähigkeit der deutschen Verteidigung verlieren würde. Eine dadurch ausgelöste weitere Demoralisierung musste Widerstandshandlungen zur schnellen Beendigung der militärischen Auseinandersetzung hervorrufen, insbesondere Sabotageakte in den Betrieben, die wiederum mittelbar auf die Lage an der Front zurückwirken könnten. Eine entsprechende Kabinettsvorlage wurde Anfang 1942 beraten, und bereits im Frühjahr 1942 wurde der Bombenkrieg in dieser Art aufgenommen.

Wie man am Ende des Krieges allerdings feststellte, war sein Erfolg nicht wesentlich grösser als der der Bombenangriffe auf die Rüstungsindustrie. Zur militärischen Niederlage hat er am Ende nicht erheblich beigetragen; er hatte solche Formen angenommen, dass sich die Bevölkerung in ihr Schicksal ergab [91]. Ganz im Gegenteil bewirkte der Bombenkrieg, den dann auch Deutschland gegen Grossbritannien führte, ein engeres Zusammenrücken der Bevölkerung im Sinne des nationalsozialistischen Konzepts von der "Volksgemeinschaft" und auch eine festere Bindung zwischen den Volksmassen und der Regierung [92]. Den Höhepunkt erreichte der sogenannte Bombenterror in der Schlussphase des Krieges, als die militärische Auseinandersetzung im Grunde schon beendet war. Während des Krieges waren immer grössere und gefährlichere Bomben entwickelt worden. Von Brandbomben war man schnell zu Phosphorbomben und von dort zu Sprengbomben und Luftminen gelangt. Den Abschluss dieser Entwicklung bildete die Atombombe mit ihrem militärisch völlig bedeutungs- und sinnlosen Einsatz gegen die japanischen Städte Hiroshima und Nagasaki im Jahre 1945 [93]. Der Sinn des Luftkrieges war es jetzt nicht mehr, militärische Entscheidungen herbeizuführen, sondern ausschliesslich die Bevölkerung des Gegners zu terrorisieren und zum Sturz der Regierung zu drängen [94]. Diese Konzeption des Luftkrieges hatte bereits im Jahre 1921 der italienische General Giulio Douhet in seinem Buch "Die Luftherrschaft" entwickelt. In diesem Buch heisst es:

> "In einem Land, das solch erbarmungsloser Zerstörung aus der Luft ausgesetzt ist, kann nur ein vollständiger Zusammenbruch der sozialen Ordnung die Folge sein. Es wird schnell dahin kommen, dass sich die Bevölkerung aus Selbsterhaltungstrieb erhebt und die Beendigung des Krieges verlangen wird, um den Schrecken und Leiden ein Ende zu bereiten – . . ." [95].

War der Bombenterror gegen die Bevölkerung auch zunächst nur als Mittel verstanden worden, mit dem auf die Regierung eingewirkt werden sollte, so musste schon um der eigenen Selbstrechtfertigung willen, um das Gefühl nicht aufkommen zu lassen, dass man Tausende von unschuldigen Menschen tötet, verwundet und zumindest obdachlos macht, auf die Bosheit der Masse des so angegriffenen Volkes verwiesen werden. Chamberlain hatte noch am 4. September 1939 in einer Rundfunkansprache an das deutsche Volk erklärt:

> "In diesem Krieg kämpfen wir nicht gegen Sie, das Deutsche Volk, gegen das wir keine Bitterkeit empfinden, wir kämpfen gegen ein tyrannisches und meineidiges Regime" [96].

Im Februar 1940 hatte das Foreign Office Mitgliedern der deutschen Opposition ein Fünf-Punkte-Programm unterbreitet, in dem es hiess:

> "2. Die britische Regierung ist bereit, mit einer deutschen Regierung, die ihr Vertrauen geniesst, zur Sicherung eines dauerhaften Friedens zusammenzuarbeiten" [97].

Mit solchen Erklärungen waren die Fehler der Volksdiplomatie des Ersten Weltkrieges vermieden.

Die ab 1942 einsetzende neue Bombenstrategie und die damit zur Selbstrechtfertigung notwendig gewordene Verteufelung der deutschen Bevölkerung bewirkte allerdings eine Abkehr von diesen "volksdiplomatischen" Gedankengängen und die Hinwendung zu einem Volkskrieg. Es war nicht mehr das Ziel der Alliierten, in Deutschland eine Revolution auszulösen, die eine neue Regierung an die Macht bringen würde. Da man das deutsche Volk in seiner Gesamtheit als politisch unreif und autoritärem Denken verfallen ansah, erstrebte man zunächst einmal eine langdauernde Besetzung als Mittel zur Umerziehung dieses Volkes. Erst nach Abschluss einer solchen Umerziehung könnte eine international erträgliche deutsche Regierung gebildet werden [98]. Besonders die USA traten für diese Konzeption ein, die die Methoden der Volksdiplomatie im Grunde um eine neue Variante erweiterte, die darin bestand, dass man, um mit einem Volk diplomatisch tätig werden zu können, zunächst einmal das Volk für die Argumentation und Denkweise des anderen Staates aufgeschlossen machen und diese geistige Vorbereitung späterer volksdiplomatischer Aktivität mit dem Mittel der Besetzung erzwingen wollte.[99] Damit waren unmittelbare volksdiplomatische Aktivitäten in der letzten Phase des Zweiten Weltkrieges auf Seiten der westlichen Alliierten nahezu ausgeschlossen. Aus dieser Sicht verbot Eisenhower den Soldaten der Westallierten, sich mit der deutschen Zivilbevölkerung zu fraternisieren. Noch im Jahre 1946 erging ein Verbot der Eheschliessung mit deutschen Frauen vor Abschluss eines Friedensvertrages.

Die Sowjetunion kehrte nach ihrem Eintritt in den Zweiten Weltkrieg zu dem volksdiplomatischen Konzept gegenüber Deutschland alsbald wieder zurück, ohne jedoch die von den Westalliierten konzipierte Zweistufigkeit von Umerziehung und daran anschliessender Solidarität zu übernehmen. Ganz im Gegensatz etwa zu Eisenhowers Fraternisierungsverbot steht die Äusserung Stalins, die schon in der sowjetischen Propaganda während des Zweiten Weltkrieges etwa in der Einrichtung des Nationalkomitees Freies Deutschland angelegt ist:

> "Die Hitler kommen und gehen, aber das deutsche Volk, der deutsche Staat bleibt."[100]

So konnte sich denn die Sowjetunion als Befreier vom Faschismus feiern lassen, während die Vereinigten Staaten erklärten, sie kämen als Eroberer. Das Festhalten der Sowjetunion an dieser Konzeption der Volksdiplomatie schien weitaus sinnvoller als die amerikanische Zweistufenkonzeption, gerade wenn man daran dachte, dass nach dem Ende des Zweiten Weltkrieges ein Wettstreit zwischen den Westalliierten und der Sowjetunion um den Einfluss auf Deutschland beginnen könnte. Die sowjetische Propaganda konnte sich auf die kontinuierliche Linie einer deutsch-sowjetischen Zusammenarbeit seit der Weimarer Republik berufen und daraus das Dogma einer deutsch-sowjetischen "Völkerfreundschaft" begründen, in dessen Licht das Dritte Reich eine Verirrung war, die aber das Verhältnis zwischen dem deutschen und dem sowjetischen Volk nicht grundlegend verändern konnte. So argumentierte denn auch die sowjetische Schützengrabenpropaganda, die durch das Nationalkomitee "Freies Deutschland" eine ganz besondere nationale Note erhielt. Im Vergleich zu der mit einer Erniedrigung und Erschütterung des deutschen Selbstbewusstseins verbundenen amerikanischen Politik musste diese sowjetische Politik der permanenten Freundschaft zum deutschen Volk in Richtung auf eine deutsch-sowjetische Solidarität Früchte tragen, und die für die Zeit nach dem Krieg gehegte Hoffnung auf einen "kommunistitschen deutschen Staat" bestärken.

Eine weitere im Grunde volksdiplomatische Methode, die im Zweiten Weltkrieg in Ost- und Westeuropa gegen Deutschland angewendet wurde, war der Einsatz von Partisanen. Die deutschen Verbände gingen dagegen mit Terror vor, für den das Schicksal des Dorfes Lidice in der Tschechoslowakei beispielhaft ist. Dieser deutsche Terror, basierend auf der Idee der Sippenhaft, bewirkte jedoch vor allem eine Verstärkung der Unterstützung der Bevölkerung für die Partisanen und nicht die erwartete Abkehr der Bevölkerung von den kämpfenden Gruppen.

Die Anwendung volksdiplomatischer Methoden hatte für alle am Zweiten Weltkrieg beteiligten Staaten mit Ausnahme der Sowjetunion im Zusammenhang mit der militärischen Strategie gestanden. Sie ging zurück auf Überlegungen von Militärs und wurde nach dem Ende des Zweiten Weltkrieges nur noch in dem schon während des Krieges für die Neuordnung der Welt nach dem Krieg konzipierten Masse angewandt[101], nämlich in erster Linie im Prozess der "Reeducation", die von den Vereinigten Staaten in der amerikanischen Besatzungszone Deutschlands und in Japan eingeleitet wurde. In der französischen Besatzungszone fehlten ähnliche Massnahmen völlig; in der britischen und vor allem in der sowjetischen Besatzungszone gingen sie nicht über Ansätze hinaus, die mehr notwendige Folgen der Beseitigung nationalsozialistischer Einflüsse in Deutschland waren, zumal die Sowjetunion in den von ihr befreiten und besetzten Gebieten Europas jetzt freie Hand hatte, ohne den Umweg über Massenaktionen, Regierungen einzusetzen, die ihren politischen Vorstellungen entsprachen.

Man darf allerdings nicht übersehen, dass die Vereinigten Staaten im Einverständnis mit der Sowjetunion für die Neuordnung der Welt nach dem Zweiten Weltkrieg ein Prinzip zugrundegelegt hatten, das der Wilsonschen Konzeption für die Neuordnung Europas nach dem Ersten Weltkrieg verwandt war, nämlich den Grundsatz der Selbstbestimmung der Völker, der jetzt nicht nur auf Europa, sondern auf die ganze Welt angewandt wurde. Die konsequente Fortführung dieses Grundsatzes zum Postulat der Dekolonisierung wurde schon mit der Einführung des Treuhandsystems der Vereinten Nationen, sowie der Rechenschafts- und Berichtspflichten der Kolonialstaaten vor den Vereinten Nationen einer völkerrechtlichen Anerkennung näher gebracht. Damit wurde die Legitimität einer Politik anerkannt, die darauf hinauslief, international den Völkern gegen ihre Regierungen ein Recht zur eigenen Entscheidung einzuräumen. Dies war zwar eine Einmischung in innere Angelegenheiten anderer Staaten, was von einigen Kolonialstaaten auch geltend gemacht wurde und von Portugal bis heute geltend gemacht wird, man meinte aber, die Beendigung der Kolonialherrschaft stelle ein selbst die Souveränität der Kolonialstaaten überragendes Menschheitsinteresse dar, das den Eingriff in die Rechte der Staaten legitimiere. Dass hier ein weites Feld für volksdiplomatische Massnahmen vorbereitet wurde, scheint selbst nicht einmal den Initiatoren dieser Entwicklung immer voll bewusst gewesen zu sein.

Aber auch dieser Ansatz volksdiplomatischer Aktivität in den Kolonialgebieten liess die Problematik aller volksdiplomatischen Massnahmen deutlich werden, nämlich dass das Volk nicht präzise und dauerhaft zu definieren ist. Die Folgen waren eine Vielzahl künstlicher Völker von Indien bis Nigeria und daraus resultierende innere Konflikte. Die amorphe Gestalt des Adressaten dieser Volksdiplomatie bewirkte auch, dass die volksdiplomatischen Massnahmen der Vereinigten Staaten in den Kolonialgebieten sich vor allem auf potentielle Führungsgruppen und führende Persönlichkeiten richteten, die in den Vereinigten Staaten unterstützt und teilweise ausgebildet wurden, so dass diese Politik mehr in die Nähe der traditionellen Anwerbung von Sympathisanten in Entscheidungsgremien rückte. Als Volksdiplomatie wurde sie nicht begriffen.

Auch das volksdiplomatische Konzept der Sowjetunion war am Ende des Zweiten Weltkrieges durcheinandergeraten. Die Komintern war schon 1943 aufgelöst worden, um zur Beruhigung der Westmächte ein Ende der volksdiplomatischen Aktivität vorzutäuschen[102]. In Frankreich war zwar eine Volksfrontregierung entstanden, die sich sowjetischer Unterstützung erfreute, aber von einem entscheidenden Einfluss der Sowjetunion auf die Bildung dieser Volksfront kann nicht die Rede sein. In den ersten Jahren nach dem Kriege fand die Sowjetunion in ihrem unmittelbaren Interessenbereich Regierungen mit kommunistischer Beteiligung vor, die sich besonders in Osteuropa, aber auch in Westeuropa für eine Zusammenarbeit mit der Sowjetunion aufgeschlossen zeigten und mit der Sowjetunion Freundschafts- und Beistandspakte abschlossen. Eine prosowjetische Mobilisierung der Volksmassen zur Beeinflussung der Regierungen schien noch nicht möglich, da in fast allen Staaten die innenpolitische Entwicklung noch von starken nationalistischen Vorstellungen geprägt wurde, so dass auch die jeweiligen kommunistischen Parteien eigene "nationale" Wege zum Sozialismus und Kommunismus propagieren mussten[103].

Als der jugoslawische Präsident Tito im Jahre 1945 Stalin vorschlug, eine neue internationale Organisation der Kommunisten zu schaffen, traf er noch auf keine Resonanz. Um 1946/47 wird jedoch für Stalin erkennbar, dass der Sowjetunion treu ergebene kommunistische Führer in Osteuropa sich mehr und mehr mit lokalen Interessen identifizierten[104] und damit in einen Gegensatz zur Sowjetunion zu geraten drohten. Im Jahre 1946 kam Stalin daher auf Titos Idee zurück. Er fragte ihn vorsichtig nach seiner Meinung über eine neue Internationale, die nur auf Informationsaustausch zwischen den kommunistischen Parteien gerichtet sein sollte. Stalin kritisierte in diesem Zusammenhang die Komintern und erklärte, eine ähnliche Organisation solle es auf keinen Fall wieder geben. Ein Austausch von Informationen sei hingegen nützlich, aber eine zentrale Körperschaft, die für alle Parteien bindende Beschlüsse fassen könne, hielt er nicht für erforderlich. Schritte zur Gründung eines solchen kommunistischen Informationsbüros wurden zu dieser Zeit allerdings noch nicht unternommen[105].

Es ergibt sich also, dass am Ende des Zweiten Weltkrieges die volksdiplomatische Methodik von allen entscheidenden Staaten zunächst zurückgestellt, wenn nicht sogar abgelehnt wurde. Dieser Befund darf jedoch nicht die Erkenntnis verdecken, dass die mit dem Ende des Zweiten Weltkrieges errichtete internationale Ordnung zwei Grossmächte als führende Kräfte hatte, nämlich die Vereinigten Staaten und die Sowjetunion, die beide in ihren politischen Dogmen starke Ansätze zu volksdiplomatischem Denken zeigten, und die in der Vergangenheit die stärksten Impulse zu volksdiplomatischer Aktivität hervorgebracht hatten. Es war unter diesen Umständen nur eine Frage der Zeit, wann die Rückkehr zur Volksdiplomatie erfolgen würde.

II. DAS ZEITALTER DER UMFASSENDEN VOLKSDIPLOMATIE

Der Beginn weltweiter Volksdiplomatie lässt sich ziemlich genau auf das Jahr 1948 datieren. Die Initiative ging von der Sowjetunion aus. Bereits im Jahre 1947 traten in Griechenland Partisaneneinheiten der Kommunisten in Aktion. Die Vereinigten Staaten von Amerika verkündeten die Truman-Doktrin[106], und Churchill rief zur Sammlung der freien Völker auf. Zur gleichen Zeit erschien in den Vereinigten Staaten von Amerika ein Buch über kulturelle Beziehungen, in dessen Einleitung festgestellt wurde, dass in Zukunft die Aussenministerien Ämter für die internationale Verständigung ganzer Völker sein müssten[107]. Die Vereinigten Staaten als stärkste Macht gegenüber der Sowjetunion zeigten sich jedoch zunächst an einer grossen Propaganda-Schlacht nicht sonderlich interessiert. Sie begnügten sich mit Wirtschaftshilfen zur schnellen inneren Stabilisierung der vom Kommunismus bedrohten Staaten, beispielsweise durch Verwirklichung des Marshall-Planes.

Vermutlich auf Anregung Stalins lud die polnische kommunistische Partei im Herbst

1947 die kommunistischen Parteien Jugoslawiens, Bulgariens, Rumäniens, Ungarns, der Tschechoslowakei, Italiens, Frankreichs und selbstverständlich der Sowjetunion zu einer Konferenz ein, auf der die Gründung einer neuen kommunistischen Organisation, des Kommunistischen Informationsbüros (Kominform), beschlossen werden sollte[108]. Schon die begrenzte Auswahl der eingeladenen Parteien unterschied das Kominform von der Komintern der Vergangenheit. Es waren nur Parteien vertreten, deren Staaten im sowjetischen Interessenbereich lagen und die von sowjetischen Truppen befreit bzw. besetzt waren, sowie die beiden westeuropäischen Staaten, deren kommunistische Parteien in der Bevölkerung auf einen so starken Anhang zählen konnten, dass ihre Machtübernahme nicht allzu weit entfernt schien.

Das alte Konzept der sowjetischen Volksdiplomatie basierte auf dem innenpolitischen Gegensatz zwischen kommunistischen und kommunistenfreundlichen Kräften einerseits, die ideologisch als ausgebeutete Klassen betrachtet wurden, und der Regierung andererseits, die ideologisch als Instrument der Ausbeuterklassen aufgefasst wurde. Mit der Beteiligung kommunistischer Parteien an den Regierungen im mitteleuropäischen Interessenbereich der sowjetischen Aussenpolitik war die auf diesem Konzept basierende Argumentation hinfällig geworden. Ihr widersprach die von der Ideologie postulierte schrittweise Harmonisierung der Interessen von Gesellschaft und Staat unter kommunistischer Herrschaft. Die Solidarität mit der Sowjetunion im Kampf gegen die Ausbeuter war innenpolitisch nicht mehr zu begründen. Die "nationalen Wege" der einzelnen kommunistischen Parteien im Interessenbereich der Sowjetunion konnten vielmehr jetzt Interessengegensätze zwischen den kommunistisch geführten Staaten hervortreten lassen, die sich beispielsweise an der Frage der Wirtschaftsbeziehungen mit der Sowjetunion, insbesondere dem gerechten Austausch von Wirtschaftsleistungen entzünden. Für diese Staaten konnte sich die Frage ergeben, ihre Politik von den sowjetischen Vorstellungen zu trennen und etwa den Vorstellungen der Vereinigten Staaten anzupassen. Selbst eine autonome, nationale Politik, wenn auch unter kommunistischem Vorzeichen, konnte die Stabilität der sowjetischen Hegemonialzone in Europa gefährden. Die Solidarität zur Sowjetunion bedurfte damit einer neuen, nationale Interessen überragenden Grundlegung, die nicht mehr an innenpolitischen, sondern an aussenpolitischen Gegensätzen orientiert werden musste. Eine antisowjetische Aussenpolitik musste damit ausgeschlossen werden können.

Dass die Sorge um den eigenen Weg der juristisch souveränen europäischen Staaten unter kommunistischer Herrschaft in den Vordergrund des sowjetischen Interesses getreten war, wird durch das Fehlen der sozialistischen Einheitspartei Deutschlands und der Kommunistischen Partei Österreichs auf der Ersten Kominform-Konferenz verdeutlicht. Das Gebiet dieser beiden Parteien befand sich zwar ebenfalls im sowjetisch kontrollierten Teil Europas; aber im Unterschied zu den Verhältnissen in Jugoslawien, Bulgarien, Rumänien, Ungarn und der Tschechoslowakei hatte in Deutschland und Österreich die Sowjetunion aufgrund der alliierten Vereinbarungen über die Besetzung die oberste Gewalt inne und kontrollierte damit unmittelbar das gesamte politische Leben. Unter solcher sowjetischen Kontrolle ergab sich nicht das Problem, die Politik dieser Parteien mit der Politik der Sowjetunion abstimmen zu müssen. Vertreten waren also ausser der KPdSU nur die kommunistischen Parteien, die unter Berufung auf die wenigstens formale Souveränität ihres Heimatstaates eine von der Linie der Sowjetunion abweichende Politik hätten treiben können. Das Referat des sowjetischen Delegierten Shdanow auf der Gründungsversammlung des Kominform spiegelt deutlich diese sowjetischen Überlegungen wider. Es heisst dort:

> "... dem Weltherrschaftsstreben der USA steht die UdSSR als Bollwerk der antiimperialistischen und antifaschistischen Politik mit ihrem wachsenden internationalen Einfluss im Wege. Ihm stehen die Länder der neuen Demokratie im Wege, die die Kontrolle des englisch-amerikanischen Imperialismus abgeschüttelt haben, ihm stehen die Arbeiter aller Länder in Wege, darunter auch die Arbeiter in Amerika selbst, die nicht in einen neuen Krieg ziehen wollen für die Herrschaft ihrer Unterdrücker. Deshalb richtet sich der neue expansionistische und reaktionäre Kurs der USA-Politik auf den Kampf gegen die UdSSR, gegen die Länder der neuen Demokratie, gegen die Arbeiterbewegung in allen Ländern, gegen die Arbeiterbewegung in den USA und gegen die antiimperialistischen Freiheitskräfte in allen Ländern ...
>
> ... Es entstand eine neue Gruppierung der politischen Kräfte. Je länger der Zeitabschnitt wird, der uns vom Kriegsende trennt, desto krasser treten zwei Hauptrichtungen in der internationalen Nachkriegspolitik hervor, die der Scheidung der in der Weltarena wirkenden politischen Kräfte in zwei Hauptlager entsprechen: das imperialistische und antidemokratische Lager einerseits und das antiimperialistische und demokratische Lager andererseits ..."[109]

Mit dieser These von den zwei Weltlagern rückte die Souveränität der von kommunistischen Parteien regierten Staaten an die zweite Stelle hinter der Solidarität der antiimperialistischen und demokratischen Kräfte. Interessengegensätze zwischen kommunistischen Staaten waren höherrangiger Solidarität im Kampf gegen den Imperialismus unterzuordnen. Der Berufung kommunistischer Parteien auf die Souveränität ihrer Staaten, auf nationale Wege und Besonderheiten war ideologisch entgegengetreten[110].

Auf der anderen Seite bestand die Gefahr, dass diese deutliche Äusserung über die Einheit des antiimperialistischen Lagers gerade nationalkommunistische Kräfte in Osteuropa zu schnellen Massnahmen veranlassen konnte, um eine weitere Verfestigung der sowjetischen Hegemonie abzuwehren. Um solchen Gegenkräften entgegenzutreten, führte Shdanow in seinem Referat aus:

> "Die Sowjetunion verficht unermüdlich den Grundsatz, dass die politischen und wirtschaftlichen Beziehungen zwischen verschiedenen Staaten ausschliesslich auf den Prinzipien der Gleichberechtigung der Partner und der gegenseitigen Achtung ihrer souveränen Rechte aufbauen müssen. Die sowjetische Aussenpolitik und insbesondere die sowjetischen Wirtschaftsbeziehungen zu ausländischen Staaten beruhen auf dem Prinzip der Gleichberechtigung und der Garantie beiderseitiger Vorteile aus dem getroffenen Abkommen ..." [111]

In diesen Sätzen wird zweierlei deutlich: Einmal der Versuch, die Unterordnung der Souveränität unter die antiimperialistische Solidarität zu verschleiern und den Eindruck einer Gleichordnung zu vermeiden, und zum anderen der Hinweis auf die für beide Seiten vorteilhaften Wirtschaftsbeziehungen, der bestätigt, dass gerade in diesem Bereich die Interessengegensätze zwischen den um den Aufbau der sozialistischen Gesellschaft in ihren Staaten besorgten kommunistischen Parteien und der Sowjetunion schon damals besonders ausgeprägt waren.
Die neue Konzeption der Volksdiplomatie der Sowjetunion unter dem Kominform operierte mit zwei Argumenten: Einmal führte sie die alte Konzeption des innenpolitischen Gegensatzes zwischen Volksmasse und Regierung fort, beschränkte sie jedoch auf den nicht von der Sowjetunion kontrollierten Teil der Welt; zum anderen brachte sie das neue Argument, dass zwischen den kommunistischen Staaten einerseits und den Vereinigten Staaten und Grossbritannien andererseits ein tiefer Gegensatz bestünde, der aus der dem Kapitalismus nach kommunistischer Auffassung inhärenten Aggressivität und der kommunistischen Staaten eigenen Friedfertigkeit begründet wurde. Ein weiteres Argument, das zunächst in der unmittelbar von der Sowjetunion kontrollierten sowjetischen Besatzungszone Deutschlands entwickelt wurde, ging von der ideologisch begründeten Hypothese aus, dass eine mit der Sowjetunion zusammenarbeitende Regierung im wahren Interesse des Volkes handelte und als die wahre Repräsentation des Volkes anzusehen sei. Dies war im Grunde eine Umkehr des ersten volksdiplomatischen Arguments, dass zwischen Volk und Regierung ein Gegensatz bestünde. Jetzt wurde zwischen Regierung und Volk eine Interessenidentität propagiert, um im Gegensatz zu bisheriger volksdiplomatischer Aktivität die Regierung gegen das Volk durchsetzen zu können.

Die ersten spektakulären volksdiplomatischen Aktivitäten der Sowjetunion erfolgten in der Nachkriegszeit im Jahre 1948. Nach dem Beginn der kommunistischen Umgestaltung der Verhältnisse in der sowjetischen Besatzungszone Deutschlands war es für die Sowjetunion ein zur Sicherung dieser Ordnung notwendiger Schritt, die Präsenz der Westalliierten in Berlin zu beseitigen. Die Sowjetunion bestritt den Westalliierten ihr Recht zur Präsenz in Berlin. Sie begründete das mit der faktischen Funktionsunfähigkeit des Kontrollrates, die sie durch ihre destruktive Politik in diesem Gremium selbst herbeigeführt hatte. Als sich die Westalliierten nicht zu diesem Rückzug aus Berlin bereitfanden, schritt die Sowjetunion zur Mobilisierung der Volksmassen. Sie verhängte, man möchte fast sagen, ganz nach dem Muster der Alliierten im Ersten Weltkrieg, eine nahezu totale Blockade über Berlin. Dabei hatte sie wohl die Hoffnung, dass bei der zu erwartenden Versorgungskrise die Bevölkerung sich unter dem Eindruck sowjetischer Angebote, eine reibungslose und ausreichende Versorgung Berlins zu übernehmen, sobald die Alliierten das Recht der Sowjetunion zur Kontrolle Gesamtberlins anerkannt hätten, gegen die Westalliierten stellen würde, und dass diese dann unter dem Eindruck der Volksmeinung den Rückzug aus Berlin antreten würden. Die Sowjetunion fand hier zunächst ideale Verhältnisse vor, da die Alliierten noch im Jahre 1948 gegenüber der deutschen Bevölkerung reserviert waren, und zwar weitaus reservierter als die sich deutschfreundlich gerierende Sowjetunion. Als sich die Repräsentanten der Bürger von Berlin, die Mehrheit der Stadtverordnetenversammlung und der von ihr gewählte Oberbürgermeister auf die Seite der Westalliierten stellten, bestritt der sowjetische Stadtkommandant ihre Legimität[112]. Nach der Suspension des Oberbürgermeisters musste jedoch die Sowjetunion erkennen, dass die Mehrheit der Amtsträger eine gleiche politische Linie verfolgte; daraufhin mobilisierte sie kommunistische Gruppen zum Sturm auf das Rathaus, was zu einer Übersiedlung der Mehrheit von Stadtverordneten und Repräsentanten in die Westsektoren von Berlin führte, von der Sowjetunion allerdings als Sieg der Volksmassen über schlechte Repräsentanten gedeutet wurde. Sehr ähnlich verlief fast gleichzeitig der "zweite Prager Fenstersturz", die Beseitigung der tschechoslowakischen Regierung durch kommunistische Gruppen.

1. *Die Volksdiplomatie als Kalter Krieg*

Das Wiederaufleben sowjetischer Volksdiplomatie, und zwar diesmal mit erheblichen Erfolgen, zwang die Westmächte, allen voran die Vereinigten Staaten, zu einer völligen Überprüfung ihrer Politik. Das Ergebnis dieser Überprüfung war ein Einschwenken der westlichen Aussenpolitik auf die Methodik der "Volksdiplomatie"[113]. Nach Vorbereitungen, die im Sommer 1947 begonnen hatten, konnte Präsident Truman im Januar 1948 den Beginn der Arbeit des US Information Service verfügen, aus dem 1953 die US Information Agency wurde[114]. Die Aufgaben von USIS waren von dem Kongress u.a. mit den Worten umschrieben worden:

> "3. Bolster morale and extend hope
>
> ...
>
> 6. Aggressively interpret and support our foreign policy."[115]

Das tragende Argument der westlichen Volksdiplomatie wurde der Grundsatz der

Selbstbestimmung der Völker. Hier zeigt sich eine gradlinige Fortentwicklung der volksdiplomatischen Ansätze in der Politik der Vereinigten Staaten. Die kommunistischen Regierungen in Osteuropa einschliesslich der Regierung der Sowjetunion wurden als Diktaturen gegen den Willen des Volkes verstanden, die Volksmassen sollten gegen diese Regierungen mobilisiert werden, und man erwartete baldige Revolutionen. Dieser Gedanke zieht sich wie ein roter Faden durch die gesamte politische Literatur aus den Jahren 1948 bis etwa 1960. Zur Förderung dieser Entwicklung versuchte man mit allen Mitteln, die vermeintliche oder tatsächliche antikommunistische Haltung der "Völker Mittel- und Osteuropas" zu bestärken und zu mobilisieren. Es wurden Rundfunkprogramme, sogar ganze Rundfunksender für Ost- und Mitteleuropa eingerichtet, Flugblätter und Flugschriften verteilt, und es entstand eine Fülle von Propagandaeinrichtungen, die diesen Gedanken verbreiten sollten. Emigrantenorganisationen erfreuten sich wachsender Unterstützung, zumal sie immer wieder den baldigen Ausbruch von Revolutionen voraussagten. Ausserdem bemühte man sich, in den noch nicht kommunistisch beherrschten Staaten die Bevölkerung gegen die kommunistische Propaganda zu immunisieren. Dies geschah zunächst einmal durch einen forcierten wirtschaftlichen Aufbau, dann aber auch durch eine starke antikommunistische Gegenpropaganda. Dazu dienten beispielsweise die Amerika-Häuser und ab 1948/49 ein grossangelegtes Kulturaustauschprogramm.

Da der Westen Volksdiplomatie in der Regel nur im Zusammenhang mit militärischen Unternehmungen betrieben hatte[116], ist es geradezu bezeichnend für die Unklarheit, die im Westen über die neuen diplomatischen Methoden bestand, dass man diesen Abschnitt der jüngsten politischen Geschichte als Kalten Krieg bezeichnete. Volksdiplomatie, die nicht im Zusammenhang mit Kriegen stand, war westlichen Politikern ein Ding der Unmöglichkeit[117]. Dass es sich hier um eine Revolution in den diplomatischen Methoden handelte, wurde zunächst noch nicht begriffen. Man meinte, es sei eine vorübergehende Entartung zwischenstaatlichen Verhaltens, die im wesentlichen auf die weltrevolutionären Ideen des Kommunismus und die Militanz der Sowjetunion zurückginge. Die Konzentration auf das weltrevolutionäre Pathos sowjetischer Volksdiplomatie stand einer Erkenntnis des Zusammenhangs zwischen vor allem Ideen unmittelbarer Demokratie und volksdiplomatischen Methoden für lange Jahre, vielleicht sogar bis in die Gegenwart, im Wege. Der französische General und Militärtheoretiker André Beaufre erklärte noch 1963 allen Ernstes, das, was hier als Volksdiplomatie bezeichnet wird und was er "indirekte Strategie" nennt, sei Ersatz für den Krieg im Atomzeitalter und müsse daher vor allem von Militärs betrieben werden[118].

Die Politik der für die erste Phase weltweiter Volksdiplomatie entscheidenden Mächte, der Sowjetunion und der Vereinigten Staaten von Amerika, zielte darauf, den eigenen Einflussbereich zu sichern und auf Kosten des Gegners auszudehnen. Auf der sowjetischen Seite stand sie unter der Formel: Sozialistisches Lager und kommunistische

Weltrevolution, auf der amerikanischen Seite hiess es: Freie Welt und "roll back". Der expansiven Tendenz jeder Seite stand dabei die konsolidierende konservative Tendenz der Gegenseite entgegen; gegen die Weltrevolution stand die Freie Welt, und gegen das "roll back" die Solidarität des sozialistischen Lagers.

Im Lichte der Volksdiplomatie beging die Sowjetunion aber nach 1948 den entscheidenden Fehler, das anfänglich keineswegs antisowjetische und antikommunistische Westeuropa durch ihre forsche Aggressivität in eine Gegenpolarisierung zu treiben. Diese wurde für Gesamteuropa erst mit der Verkündung der Koexistenzpolitik ab 1955 abgeschwächt, obwohl schon 1952 mit dem Wiedervereinigungsangebot für Deutschland in der entscheidenden Phase der Verhandlungen über die Europäische Verteidigungsgemeinschaft der vergebliche Versuch unternommen wurde, die antikommunistische Polarisierung der Gesellschaft in der BRD abzubauen[119].

Die volksdiplomatische Aktivität der Sowjetunion hat allerdings seit 1948 keineswegs wieder den Schwung und Einfallsreichtum der zwanziger Jahre gewonnen. Schon nach kurzer Zeit verlagerte sich die Aktivität auf beiden Seiten weitgehend auf den bewahrenden Sektor, d.h. die "Einheit des sozialistischen Lagers" und die "Einheit der Freien Welt". Die Expansion jeder Seite kam gleich nach den Anfangserfolgen der Sowjetunion in der Tschechoslowakei zum Stillstand. Die Bewahrung des Gebietstandes wurde zum zentralen Problem. Das wurde zunächst für die Sowjetunion in der Auseinandersetzung mit dem jugoslawischen Kommunismus um 1950 deutlich.

Das Kominform war von vornherein mehr auf die Bedürfnisse der Konsolidierung des sowjetischen Einflussbereiches ausgerichtet als auf die kommunistische Weltrevolution. Es war im Gegensatz zur Komintern keine kommunistische Überpartei, sondern weit mehr ein Instrument sowjetischer Aussenpolitik zur Bindung der ost- und mitteleuropäischen Parteien an die Sowjetunion, und hatte selbst in diesem Zusammenhang nur eine untergeordnete Bedeutung, da die Sowjetunion in allen Staaten ihres Einflussbereiches, ausser Jugoslawien, nicht nur Truppen stationiert hatte, sondern als Befreier dieser Staaten von der deutschen Besatzung zugleich die entscheidende Rolle bei der Einsetzung der kommunistisch beherrschten Staatsorgane innehatte, und darüberhinaus durch die fortdauernde Präsenz ihrer Truppen die Durchsetzung dieser Staatsorgane gegenüber den Völkern weitgehend sicherstellte. Völkerrechtlich war diese unmittelbare sowjetische Präsenz durch ein System bilateraler "Verträge über Freundschaft und gegenseitigen Beistand" zwischen der Sowjetunion und der Tschechoslowakei (1943), Jugoslawien (1945), Polen (1945)[120], Rumänien (1948), Ungarn (1948), Bulgarien (1948) und die alliierten Vereinbarungen über die Besetzung Deutschlands für die sowjetische Besatzungszone abgesichert[121]. Zwar hatten die osteuropäischen Staaten unter kommunistischer Herrschaft teilweise schon vor dem Abschluss der Beistandsverträge mit der Sowjetunion ähnliche Verträge mit benachbarten Staaten abgeschlossen, aber die Sowjetunion widersetzte sich energisch einer hierin im Grunde angelegten staatsrechtlichen Zusammenfassung der osteuropäischen Staaten zu einem zweiten kommunistischen Grossstaat, was Tito Ende 1947 Bulgarien, Ungarn und Rumänien angeboten hatte. Der bulgarische Ministerpräsident Dimitrow hatte sogar Polen und die Tschechoslowakei einbeziehen wollen[122]. Der von den Kommunisten bisher so hoch eingeschätzte Internationalismus wurde sowjetischer Hegemonie untergeordnet.

Die Vereinigten Staaten verfolgten zunächst eine mehr zurückhaltende Konzeption. Da sie annahmen, dass ganz "natürlich" demokratische Staaten gegenüber autoritären Herrschaftssystemen und insbesondere aggressiven autoritären Herrschaftssystemen zusammenstehen würden, und da sie weiter annahmen, dass sich die Strategie der Sowjetunion vor allem auf die Ausnutzung von Wirtschaftskrisen im aussersowjetischen Bereich richten würde, wünschten sie eine wirtschaftliche Konsolidierung der nicht sowjetisch beherrschten Staaten, um damit demokratischen Regierungen eine dauernde Stabilität zu sichern, deren selbstverständliche Folge eine enge Zusammenarbeit mit den Vereinigten Staaten sein würde.

Während die Sowjetunion ganz konventionell als Hegemonialmacht handelte, spielten in der amerikanischen Konzeption volksdiplomatische Überlegungen eine wesentliche Rolle. Man wollte die Völker gegen Argumente sowjetischer Volksdiplomatie immunisieren. Dazu diente zunächst der Marshall-plan mit der Gründung der Organization for European Economic Cooperation im Frühjahr 1948[123]. Die gleichzeitig vereinbarte gemeinsame Verteidigung Frankreichs, Grossbritanniens, Belgiens, der Niederlande und Luxemburgs, die in dem Brüsseler Vertrag niedergelegt wurde, wurde noch in Verschleierung oder Verkennung der wahren Entwicklung "für den Fall der Erneuerung einer deutschen Aggressionspolitik" geschaffen. Die westeuropäischen Staaten, allen voran Grossbritannien, waren viel mehr als die Vereinigten Staaten daran interessiert, zu einer "solidarischen Verteidigungsgemeinschaft" gegenüber der sowjetischen Expansion zu gelangen. Die im Sommer 1948 aufgenommenen Verhandlungen wurden erst durch das sowjetische Vorgehen in der Tschechoslowakei im Herbst 1948 beschleunigt und führten im Frühjahr 1949 zum Abschluss des Vertrages über die Nordatlantische Verteidigungsorganisation, dem Belgien, Dänemark, Frankreich, Grossbritannien, Island, Italien, Kanada, Luxemburg, Norwegen, die Niederlande, Portugal und die Vereinigten Staaten, später Griechenland und die Türkei (1952) sowie im Jahre 1955 die Bundesrepublik Deutschland beitraten.[124]

Die Situation der Vereinigten Staaten unterschied sich auch in anderer Beziehung wesentlich von der der Sowjetunion. Während die Sowjetunion bemüht war, ihre Hegemonie über Mittel- und Osteuropa zu erhalten, wurden die Vereinigten Staaten von den westeuropäischen Staaten aufgefordert, in Westeuropa Verantwortung zu übernehmen. Dieser Unterschied erklärt sich daraus, dass damals bereits in Westeuropa von Regierungen und breiten Kreisen der Bevölkerung die Vereinigten Staaten nicht zuletzt aufgrund der Überlegenheit ihrer atomaren Rüstung gegenüber der Sowjetunion als die einzig mögliche Schutzmacht für den Fall einer sowjetischen Aggression angesehen wurden. Die Vereinigten Staaten konnten sich deshalb in Westeuropa, sobald sie diese Verantwortung übernommen hatten, auf eine Bewahrung ihres Ansehens beschränken und dazu in erster Linie die traditionellen Methoden der ausländischen Staatspflege anwenden. Volksdiplomatische Methoden konnten, solange dieses Prestige der Vereinigten Staaten bestand, auf den kommunistischen Bereich beschränkt bleiben. Die antikommunistische Propaganda in dem amerikanischen Einflussbereich war, bei Licht besehen, Volksdiplomatie zur Sicherung der Regierungen, die ihre Position durch kommunistische Aktivitäten und eine kommunistische Propaganda bedroht wähnten.

Auf der sowjetischen Seite stellte sich die Situation im Ergebnis nicht anders dar. Im Innern der sowjetischen Hegemonialzone stützte sich die Sowjetunion in erster Linie auf die Präsenz ihrer Truppen[125]; wenn sie hier "antiimperialistische" Propaganda betrieb, so geschah dies auch nicht über die Köpfe der Regierungen hinweg, sondern in Zusammenarbeit mit den Regierungen, die sich darüber im klaren waren, dass ihre Positionen mit der Position der Sowjetunion standen und fielen. Die Volksdiplomatie beider Seiten stiess ausserhalb des Einfluss- bzw. Hegemonialraumes auf die Gegenpropaganda der anderen Seite, die auf eine Immunisierung der Bevölkerung zielte, und dabei durch eine gerade im sowjetischen Raum betriebene intensive Isolierung der Bevölkerung gegen externe Einflüsse unterstützt wurde. Die Methoden der Volksdiplomatie, so von zwei Parteien gegeneinander angewandt, führten zu einem Stillstand, sozusagen zu Stellungskämpfen im Kalten Krieg.

Die erste entscheidende Veränderung dieser Situation begann jedoch schon in den Jahren 1948 und 1949 mit der Lösung Jugoslawiens von dem sowjetischen Einfluss. Die Sowjetunion reagierte auf Jugoslawiens "nationalen Weg" zum Kommunismus mit typisch volksdiplomatischen Massnahmen. So erklärte das Kominform im Juni 1948:

> "Das Informationsbüro zweifelt nicht daran, dass in den Reihen der jugoslawischen Kommunistischen Partei genügend gesunde, dem Marxismus-Leninismus, den internationalen Traditionen der jugoslawischen Kommunistischen Partei, der sozialistischen Einheitsfront ergebene Elemente vorhanden sind.
>
> Die Aufgabe dieser gesunden Kräfte . . . besteht darin, ihre gegenwärtigen Führer zu zwingen, . . . zum Internationalismus zurückzukehren . . ., oder . . . sie abzusetzen und eine neue . . . Führung . . . einzusetzen.

> Das Informationsbüro zweifelt nicht daran, dass die Kommunistische Partei Jugoslawiens es verstehen wird, diese ehrenvolle Aufgabe zu erfüllen."[126]

Ende 1949 appellierte man nicht mehr an die "gesunden Kräfte" der Partei, sondern direkt an die "Arbeiter und Bauern Jugoslawiens".[127]

Die Sowjetunion bediente sich aber nicht nur kommunistischer Argumente, sondern auch des nationalen Arguments. Jetzt und in den folgenden Jahren bis in die Gegenwart hinein versucht sie von Zeit zu Zeit immer wieder die Mazedonienfrage aufzurühren, um Gegensätze zwischen Jugoslawien und Griechenland zu beleben, und vor allem schürt sie Konflikte zwischen Serben und Kroaten, um die innere Situation in Jugoslawien zu verschärfen. Selbst vor einer Zusammenarbeit mit extrem rechts ausgerichteten kroatischen Exilpolitikern scheut sie dabei nicht zurück.

Jugoslawien setzte sich gegen eine solche sowjetische Politik ebenfalls unter anderem mit volksdiplomatischen Mitteln zur Wehr. Es verbreitete die jugoslawischen Ideen und kritisierte die sowjetische Führung als Verräter an den Ideen des Marxismus-Leninismus. Es entbrannte ein Propagandakampf zwischen der Sowjetunion und Jugoslawien. Rundfunksendungen und Flugblattaktionen wurden gegeneinander ausgetragen. Es gelang der Sowjetunion jedoch nicht, in Jugoslawien den erhofften Aufstand auszulösen. Vielmehr fanden die jugoslawischen Ideen im gesamten sowjetischen Einflussbereich Zustimmung, und die Sowjetunion sah sich gezwungen, zunächst einmal hier eine Ausbreitung des sogenannten Titoismus zu verhindern.

Das zweite entscheidende Ereignis erfolgte unmittelbar nach dem Tode Stalins im Jahre 1953 mit dem Aufstand in der sowjetischen Besatzungszone Deutschlands. Hier standen westliche politische Anschauungen im Vordergrund. Die Forderung nach Freiheit und dem Recht zur eigenen Gestaltung der Verfassung, also das Selbstbestimmungsrecht, signalisierten aus sowjetischer Sicht Erfolge der volksdiplomatischen Aktivität der Vereinigten Staaten, obwohl die Zurückhaltung der USA in bezug auf eine militärische Unterstützung dieses und späterer Aufstände den Einwohnern Mittel- und Osteuropas zeigen musste, dass sie nur auf verbale Solidarität rechnen konnten und die Risiken dieser Politik allein tragen müssten[128]. Diese westliche Verhaltensweise musste schnell zu einer Entmutigung potentieller Aufständischer führen und eine Konsolidierung des sowjetischen Interessenbereichs nicht behindern, wenn auch jeder Aufstand für einige Zeit das Ansehen der Sowjetunion in der westlichen öffentlichen Meinung schmälerte.

Der Berliner Rundfunksender RIAS wurde 1953 zum Hauptschuldigen der ersten sowjetischen Niederlage erklärt, deren praktische Konsequenzen die Sowjetunion nur durch massiven Einsatz militärischer Mittel abwenden konnte. Die unmittelbare Folge der Ereignisse war auf sowjetischer Seite eine schnelle Aktivierung der volksdiplomatischen Möglichkeiten im amerikanischen Einflussbereich. Das Argument dieser neuen volksdiplomatischen Welle bildete die Friedensbewahrung. Jetzt ging es aber nicht mehr nur darum, die Friedfertigkeit der Sowjetunion darzustellen, sondern die Notwendigkeit eines Einlenkens auf die sowjetischen Vorschläge für eine Neuordnung der Welt durchzusetzen, die eigene Überlegenheit und die Hilflosigkeit des Gegners zu demonstrieren und so den amerikanischen Einflussbereich zu erschüttern. Um diese Notwendigkeit der Bevölkerung der anderen Staaten, vor allem in Westeuropa, deutlich zu machen, entschied sich die Sowjetunion für eine pausenlose Demonstration ihrer unüberwindbaren Stärke und der Überlegenheit ihres Systems. Diese Demonstrationen reichten von Reden, aufwendigen und siegreichen Mannschaften bei Olympiaden[129] über Experimente mit Atom- und Wasserstoffbomben bis zu spektakulären Weltraumflügen. Hierbei wird stets auf die schon von Le Bon[120] beschriebene Begeisterung von Massen für wunderbare Ereignisse gezielt.

Schon im Ersten Weltkrieg ist mit der von Bombenangriffen unterstützten Hungerblockade der Beweis versucht worden, dass die gegnerische Regierung nicht mehr in der Lage ist, die existenziellen Bedürfnisse ihrer Bürger zu befriedigen. Mit dem als Bombenterror[131] bezeichneten Bombenkrieg ist man noch darüberhinaus gegangen, wurde doch jetzt bewiesen, dass die Regierung nicht einmal mehr in der Lage ist, das Leben der Staatsbürger zu schützen, wenn der Gegner an jeder beliebigen Stelle seine tödlichen Waffen einsetzen kann. Dabei ist allerdings nicht der Einsatz entscheidend, sondern vielmehr die Agitation mit der möglichen Zerstörungskraft und der wahrscheinlichen Lebensbedrohung. Nicht die Tötung der Einwohner eines von Bomben belegten Gebietes, sondern die Agitation mit dem denkbaren Erfolg des Einsatzes ist das Ziel der "Bombenpolitik". Denn erst sie bewirkt die Demoralisierung und Depolarisierung einer Bevölkerung, die erkennt, dass sie von ihrer Regierung gegen Gefahren nicht geschützt werden kann, und die in dem Masse, wie die Gefahr ansteigt, sich von der Loyalität zu der Regierung abwendet, dabei aber nicht im Wege einer Neupolarisierung zu einer neuen Ordnung kommt, sondern zunächst in das Chaos einer depolarisierten Masse gestürzt wird[132]. Sie ist dem Wirken der gegnerischen Agitation voll ausgeliefert. Unter diesem Aspekt hatte schon Hitler vor dem Zweiten Weltkrieg die Entwicklung von Bakterienwaffen gesehen[133], und unter diesem Aspekt dürfte auch die Entwicklung der Atom- und Wasserstoffbomben zu sehen sein, insbesondere ihre versuchsweise Zündung zwischen 1950 und 1965.

Die Grösse der in diesen Jahren entwickelten und gezündeten Bomben schloss von vornherein einen Einsatz gegen militärische Objekte aus. Nur noch gegen geballte Siedlungsräume der Zivilbevölkerung waren diese Bomben einsetzbar. Im Frontgebiet war ihr Einsatz schon deshalb ausgeschlossen, weil hier die Strahlung einer abgeworfenen Bombe auch auf die eigene Front zurückwirken musste, und weil in dem mit den Bomben belegten Frontabschnitt für lange Zeit ein weiterer Vormarsch ausgeschlossen worden wäre. Der Sinn dieser Bomben muss also ausserhalb des militärischen Bereichs zu finden sein. Für die Zivilbevölkerung bedeutet die Bombe den sicheren Tod, sofern sie sich im Kerngebiet des Abwurfs aufhält. In dem weit grösseren Randgebiet des Abwurfs, in dem eine noch weit grössere Menschenansammlung zu erwarten ist, bedeutet der Abwurf der Bombe nicht unbedingt den Tod, sondern eine Verstümmelung oder ein langsames qualvolles Dahinsiechen, Zustände, vor denen der Mensch noch mehr Angst hat als vor dem gewissen Tod[134].

Die Unsinnigkeit eines militärischen Einsatzes der Bombe musste bewirken, dass die Bevölkerung an dem unmittelbaren Grenz- und voraussichtlichen Frontraum gegenüber der Drohung der Bombe relativ gelassen blieb. Man denke etwa an die geringe Resonanz, die die Atomgegner-Bewegung in der Bundesrepublik gehabt hat. Ganz anders musste die Wirkung in den Gebieten sein, die frontfern waren, in denen sich aber die Entscheidungszentren der Regierungen befinden, also vor allem in den grossen Städten der Vereinigten Staaten von Amerika. Der Abwurf von Atombomben über diesen Städten konnte keine Behinderung des militärischen Vormarsches in Europa bedeuten, also militärisch nicht abzulehnen sein. In der ersten Zeit schien eine solche Strategie zwar reine Theorie zu sein, solange der Gegner, in diesem Fall die Sowjetunion, gar nicht in der Lage war, derartige Bomben ins Ziel zu bringen. Die Entwicklung der interkontinentalen Raketen brachte erst die entscheidende Wendung, denn jetzt war jede Stadt der Vereinigten Staaten mit dem Abwurf einer solchen Bombe bedroht. Die Agitation, die sich einmal auf die Berichte über die ersten Bombenabwürfe auf Hiroshima und Nagasaki stützen konnte, die zum anderen aber durch die publizistisch ausgewerteten Experimente mit den neuen "verbesserten" Bomben unterstützt wurde, schien durch die Entwicklung der interkontinentalen Raketen zu einem hervorragenden Mittel der Demoralisierung und Depolarisierung einer Gesellschaft zu werden.

Seit 1956 bedurfte es nicht mehr so sehr der Demonstration der Zerstörungskraft der Bomben, sondern vielmehr der Demonstration der technischen Vollkommenheit der Interkontinental-Raketen, aus der die Masse folgern musste, dass ein Entweichen nicht mehr möglich war und jeder in die Gefahrensituation einbezogen wurde. Der seit 1956 betriebene Wettlauf beim Bau von Erdsatelliten diente der spektakulären Demonstration der Fähigkeit, an jedem Punkt der Welt die entsetzliche Waffe einzusetzen. Dass diese Gefahr jetzt aus dem Weltraum drohte, verlieh der Waffe neue ungeheure Dimensionen, da viele Menschen instinktiv eine unüberwindbare Furcht vor ausserplanetarischen Gefahren empfinden[135]. Das militärische Potential erhält damit mehr die Funktion, das Verhalten von Menschen in anderen Staaten zu beeinflussen, als in einer kriegerischen Auseinandersetzung wirklich verwandt zu werden. Die Propaganda mit den Greueln des Krieges begann den grossen Krieg als solchen zu ersetzen[136].

Der so volksdiplomatisch beeinflusste Staat musste sich durch eine Gegendemonstration seiner Abwehrfähigkeit zur Wehr setzen, und damit die Entstehung einer elementaren Angstpsychose verhindern. Es ist bezeichnend, dass die Sowjetunion, der volksdiplomatisches Denken und die Reaktionsweise von Massen auf volksdiplomatische Argumente zur Selbstverständlichkeit des politischen Instrumentariums geworden ist, als erster Staat zum Aufbau eines effektiven Raketenabwehrsystems überging, während die Vereinigten Staaten sich auf die Abschreckung (second strike capability) stützten, also ihre Schutzfähigkeit durch eine abschreckende Zerstörungskraft demonstrieren wollten. Die Demonstration der Schutzfähigkeit durch Abschreckung hat allerdings die Schwäche, dass sie auf das Vertrauen zu den Beteuerungen und zu der Einsatzbereitschaft der Regierung innerhalb der Gesellschaft abstellt, während das Raketenabwehrsystem vortäuscht, eine nahezu automatische Schutzwirkung zu haben. Die amerikanische Reaktion setzt also ein Mindestmass an noch bestehender Loyalität voraus, während die sowjetische Reaktion auf ein solches Mindestmass an Loyalität verzichten kann.

Mit dem Terror der Bombendrohung wird häufig noch ein gleichzeitiges Friedensangebot des volksdiplomatisch aktiven Staates verbunden. Sein Sinn ist es, durch stete Wiederholung der Friedensbereitschaft die Stabilität der Regierung zu prüfen und ausserdem der Bevölkerung zu bedeuten, dass nicht der volksdiplomatisch aktive Staat, sondern die starrsinnige eigene Regierung der Urheber der gefährlichen Situation ist, gegen den die durch die Angstpsychose ausgelösten Aggressionen in erster Linie zu richten sind.

Schon um diese Furcht und die aus ihr resultierende Bereitschaft, auf sowjetische Vorschläge einzulenken, zu kompensieren, musste die Gegenseite, vor allem die Vereinigten Staaten, ihre atomare Rüstung steigern und ebenfalls zum Aufbau von Raketenabwehrsystemen und zur Demonstration ihrer technischen Möglichkeiten durch Entwicklung eines Satellitenprogramms schreiten. Die Vereinigten Staaten mussten das Prestige ihrer Stärke, das die westeuropäischen Staaten veranlasst hatte, sich unter ihren Schutz zu stellen, wiederherstellen und sichern, indem sie eine militärische Überlegenheit und die Fähigkeit zur Abwehr, zumindest zur abschreckenden Revanche, demonstrierten. Hatte doch beispielsweise selbst die "New York Harold Tribune" am 6. Oktober 1957 nach dem Start des ersten Sputniks geschrieben: "Schwere Niederlage für Amerika". Anderenfalls drohte das Bündnissystem auseinanderzufallen, das aus der Angst vor der sowjetischen Aggressivität und dem Vertrauen in die Stärke der Vereinigten Staaten entstanden war und zusammengehalten wurde.

Die Sowjetunion hatte schon sehr bald erkannt, dass das westliche Bündnissystem eine Folge ihrer eigenen Aggressivität war, dass also, sozialpsychologisch betrachtet, der "maximal appeal on fear" die Abwehrbereitschaft der Gegenseite gestärkt hatte.

Stalin selbst hatte noch in seiner letzten grossen Rede über die Probleme des Sozialismus in der UdSSR im Jahre 1952 ausgeführt, dass die sowjetische Politik diese von ihr selbst verschuldete Entstehung des westlichen Bündnissystems rückgängig machen müsste, indem sie glaubwürdig der von ihm als Propaganda deklarierten These von der sowjetischen Aggressivität entgegenträte. Die unmittelbaren Nachfolger Stalins waren allerdings mit den wachsenden Problemen innerhalb der sowjetischen Hegemonialzone zunächst vollkommen beschäftigt, so dass sie eine umfassende Neukonzeption der sowjetischen Aussenpolitik nicht vornehmen konnten. Die Ankündigung der amerikanischen Wasserstoffbombe als Symbol absoluter Zerstörungsmacht im Jahre 1954 machte dann aber ein erneutes Durchdenken der sowjetischen Aussenpolitik unumgänglich, und Chruschtschow gelangte 1954/55 aufgrund der Einschätzung Stalins zu der Erkenntnis, dass eine Entspannungspoltik alte Widersprüche innerhalb des Westens verschärfen würde[137]. Den entscheidenden Schritt in dieser Richtung tat Chruschtschow im Jahre 1956 mit seiner Kritik an Stalin, die im Westen von manchen gleich als eine Abkehr von Stalin aufgefasst und aus der ein mögliches Schwinden der sowjetischen Aggressivität abgeleitet wurde. So schrieb am 4. Juni 1956 die "New York Times", es sei das Ende der harten stalinistischen Herrschaft über Osteuropa gekommen, und der damalige französische Aussenminister Christian Pineau erklärte im Frühjahr 1956 "l'amitié éprouvée par la France et par l'Amérique pour la Russie en 1944, devenue difficile, ne sera pas toujours impossible"[138]. Gleichzeitig liessen technischwissenschaftliche Erfolge der Sowjetunion, wie der Start des Sputnik im Jahre 1957, Zweifel an der dauernden Schutzfähigkeit der Vereinigten Staaten aufkommen und förderten eine Bereitschaft, sich möglichst mit der Sowjetunion zu arrangieren.

Schon die Anfänge dieser neuen sowjetischen Aussenpolitik haben für die Sowjetunion beachtliche Erfolge gebracht. Hatte man unter dem Eindruck der sowjetischen Aggressivität gleich nach 1950 eine schnelle Schaffung der Vereinigten Staaten von Europa eingeleitet, so kamen bereits 1954 unter den Beteuerungen der sowjetischen Friedfertigkeit die Verhandlungen, vor allem über die europäische Verteidigungsgemeinschaft, zum Stillstand. Die französische Nationalversammlung vertagte die Ratifikationen des Vertrages ohne Frist. Der zweite einschneidende Erfolg der Sowjetunion war die Bereitschaft der amerikanischen Regierung, mit der Sowjetunion ein Gipfelgespräch über die Weltlage zu führen. Das Gipfeltreffen von Genf im Jahre 1955 und die Begegnung zwischen Chruschtschow und Eisenhower in Camp David im Jahre 1959 demonstrierten, dass auch mit der Sowjetunion eine Verständigungspolitik betrieben werden könnte. Die Sowjetunion war sogar bereit, über einen der strittigsten Punkte, nämlich die zukünftige Ordnung in Deutschland zu verhandeln und nahm in Genf an einer entsprechenden Aussenministerkonferenz teil.

Die Kritik Chruschtschows an Stalin, die schon vorher begonnene Annäherung der Sowjetunion an Jugoslawien und die mit der neuen politischen Linie gegenüber dem

Westen verbundene Einschränkung der antiimperialistischen Propaganda musste notwendig den nationalkommunistischen Tendenzen in Osteuropa wieder Auftrieb geben. Ende 1955 hatte die Sowjetunion geradezu den Beginn einer neuen Art der Zusammenarbeit in Osteuropa signalisiert, indem aufgrund einer Rede Chruschtschows das Kominform aufgelöst wurde[139]. Zu Stalin Lebzeiten war der Zusammenhalt des sowjetischen Hegemonialbereichs primär durch die Liebe und Anhänglichkeit der kommunistischen Führer zu Stalin, die durch eine Liebe zu dem "grossen Stalin" in der Bevölkerung ergänzt und bestärkt werden sollte, gesichert. Die Propagierung der Liebe zu Stalin war jedenfalls das Ziel der Gesellschaften für polnisch-, bulgarisch- usw.-sowjetische Freundschaft. Ein System von "Beratern" sorgte für die Übereinstimmung mit Stalins Ratschlüssen. Bis zum Jahre 1956 hatte die Sowjetunion ausserdem ihre Truppen in allen osteuropäischen Volksdemokratien stationiert[140]. Die einzige Ausnahme war Jugoslawien, und hier hatte die Sowjetunion denn auch im Jahre 1948 einen nationalen Kurs hinnehmen müssen. Eine Säuberung der Regierung war dort ausgeschlossen. Die jugoslawische Regierung hatte vielmehr durch eine eigene Propaganda etwa noch bestehende Solidaritäten zur Sowjetunion in der Bevölkerung abbauen können. Wollte die Sowjetunion zur Erfüllung der wirtschaftspolitischen Versprechungen Chruschtschows die massive Truppenstationierung in Osteuropa einschränken, musste sie neue Wege der Bindung suchen. Die seit 1955 betriebene Entspannungspolitik baute aber auch das Freund-Feind-Verhältnis ab, auf dem der Blockgedanke beruhte. Gleichzeitig gewannen die osteuropäischen Regimes mehr Rückhalt in der Bevölkerung[141].

In dieser Situation ereignete sich der Volksaufstand in Ungarn. Auch er trug, wie der Aufstand in der Sowjetischen Besatzungszone Deutschlands, wieder starke Züge westlicher politischer Vorstellungen, insbesondere des Selbstbestimmungsrechts. Ziel der führenden Gruppen dieses Aufstandes wurde es nach kurzer Zeit, das sowjetische System zu verlassen und sich zumindest neutral in der Auseinandersetzung zwischen der Sowjetunion und den Vereinigten Staaten zu verhalten. Die Sowjetunion reagierte mit einem Rückfall in die Methoden der vergangenen Zeit, mit einer militärischen Intervention. Gleichzeitig ereigneten sich Unruhen in Polen, die nationalkommunistische Kräfte in den Vordergrund brachten. Die Sowjetunion hatte jetzt eine ganz neue Argumentation zu entwickeln. Sie musste einmal gegenüber dem Westen ihre auf Entspannung gerichtete Propaganda aufrechterhalten und zum anderen die Geschlossenheit ihrer Hegemonialzone sichern. Dazu war eine dauerhafte Solidarität zwischen den Völkern Osteuropas und der Sowjetunion zu schaffen. Wollte die Sowjetunion ihre Friedfertigkeit gegenüber dem Westen glaubhafter erscheinen lassen, so war sie jedoch gezwungen, auf den Westen als Katalysator des Ostblocks zu verzichten.

Die Sowjetunion entschied sich in dieser Situation sozusagen für die Erfindung einer integrierenden dritten Kraft, die als Inkarnation aller Gefahren für die internationale

Ordnung dargestellt werden konnte, und auf die alle Frustrationen nationaler Interessen innerhalb der neuen multilateralen Organisationen des Ostblocks bezogen werden konnten, um den sowjetischen Interessen den Vorrang vor nationalen Interessen zu sichern. Seit dem Jahre 1955 begann die sowjetische Propaganda systematisch mit dem propagandistischen Aufbau einer gefährlichen dritten Kraft in Gestalt der "klerikal-faschistisch-militaristischen Deutschen Bundesrepublik". Sie wurde als die Quelle aller Spannungen in Europa dargestellt. Ihr wurden "revanchistische" Ideen ohne weiteres unterstellt, wobei relativ bedeutungslose innenpolitische Vorgänge und Kräfte in der Bundesrepublik zu weltpolitisch relevanten Faktoren hochgespielt wurden. Die Bundesrepublik wollte angeblich Polen militärisch überfallen, um faktisch die Macht des "Monopolkapitalismus" wieder bis an die Grenzen des Deutschen Reiches von 1937 auszudehnen; sie wollte angeblich Teile der Tschechoslowakei annektieren. Gegenüber diesen Gefahren war eine Solidarität der Polen und Tschechoslowaken mit der Sowjetunion der einzige Schutz. Gerade Polen und die Tschechoslowakei waren die Staaten des Ostblocks, in denen nationalkommunistische Gruppen am ehesten an die Macht gelangen konnten. Das Gespenst der faschistisch-militaristischen Bundesrepublik bot gleichzeitig ein Mittel, um gegenüber den nichtsowjetisch beherrschten Staaten eine Zusammenarbeit mit der Bundesrepublik innerhalb europäischer Organisationen zu diskreditieren.

Hatte man so ein Argument gefunden, um den Zusammenhalt des Ostblocks volksdiplomatisch abzusichern und gleichzeitig die weitere Integration Europas volksdiplomatisch stören zu können, reichte dieses Argument allerdings noch nicht aus, um die Friedfertigkeit sowjetischer Politik propagandistisch glaubwürdig zu machen. Es bedurfte daher eines weiteren Argumentes. Dieses Argument bot die angebliche verantwortungslose Aggressionsbereitschaft der Volksrepublik China. Vor der Gefährlichkeit ihrer angeblichen Atomkriegsvorbereitungen sollte die sowjetische Politik als friedfertig erscheinen und ein Zusammengehen mit der Sowjetunion zum Gebot vernünftiger Politik werden.

Mit dem Aufbau dieser beiden bösen, die internationale Ordnung störenden Mächte verband die Sowjetunion seit 1955 die Propagierung einer Politik der friedlichen Koexistenz. Die Behauptung der chinesischen Kommunisten, dass Kriege in der modernen Welt nicht zu vermeiden seien, deutete die Sowjetunion in die Formel um, dass Kriege in der modernen Welt entfesselt werden sollten. Die Chinesen hatten sich für die Richtigkeit ihrer Behauptung auf Lenins These von der dem Kapitalismus inhärenten Aggressivität berufen. Die Sowjetunion behauptete demgegenüber, dass der Kapitalismus sich gewandelt habe und unter dem Eindruck eines starken sozialistischen Lagers zum Verzicht auf das Mittel des Krieges bereit sein würde. Man müsste ihm die Konsequenzen nur nachdrücklich klarmachen. Dem diente die sowjetische Demonstration der Stärke[142]. Mit der Verketzerung der chinesischen Kommunisten erreichte die Sowjetunion zugleich, dass nach dem nicht mehr rückgängig zu machenden Abfall Jugoslawiens vom sowjetischen Lager, d.h. der Entstehung eines nicht sowjetisch kontrollierten kommunistischen Staates, kein zweiter von der Sowjetunion unabhängiger kommunistischer Staat, wie ihn China darstellte, innerhalb des Ostblocks eine Glaubwürdigkeit und Legitimität erhielt. Die Chinesen reagierten auf diese sowjetische Herausforderung mit typisch volksdiplomatischen Mitteln; sie liessen im Frühjahr 1960 einen Grundsatzartikel aus ihrer Parteizeitschrift "Rote Fahne" in allen Ländern des Ostblocks verteilen. In diesem Artikel wurde dargelegt, dass die sowjetische Konzeption der friedlichen Koexistenz den Prinzipien des Leninismus widerspreche[143].

Mit den Beteuerungen der "friedlichen Koexistenz" war jedoch die nach 1948 in Gang gekommene amerikanische Volksdiplomatie gegenüber Osteuropa nicht so ohne weiteres zu beenden. Noch im Jahre 1959 verabschiedete der Kongress der Vereinigten Staaten von Amerika ein Gesetz über die "Woche der versklavten Nationen", auf Grund dessen bis heute alljährlich in der zweiten Juliwoche der Präsident der Vereinigten Staaten eine Botschaft über die "Woche der versklavten Nationen" erlässt, in der wie etwa im Jahre 1970 "das Verlangen der Menschen in unterdrückten Nationen nach Unabhängigkeit und menschlichen Grundfreiheiten" als unauslöschbar bezeichnet und "den Bestrebungen und Anstrengungen zur Verwirklichung dieses Zieles Sympathie und Verständnis" zugesichert wird.

Dennoch war der Erfolg der neuen sowjetischen Politik verheissungsvoll. Noch im Jahre 1960 trat in Paris eine Gipfelkonferenz zusammen, an der Chruschtschow, Eisenhower, de Gaulle und McMillan teilnahmen und von der gerade die Bevölkerung in Amerika und Westeuropa die Einigung für eine friedliche Entwicklung der Welt in der nächsten Generation erwartete. Eine solche Einigung kam zwar nicht zustande, aber die Sowjetunion konnte mit weltweitem Aufsehen ihre Friedfertigkeit und Unschuld sowie die Aggressivität der Vereinigten Staaten demonstrieren, als Chruschtschow bei der zweiten Zusammenkunft der Konferenz den Vereinigten Staaten vorwarf, sie hätten Aufklärungsflugzeuge über sowjetischem Territorium fliegen lassen, und eine Entschuldigung des amerikanischen Präsidenten verlangte, die dieser zu erklären nicht bereit war. Die Sowjetunion lehnte es ab, unter diesen Umständen an der Konferenz noch weiter teilzunehmen, und sie erhielt dafür beachtliche Sympathien, auch bei nichtkommunistisch gesonnenen Menschen[144].

Im Zusammenhang mit dieser Demütigung der Vereinigten Staaten ist die wachsende Verteufelung der Volksrepublik China als Weltgefahr zu sehen. Diese Verteufelung traf in den Vereinigten Staaten auf eine von breiten Bevölkerungskreisen und der Regierung selbst getragene gegen die Volksrepublik China gerichtete öffentliche Meinung, die es auf lange Jahre den Vereinigten Staaten unmöglich machte, mit der

Volksrepublik China zu einem Arrangement zu gelangen. Auf diese Weise wurden die Vereinigten Staaten gezwungen, wenn sie die von ihnen selbst angenommene Gefahr rechtzeitig eindämmen wollten, mit der Sowjetunion zusammenzuarbeiten und auf die sowjetischen Vorstellungen weitgehend einzugehen. Um 1960 hatte also die Sowjetunion sehr stark unter Benutzung volksdiplomatischer Mittel ihre internationale Stellung auf eine Höhe gebracht, die seit dem Zweiten Weltkrieg noch nicht erreicht worden war.

Parallel dazu sank das Sicherheitsgefüll der Verbündeten der Vereinigten Staaten von Amerika. Dies zeigte sich nicht zuletzt in der Berlin-Krise, die im Jahre 1961 durch den Bau der Mauer ausgelöst wurde. Die Mauer um die Westsektoren von Berlin verhinderte nicht nur die weitere Abwanderung von Arbeitskräften aus der Deutschen Demokratischen Republik, sondern sie stimulierte in Berlin (West) ein Gefühl des Isoliertseins, das die mit der Berlin-Note von 1958 eingeleitete Frei-Stadt-Politik der Sowjetunion volksdiplomatisch unterstützen konnte. Gerade über das Verhalten der Berliner Bevölkerung in der Krise von 1961 existiert eine Untersuchung, wie sie über die Reaktion einer Gruppe in einer internationalen Krise sonst nirgendwo in vergleichbarer Gründlichkeit vorhanden ist[145]. Für die Frage nach der Wirksamkeit volksdiplomatischer Methoden ergibt die Studie, dass externer Druck eine Einschränkung der inneren Toleranz und Liberalität bewirkt[146], dass diese Wirkung sich jedoch reziprok zum Grad der politischen und allgemeinen Bildung der angesprochenen Gruppen verhält[147]. Daraus folgt, dass mit dem Grad der Fähigkeit, die Gefahr zu rationalisieren, die Widerstandskraft gegen volksdiplomatisch erzeugte Psychosen wächst.

2. *Die Krise der sowjetischen Volksdiplomatie*

Hatte die neue Argumentation der sowjetischen Volksdiplomatie ausserhalb des Ostblocks zunächst erhebliche Resonanz gefunden, so war die Sowjetunion in ihrem unmittelbaren Interessenbereich keineswegs so erfolgreich. Der Einfluss des jugoslawischen Modells eines nationalen Weges zum Kommunismus blieb unvermindert stark. Dazu trat jetzt noch das von der Sowjetunion herausgeforderte China mit dem Angebot einer weiteren Variante kommunistischer Ordnung auf. Der nächste Staat, der sich dem Einfluss der Sowjetunion entzog, war Albanien. Die albanische kommunistische Partei hatte sehr enge Beziehungen zur sowjetischen KPdSU unterhalten, die zeitweilig so intensiv waren, dass die Sowjetunion auf den Abschluss bilateraler Verträge verzichten konnte. In den Warschauer Pakt und den Rat für gegenseitige Wirtschaftshilfe war Albanien noch eingetreten, aber unter dem Einfluss Chinas schied es praktisch aus diesen Organisationen aus, auch wenn die offizielle Kündigung der Mitgliedschaft erst mehrere Jahre später erfolgte. Die Sowjetunion reagierte darauf zunächst volksdiplomatisch. So forderte ein Artikel in "Probleme des Friedens und des Sozialismus" Anfang 1962 die Albaner auf, die Verräter am wahren Weg zum

Sozialismus in Albanien zu stürzen. Es hiess – ähnlich wie im Jahre 1948 gegenüber Jugoslawien:

> "Die Kommunisten aller Länder sind davon überzeugt, dass die Partei der Arbeit Albaniens, dass das albanische Volk die Fehler und Irrungen ihrer derzeitigen Führung überwinden und ihr Land auf den Leninschen Weg zurückführen werden."[148]

Albanien selbst hatte die Volksdiplomatie gegen die Sowjetunion sogar schon einige Monate früher eröffnet. Im Oktober 1961 hatte es festgestellt:

> "Wir werden siegen, denn wir stehen nicht allein. Mit uns, mit der grossen Sache des Marxismus-Leninismus, sind die Kommunisten und die Völker der Sowjetunion, mit denen wir durch eine unverbrüchliche Liebe und Freundschaft verbunden sind, die wir immer in jedem Sturm und Gewitter in unserem Herzen unversehrt bewahren werden; . . ."[149]

Im Dezember 1961 hatte die albanische Regierung der sowjetischen Regierung sogar notifiziert:

> ". . . das feindselige Vorgehen Chruschtschows gegen ein Bruderland, einen Freund, wird früher oder später vom sowjetischen Volk und der KPdSU gesühnt werden."[150]

Auf albanischer und chinesischer Seite entbrannten besonders heftige volksdiplomatische Aktivitäten. Unter anderem wegen der Verteilung von Propagandamaterial forderte die Sowjetunion im Dezember 1961 Albanien auf, seine Botschaft in Moskau zu schliessen[151].

Der im Westen als Zerstörung des monolithischen Ostblocks aufgefasste Vorgang musste weitere nationalkommunistische Kräfte in den Vordergrund bringen. Die Sowjetunion hatte dem schon früh entgegenzuwirken versucht, indem sie seit 1958 eine theoretische Zeitschrift, "Die Probleme des Friedens und des Sozialismus", herausgab, mit der eine verbindliche Linie für die einzelnen Etappen der Entwicklung propagiert werden sollte. Die Zeitschrift wurde in alle Sprachen der noch im Einflussbereich der Sowjetunion verbliebenen Staaten übersetzt. Sehr aufschlussreich für die Situation innerhalb des Ostblocks ist eine Auswertung der ersten beiden Jahrgänge dieser Zeitschrift, die Brzezinski durchgeführt hat[152]. Nach der Häufigkeit der Artikel ergibt sich foldende Reihenfolge der Labilität und Gefährdetheit, die die Sowjetunion damals den einzelnen Staaten beimass: An der Spitze steht die Tschechoslowakei, danach die Deutsche Demokratische Republik, mit Abstand folgen Polen, Bulgarien,

China und Ungarn, während Nord-Korea, Nord-Vietnam und Rumänien nur geringe, Albanien und die Mongolei überhaupt keine Aufmerksamkeit fanden. Eine Auswertung von der Thematik her ist nicht weniger aufschlussreich: Hier stehen Artikel über ökonomische und soziale Probleme der einzelnen Staaten an der Spitze. Besonders interessant ist, dass die meisten Artikel die Wirtschafts- und Sozialordnung der Sowjetunion selbst behandeln, also das Vorbild und Modell für die anderen Staaten propagieren sollen. Es folgen dann in der Reihenfolge der Häufigkeit Artikel über politische Probleme einzelner Staaten, danach werden mit gleicher Intensität allgemeine aussenpolitische Fragen und ideologische Fragen abgehandelt, wobei zu dieser Thematik wieder die sowjetischen Artikel die häufigsten sind. Es ergibt sich aus dieser Übersicht der Grundsatzartikel in der Zeitschrift eine Konzentration auf Wirtschaftsprobleme und eine besondere Problematik der Entwicklung in der Tschechoslowakei, der Deutschen Demokratischen Republik und Polen.

Hatte die Sowjetunion noch im Jahre 1957 mit der Moskauer Konferenz der regierenden kommunistischen Parteien die ideologische Einheit jedenfalls mit China bewahren können, so brach im Herbst 1960 auf der Moskauer Konferenz der kommunistischen Parteien diese Einheit endgültig auseinander[153]. Der Sowjetblock löste sich mehr und mehr auf. Die bisher angewandten volksdiplomatischen Taktiken konnten dem keinen Einhalt mehr gebieten. Die Erwartungen der Menschen in den einzelnen Staaten und die sowjetischen Leistungen klafften zu sehr auseinander. Die Sowjetunion hatte mehr als ein Jahrzehnt Versprechungen für eine gemeinsame positive Entwicklung gemacht. Jetzt waren die sowjetischen Ankündigungen für die Zukunft nicht mehr glaubhaft, wenn zugleich einzelne kommunistische Regierungen eine baldige Besserung der Situation versprachen.

Die Sowjetunion bemühte sich angesichts der schrumpfenden "natürlichen" Solidarität eine institutionalisierte Solidarität und direkte Loyalität zwischen den Menschen in Osteuropa und sich selbst herzustellen. Im Jahre 1955 bei seinem ersten Besuch in Belgrad trug Chruschtschow das Projekt einer Union der slawischen Völker vor. Die Eide der Armeen der osteuropäischen Staaten verpflichteten die Soldaten zum Zusammengehen mit der Sowjetarmee. In Art. 6 f. der Verfassung der DDR (1968) wurde diese Solidarität sogar in einem Verfassungssatz niedergelegt. Im Jahre 1955 wurde unter Hinweis auf die Gefahren, die das "remilitarisierte Westdeutschland" für die Lage in Europa heraufbeschwor, der Warschauer Pakt abgeschlossen, an dem Albanien, Bulgarien, die DDR, Polen, Rumänien, die Sowjetunion, die Tschechoslowakei und Ungarn sich beteiligten. Die Vertragspartner gingen auf zwanzig Jahre (Art. 11 I) die Verpflichtung ein, "sich in allen wichtigen internationalen Fragen, die ihre gemeinsamen Interessen berühren, (zu) beraten und sich dabei von den Interessen der Festigung des Weltfriedens und der Sicherheit leiten (zu) lassen" (Art. 3 I), "sich an keinen Koalitionen oder Bündnissen zu beteiligen und keine Abkommen abzuschliessen, deren Zielsetzung den Zielen dieses Vertrages widerspricht" (Art. 7 I). Damit räumten die osteuropäischen Staaten der Sowjetunion eine institutionalisierte Kontrolle über ihre Aussenpolitik ein. Die Solidarität wurde also völkerrechtlich untermauert.

Ende 1959 begann die Sowjetunion, auch den bereits 1949 gegründeten Rat für gegenseitige Wirtschaftshilfe, dem alle genannten Staaten angehörten, zu beleben. Das Ziel der Organisation ist eine neue Form der Arbeitsteilung zwischen den sozialistischen Ländern[154]. Diese Arbeitsteilung läuft in der Praxis auf eine Abhängigkeit der Staaten von der sowjetischen Wirtschaft hinaus, die mit der Propagierung als "brüderliche Zusammenarbeit" und "gegenseitige Hilfe" volksdiplomatisch noch besonders untermauert wird[155]. Die betroffenen "Völker" sollen zu der Vorstellung gelangen, dass sie ohne sowjetische Unterstützung wirtschaftlich niedergehen würden. Ähnliches gilt auch für die sowjetische Entwicklungshilfe[156]. Mit der so seit 1955 in völkerrechtlichen Formen institutionalisierten politisch-wirtschaftlichen Kontrolle der Sowjetunion über die ost- und mitteleuropäischen Volksdemokratien ist die volksdiplomatisch gepflegte Solidarität dieser Völker zur Sowjetunion mehr und mehr hinter einer reinen Machtpolitik zurückgetreten, wenn auch nicht zu bestreiten ist, dass zeitweilig der Wille zu einer kollektiven Entscheidungsfindung bestanden hat[157].

Da die Sowjetunion besonders den Nationalkommunismus in der Tschechoslowakei, der Deutschen Demokratischen Republik und Polen erwartet hatte, musste es für sie desto überraschender gewesen sein, dass im Sommer 1964 Rumänien eine starke Kritik an den Beziehungen zwischen den Staaten des Ostblocks übte, und vor allem die Wirtschaftsbeziehungen rügte, weil diese nicht dem gegenseitigen Vorteil der beteiligten Parteien gerecht würden. Rumänien hatte sich dazu chinesischer Unterstützung versichert und trat als ein konservativer, fast stalinistischer Staat auf. Die sowjetische volksdiplomatische Aktivität war auf dieses Ereignis wenig eingerichtet, und die Sowjetunion entschloss sich, diesen Vorgang zunächst einmal hinzunehmen. Weitaus prekärer wurde die Situation im Jahre 1968, als, wie von der Sowjetunion schon lange erwartet worden war, in der Tschechoslowakei nationalkommunistische Tendenzen die Oberhand gewannen. Die Sowjetunion reagierte auf dieses Ereignis ganz volksdiplomatisch mit einer riesigen Propagandakampagne, in der nicht nur die "reine sowjetische Lehre" propagiert wurde, sondern in der zahllose Briefe von Tschechoslowaken an die sowjetische kommunistische Partei herausgestellt wurden. In diesen Briefen wurde eine sowjetische Unterstützung und ein Eingreifen der Sowjetunion gegen den Nationalkommunismus gefordert. Als diese Kampagne nicht das erwünschte Ergebnis hatte, nämlich das Aufkommen einer pro-sowjetischen Führung innerhalb der KPC, entschloss sich die Sowjetunion, auf ein traditionelles Mittel der Sicherung ihres Einflusses zurückzugreifen: Die militärische Besetzung der Tschechoslowakei. Hierbei stiess sie aber auf eine von ihr nicht erwartete Loyalität der Bevölkerung einschliesslich der Kommunisten gegenüber der neuen nationalkommunistischen Führung des Staates, und ihr Argument, dass das tschechoslowakische Volk oder, wie man sogar sagte, die tschecho-slowakischen Völker, ein Eingreifen der Sowjetunion forderten, erwies sich als völlig unhaltbar. Die Prager Politiker wiesen vielmehr daraufhin, dass das Volk hinter ihnen stehe und dass sie wegen der Volksmeinung von ihrem einmal eingeschlagenen Kurs nicht abweichen könnten, selbst wenn sie zu anderen Einsichten gekommen wären. Sogar sowjetfreundliche Politiker waren angesichts der geschlossenen loyalen Bevölkerung, die hinter dem Kurs stand, nicht zu einer Zusammenarbeit mit der Sowjetunion bereit.

Bisher für die Volksdiplomatie genutzte sozialpsychologische Kräfte stellten sich hier der sowjetischen Politik entgegen, und es ist geradezu symptomatisch, wenn die sowjetische Militärzeitschrift "Krasnaja swesda" angesichts der Erfolglosigkeit des sowjetischen Bemühens, Prager Politiker auf den sowjetischen Kurs zu bringen, und der dabei immer wieder vorgebrachten tschechoslowakischen Gegenargumente, der Wille des Volkes stehe einer solchen Massnahme entgegen, davon sprach, dass hier "kleinbürgerliche anarchistische Auffassungen", "Wiederholungen abgeklapperter sozialdemokratischer Forderungen" hervorträten[158]. Was hier mit "kleinbürgerlich anarchistisch" qualifiziert und abgetan wird, ist nichts anderes, als die Grundthese der über fünfzig Jahre entwickelten sowjetischen Volksdiplomatie, dass der unmittelbare Wille des "Volkes" von entscheidender Bedeutung ist. Jetzt plötzlich bekannte sich die Sowjetunion auch nach aussen zu der im Innern stets verfochtenen Repräsentation des Volkswillens durch die aufgeklärte, d.h. an der Sowjetunion orientierte, kommunistische Partei.

Ausserhalb des sozialistischen Lagers hat sich die Sowjetunion in Frankreich und Italien nach dem Zweiten Weltkrieg zeitweilig erfolgversprechender Volksdiplomatie im weiteren Sinne bedient und die Bildung von Volksfront- und "linken" Koalitionen angestrebt, um diese Staaten zu einer "neutralistischen" Aussenpolitik zu bringen und damit den amerikanischen Einflussbereich zu schmälern. Aber auch bei den kommunistischen Parteien dieser Staaten stösst sie mehr und mehr auf mit nationalen Besonderheiten begründeten Widerstand. Am zuverlässigsten scheint in Westeuropa für die Sowjetunion die kleine Kommunistische Partei Deutschlands zu sein. Ihr fehlt jedoch eine ausreichende Massenresonanz. Gerade weil diese Partei sich so sehr an die Sowjetunion bindet[159], scheitert sie an dem in der Auseinandersetzung mit der Sowjetunion gewachsenen Staatsbewusstsein in der Bundesrepublik Deutschland. Mit Aufmerksamkeit ist dabei zu beobachten, dass in der Sowjetunion sogar 1969 ein "Institut für Beziehungen mit der Öffentlichkeit der Bundesrepublik" gegründet würde[160].

Die sowjetische Volksdiplomatie im weiteren Sinne ist nach dem Zweiten Weltkrieg in Westeuropa insgesamt nicht gerade erfolgreich gewesen. Die sowjetische Volksdiplomatie im engeren Sinne, die von dem Kernwaffenterror bis hin zu den verschiedenen Berlin-Kampagnen reicht, hat am Ende nicht mehr Glück gehabt. Sie ist an der letzten Endes immer wieder erwachenden selbstbewussten Abwehrentschlossenheit vor allem der Vereinigten Staaten gescheitert. Diese Erfahrungen mussten eine für lange Zeit endgültige Abkehr der Sowjetunion von der vorrangigen Pflege volksdiplomatischer Beziehungen und ihre Hinwendung zu den Methoden klassischer Diplomatie auslösen. Ein Zeichen dieser Entwicklung ist darin zu sehen, dass im Jahre 1969 die Sowjetunion ihr Interesse zu erkennen gab, die im Jahre 1948, d.h. bei der Rückkehr zur Volksdiplomatie nach dem Zweiten Weltkrieg, eingeschränkten regulären diplomatischen Kontakte zu den Vereinigten Staaten von Amerika durch die Errichtung von Konsulaten wieder auszuweiten[161].

Die Abkehr der Sowjetunion von den Grundideen der Volksdiplomatie war bereits seit zehn Jahren vorbereitet worden, und zwar in den Beziehungen der Sowjetunion zu den Staaten der sogenannten Dritten Welt. Nach anfänglichem Schwanken hatte sich die Sowjetunion etwa seit 1960 entschieden, in der Dritten Welt mit den Regierungen zusammenzuarbeiten und Volksbewegungen kaum noch zu unterstützen. Das war von Seiten der chinesischen und auch der kubanischen Kommunisten heftig kritisiert worden[162]. Diese Abkehr der Sowjetunion kann im Nachhinein nicht nur als eine Rücksichtnahme auf die Regierungen der Dritten Welt verstanden werden, sondern sie war gleichzeitig eine Konzession an die osteuropäischen Staaten, die in einem Verzicht der Sowjetunion auf volksdiplomatische Methoden eine Sicherung ihrer eigenen Unabhängigkeit sahen. Im Jahre 1965 hatte die Sowjetunion, gedrängt von der Tschechoslowakei, sich sogar bereitgefunden, der Vollversammlung der Vereinten Nationen eine Deklaration über die Unzulässigkeit der Intervention vorzulegen, in der ausdrücklich eine Politik mit den Völkern über die Köpfe der Regierungen hinweg durch das Mittel der Subversion, der Propaganda und ähnliche Methoden verboten wurde[163].

Die Entwicklung im Zusammenhang mit den Prager Ereignissen im Sommer 1968 beendete aus dieser Sicht ein Zeitalter sowjetischer Aussenpolitik: Die Sowjetunion wandelte sich zu einer Hegemonialmacht, die am status quo orientiert ist und diesen primär militärisch sichert. Folgerichtig konnte die Sowjetunion dann mit dem deutsch-sowjetischen Vertrag vom 12. August 1970 auf die Bundesrepublik Deutschland als solidarisierenden Katalysator ihres Machtbereichs verzichten. Das muss aber noch nicht einen völligen Verzicht der Sowjetunion auf volksdiplomatische Methoden bedeuten. So liess die Sowjetunion noch im April 1970 durch Bulgarien einen "Kongress der Völker für die europäische Sicherheit" planen, der die sowjetische Forderung nach einer Europäischen Sicherheitskonferenz unterstützen sollte[164]. Und im Herbst 1970 schrieb ein sowjetischer Diplomat zum Thema "aussenpolitische Verbündete sozialistischer Staaten":

> "Die sozialistische Aussenpolitik trug und trägt zu einer immer aktiveren Einbeziehung der Volksmassen . . . bei. In diesem Kampf wird der Arbeiterklasse der entwickelten kapitalistischen Länder von der sozialistischen Diplomatie eine grosse Aufgabe zuteil.
> . . .
> Ein weiterer Verbündeter . . . sind die kolonial unterdrückten Völker . . .
> Gestützt auf zuverlässige, stabile und mächtige Verbündete verzichtete die Leninsche Diplomatie zugleich nicht auf Verbündete anderer Art, Verbündete, die Lenin als zeitweilig, schwankend, labil, unzuverlässig bezeichnete . . ."[165]

Interessant ist hier vor allem die Reihenfolge, die als Primat der Volksdiplomatie gedeutet werden kann.

3. *Volksdiplomatie der Dritten Welt*

Ein vielleicht auch nur vorläufiger Verzicht der Sowjetunion auf die Volksdiplomatie darf jedoch nicht zu der Annahme verleiten, dass das Zeitalter der weltweiten Volksdiplomatie zu Ende gegangen ist. Es ist gerade in den letzten zwanzig Jahren eine ganze Reihe von Staaten entstanden, die sich nach ihrem politischen Credo als unmittelbare Demokratien auffassen und deren Führung meint, den Willen ihres Volkes zu interpretieren und zu verwirklichen, sowie zugleich den Willen vieler anderer Völker durchzusetzen. Für alle diese Staaten, vor allem die in der Dritten Welt, ist die Volksdiplomatie ein Instrument, dessen sie sich auch in der Zukunft bedienen werden. An erster Stelle ist hier die Volksrepublik China zu nennen, die nicht nur den Terminus "Volksdiplomatie" geprägt hat, sondern die mit grossem Eifer volksdiplomatisch aktiv geworden ist. Mao-Tse-tung lehnt es kategorisch ab, Beziehungen zwischen Staaten und auch Beziehungen zwischen Parteien – und seien es kommunistische Parteien – als wesentliche Elemente der Diplomatie und der Aussenpolitik zu betrachten. Er behauptet, die wahre Aussenpolitik werde erst durch die Volksdiplomatie verwirklicht. Er kann sich da mit guten Gründen auf die diplomatischen Erfolge berufen, die die VR China in ihren auswärtigen Beziehungen mit Japan erreicht hat. Zwischen der VR China und Japan bestehen überhaupt keine offiziellen diplomatischen Beziehungen. Dennoch hat die VR China in den letzten Jahren auf die aussenpolitische Haltung Japans entscheidenden Einfluss ausgeübt. Eine Vielzahl von chinesischen Institutionen beschäftigt sich mit der Beeinflussung einzelner Bevölkerungsgruppen in Japan, hinzu kommen Zeitungen und Rundfunkprogramme. Eine grosse Zahl chinesisch-japanischer Privatorganisationen existiert im ganzen Land. Es wird geschätzt, dass mindestens die Hälfte der japanischen Bevölkerung eine positive Haltung gegenüber der VR China einnimmt, und die japanische Regierung hat nicht zuletzt wegen dieser öffentlichen Meinung in der Aussenpolitik China gegenüber heute eine so schwache Position, dass sie die Interessen der VR China weitgehend respektieren muss[166].

Während andere ostasiatische Staaten, beispielsweise Korea (Süd), energisch den Gedanken einer Verteidigungsgemeinschaft der südostasiatischen Staaten gegen den chinesischen Kommunismus vertreten, und dabei auch von anderen asiatischen Staaten, etwa Thailand oder Malaysia, unterstützt werden, lehnt Japan es kategorisch ab, sich an solchen Gemeinschaften zu beteiligen, geschweige denn eine Führungsrolle in ihnen zu übernehmen[167]. Da Japan gegenüber China der stärkste und am weitesten entwickelte asiatische Staat ist, bedeutet das, dass die kleinen südost- und ostasiatischen Staaten aus eigenen Kräften keine solche Gemeinschaft bilden können und damit gezwungen sind, sich entweder an die Vereinigten Staaten anzulehnen oder sich mit China zu arrangieren. Die Anlehnung an die USA setzt sie scharfen chinesischen Angriffen aus und gibt den Chinesen einen Vorwand, mit volksdiplomatischer Methodik in den betroffenen Ländern zu verbreiten, die Regierungen seien "Marionetten des amerikanischen Imperialismus".

Aber nicht nur gegenüber Japan betreibt die Volksrepublik China eine intensive Volksdiplomatie, sondern auch in der übrigen Welt hat sie, jedenfalls zeitweilig, starke volksdiplomatische Aktivitäten entwickelt. Hier stützt sie sich vor allem auf die Solidaritätsorganisation der afro-asiatischen Völker, eine ursprünglich von der Sowjetunion geförderte Gruppe, die allerdings mit der zunehmenden Hinwendung der sowjetischen Politik zu den Regierungen von der Sowjetunion mehr und mehr vernachlässigt wurde, und seit etwa 1960 unter starkem chinesischen Einfluss steht[168]. Auch in Europa ist die chinesische Volksdiplomatie aktiv, wenn sie auch hier bisher nur kleine Gruppen gewinnen konnte[169].

Es ist für die chinesischen Politiker völlig klar, dass die angesprochenen Völker eine amorphe Masse sind. Die chinesische Diplomatie wendet sich daher vor allem an die Befreiungsorganisationen, an oppositionelle Gruppen, Partisanen und ähnliche Einheiten, die in China ausgebildet und von China teilweise ausgerüstet werden, denen man aber in erster Linie ideologisch-methodische Schulung zuteil werden lässt, um ihr Bewusstsein zu heben und sie damit in die Lage zu versetzen, Volksmassen zu mobilisieren, deren Unruhe die Position der angeblich von den "Imperialisten" bestochenen Regierung verunsichern kann. Dabei versucht die VR China, gleich auch die sowjetische Diplomatie gegenüber den Regierungen in ein schlechtes Licht zu setzen und beschuldigt die Sowjetunion der Kollaboration mit den Volksfeinden[170].

Die schnelle Durchdringung der afro-asiatischen Völkersolidaritätsorganisation seitens der Chinesen hat die Sowjetunion veranlasst, im Jahre 1967 mit kubanischer Unterstützung eine neue Solidaritätsorganisation zu schaffen, die Solidaritätsorganisation der Völker Asiens, Afrikas und Lateinamerikas, die sogenannte Trikontinentale. Aber auch hier konnte die Sowjetunion die Chinesen nicht ganz ausschliessen, insbesondere konnte sie ihre Konzeption der Zusammenarbeit mit den Regierungen nicht durchsetzen, sondern musste sich vielmehr der Mehrheit der revolutionären Kräfte beugen, die – nicht nur durch die Chinesen, sondern auch durch die Kubaner angeführt und ideologisch beeinflusst – den Partisanenkampf und die Guerilla-Tätigkeit zu verstärken wünschten. Die Sowjetunion erklärte demgegenüber, dass sie in gewissen Fällen derartige Kampfmethoden für anwendbar hält, liess sich jedoch den Weg für ihre jetzt konservative Aussenpolitik offen[171]. Die Sowjetunion muss sich also neuerdings gegen volksdiplomatisches Denken verteidigen und sich damit zum Fürsprecher einer konservativen Diplomatie machen. Wenn die Chinesen die sowjetischen Politiker heute als Verräter am Leninismus beschimpfen, so zeigt sich jedenfalls an diesem Punkt, dass auf alle Fälle ein Verrat an der klassischen leninschen Volksdiplomatie vorliegt.

Während die Volksrepublik China sich mehr der Volksdiplomatie im engeren Sinne bedient, konzentrieren sich die Bemühungen Kubas auf die Volksdiplomatie im weiteren Sinne. Kuba will Revolutionen in Lateinamerika auslösen. Es bedient sich dabei der gleichen sozialkritischen Betrachtungsweise wie einst die Sowjetunion[172]. Es argumentiert mit Ausbeutung, Ausbeutern und Ausgebeuteten und verspricht für die Zukunft eine Welt der Freiheit. Die Sowjetunion ist mit diesem Argument in Europa am Ende ohne Erfolg geblieben. Es fragt sich, ob Kuba in Lateinamerika mehr Erfolg haben wird.

Voraussetzung erfolgreicher Volksdiplomatie in weiterm Sinne ist ein erheblicher Grad der Politisierung der angesprochenen Gesellschaft. Die Massen der Bevölkerung müssen sich als Miturheber ihres Schicksals begreifen. Nun sind jedoch gerade in Lateinamerika weder die Massen der Bevölkerung noch die führenden Schichten von solchen dynamischen Vorstellungen beseelt, sondern vielmehr von einem statischen, fast fatalistischen Weltverständnis[173]. Der kubanischen Revolutionsstrategie könnte damit ein erfolgversprechender Ansatz von vornherein fehlen. Daraus wäre zu erklären, dass die kubanische Volksdiplomatie sich mehr und mehr terroristischen Vorstellungen zuwendet[174], also in der Zukunft zur Volksdiplomatie im engeren Sinne tendiert. Mit dieser Methode sind zwar die Stellungen der übrigen lateinamerikanischen Regierungen zu verunsichern und diese Regierungen von entscheidenden Massnahmen gegen Kuba abzuhalten. Aber Kuba hat mit dieser Methode seine Isolierung auch nicht zu sprengen vermocht. Es befindet sich in einer ähnlichen Situation wie China in Ost- und Südostasien, nur dass das grosse China sich viel eher selbst genügen kann.

Nicht nur die heute als kommunistisch geltenden Staaten China und Kuba betreiben eine intensive Volksdiplomatie, sondern auch eine ganze Reihe von anderen Staaten in der Dritten Welt. In historischer Reihenfolge ist an erster Stelle die Vereinigte Arabische Republik zu nennen, deren verstorbener Präsident Nasser beispielsweise im Jahre 1966 erklärte, er könne mit den Regierungen verschiedener arabischer Staaten nicht mehr zusammenarbeiten, sie seien Verräter an der arabischen Nation. Nasser unterstützte gleichzeitig zusammen mit Syrien und Algerien eine palästinensische Befreiungsorganisation, die es sich zum Ziel gesetzt hatte, zunächst einmal in Jordanien den König zu stürzen, der nicht als Anhänger des ägyptischen Präsidenten anzusehen war.

Auf die Politik der progressiven arabischen Staaten reagierten die konservativen arabischen Staaten ebenfalls mit volksdiplomatischen Methoden; vor allem Saudi-Arabien propagierte seit 1962 die panislamische Solidarität mit dem Ziel, die gläubigen Mohammedaner in den progressiven Staaten zu mobilisieren und über sie unter Umständen einen Sturz der Regierungen herbeizuführen, die Regierungen aber mindestens zu einer Mässigung ihrer Politik zu bewegen. Diese Bewegungen der überzeugten und oft sehr konservativen Muslime wurden so stark, dass sich die Vereinigte Arabische Republik veranlasst sah, mehrere der prominenten islamischen Persönlichkeiten, die der Organisation der Muslim-Brüder zugerechnet wurden, zu verhaften, ihnen den Prozess zu machen und einige von ihnen hinzurichten[175]. Man musste also zur Abwehr der islamischen Solidarität einen Gegenterror in Gang setzen. Arabische Solidarität der Progressiven und islamische Solidarität der Traditionalisten stehen sich im Orient gegenüber.

In Afrika gibt es eine ähnliche Konstellation zwischen den radikalen Panafrikanern vom Schlage eines Nkrumah und den gemässigten, auf Kooperation mit den früheren Kolonialmächten bedachten vor allem frankophonen Politikern vom Schlage eines Houphouet-Boigny. Besonders die Radikalen waren es hier, die mit typisch volksdiplomatischen Mitteln der Propaganda, der Massenbeeinflussung und der Parteibildung in den benachbarten Gebieten tätig wurden und dabei nicht nur das Argument vorbrachten, dass die gemässigten Regierungen "Helfershelfer der Kolonialisten und Neokolonialisten" seien, sondern auch teilweise Stammeszusammenhänge geltend machten, wie etwa Ghana gegenüber Togo mit der Forderung, die Ewe, die in beiden Staaten leben, wollten in einem Staat – selbstverständlich Ghana – vereinigt sein. Der afrikanische Völkerrechtler Mazrui hat in seinem Buch "Pax Africana" sogar den Versuch unternommen, eine solche Politik völkerrechtlich zu untermauern. Den Einwand vieler frankophoner Staaten, es handele sich um Intervention, versucht er mit der Behauptung zu entkräften, innerhalb von Grossnationen wie der arabischen oder der afrikanischen gäbe es nicht das Interventionsverbot, zur Not müssten die Staaten mit Gewalt auf einen dem Interesse der arabischen oder afrikanischen Nation entsprechenden Kurs gebracht werden. Die Parallele zum sowjetischen Interventionsanspruch in der Tschechoslowakei ist offensichtlich[176].

4. *Jüngste volksdiplomatische Aktivitäten im Westen*

Aber nicht nur in der Aussenpolitik der kommunistischen Staaten und der Staaten der Dritten Welt spielt die Volksdiplomatie heute eine wesentliche Rolle. Auch die sogenannten westlichen Staaten bedienten und bedienen sich häufig volksdiplomatischer Methoden. In der Schweiz wird mitten im Frieden eine am Partisanenkrieg orientierte "Kleinkriegsanleitung für jedermann" in grosser Auflage vertrieben[177]. Es ist auch gelegentlich behauptet worden, die Vereinigten Staaten hätten den Grundsatz der Selbstbestimmung der Völker propagiert, um damit die alten europäischen Kolonialmächte ihrer Kolonien in Afrika und Asien berauben und für ihre Wirtschaft neue Expansionsgebiete erobern zu können. Gegen diese Interpretation der amerikanischen Politik spricht jedoch beispielsweise die amerikanische Indienpolitik[178]. Gerade dieses Beispiel zeigt auch, dass die westlichen Staaten es ungeheuer schwer haben, in dem Raum der Dritten Welt volksdiplomatisch aktiv zu werden. Die Regierungen, häufig nur wenige prominente Politiker in den einzelnen sehr kleinen Staaten, haben aufgrund eines starken politischen Desinteresses der Völker, die häufig nicht einmal die ungefähre politische Lage und nicht einmal die politische Zugehörigkeit erkennen, und den Unterschied zwischen der kolonialen Vergangenheit und der unabhängigen Selbstständigkeit noch keineswegs voll begriffen haben, eine Stellung, die nicht so sehr durch Massenbewegungen bedroht wird, sondern viel eher durch Rivalen. In dieser Situation scheint die in der klassischen Diplomatie nicht unbekannte Methode, sich in dem Entscheidungsapparat oder in seiner Nähe Parteigänger zu suchen, weitaus erfolgversprechender und dürfte auch in den meisten Fällen angewandt werden; aber es ist auch möglich, mittels einer Entwicklungshilfe das Image einer solchen Regierung aufzubessern und sie so gegen die Rivalen volksdiplomatisch zu sichern.

Die Vereinigten Staaten haben in Vietnam zunächst den Vietkong unterstützt, zumindest mit ihm sympathisiert. Heute treffen die Vereinigten Staaten gerade in diesem Raum auf ein volksdiplomatisches Ereignis, nämlich einen Aufstand der Bevölkerung, unterstützt von Partisanenverbänden und von einer breiten Zustimmung, zumindest Passivität der Bevölkerung, die jeden Einsatz konventioneller Mittel zum Scheitern verurteilt. Eine eindrucksvolle volksdiplomatische Aktivität der USA war die Landung der Exilkubaner in der Schweinebucht im Jahre 1961. Dieser Landung war eine sehr heftige Auseinandersetzung zwischen den Vereinigten Staaten und dem Regime Castros vorausgegangen. Die Kubaner hatten amerikanische Unternehmen enteignet und weigerten sich, eine Entschädigung zu zahlen, die amerikanischen Vorstellungen entsprach. Daraufhin verdächtigten die Vereinigten Staaten das Castro Regime, das zu diesem Zeitpunkt noch keinesweg als kommunistisch angesprochen werden konnte, sondern lediglich ein sehr gründliches Sozialisierungsprogramm verfolgte, der volksfeindlichen Diktatur. Obwohl zunächst die Vereinigten Staaten in Castro einen Mann gesehen hatten, der in Kuba soziale Missstände beseitigen würde, wurde er jetzt zu einem Diktator, und man forderte, dass das kubanische Volk sein Recht auf Selbstbestimmung, Freiheit und Demokratie gegenüber der Diktatur Castros durchsetze. Die Exilkubaner, die in die Vereinigten Staaten geflohen waren, wurden von den Vereinigten Staaten bewaffnet und ausgebildet, und als deutlich wurde, dass die kubanische Regierung ihre Enteignungspläne rücksichtslos durchsetzen würde, ermunterte man sie nach gehöriger propagandistischer Vorbereitung zu einer Landung in der berühmt gewordenen Schweinebucht. Diese Landung sollte das Signal für einen Aufstand des kubanischen Volkes sein. Der Aufstand blieb allerdings aus, und das Unternehmen scheiterte[179].

Eine besondere Rolle spielen für die Politik der USA in Lateinamerika auch die Amerika-Häuser, die im Gegensatz zu den entsprechenden Einrichtungen der USA in den meisten Teilen der Welt nicht als rein nordamerikanische, sondern als binationale Kulturzentren angelegt sind, um ihre Arbeit nicht von Anfang an mit der Anti-Yankee-Haltung vieler Lateinamerikaner zu belasten. Umgekehrt ist es fast mit den Amerika-Häusern in der Bundesrepublik Deutschland. Hier zahlt die Bundesregierung einen Teil der Kosten der Amerika-Häuser, ohne das besonders publik zu machen. In der Auseinandersetzung mit der Sowjetunion um die Zukunft Deutschlands war es ein eigenes Interesse der Bundesrepublik, die Solidarität der Bevölkerung mit den Vereinigten Staaten zu stärken[180].

Eine französisch-amerikanische Variante der Volksdiplomatie, wenn sie auch mit ähnlichen Argumenten unterschiedliche Ziele verfolgt, ist die Diskussion um die "technologische Lücke". Soweit feststellbar, ist diese Diskussion von Frankreich ausgegangen und diente der Unterstützung der französischen Forderung, unabhängig von den Vereinigten Staaten ein starkes Europa als dritte Kraft aufzubauen[181]. Der Hintergrund des Arguments von der technologischen Lücke ist die in finsteren Farben gemalte Gefahr, dass ein Rückstand des technischen Wissens in Europa den westlichen Teil des Kontinents in eine völlige Abhängigkeit zu den Vereinigten Staaten bringen könnte, und die Hypothese, dass dann die Vereinigten Staaten, nicht zuletzt auch infolge ihres Überengagements in anderen Teilen der Welt, die notwendige Förderung und Stützung der europäischen Staaten und ihrer politischen Interessen vernachlässigen würden. Dieses Argument war im Grunde eine Drohung mit Hunger, Not, Elend und Wirtschaftskrisen, um die öffentliche Meinung in den europäischen Staaten den französischen Plänen für eine Einigung Europas aufgeschlossen zu machen und die proamerikanischen Regierungen unter Druck zu setzen. In die gleiche Richtung zielte auch das Argument, dass Amerika Europa aufkaufe und den grössten Teil der europäischen Wirtschaft kontrolliere[182]. Aber nicht nur Frankreich propagierte derartige potentielle Gefahren, sondern die Vereinigten Staaten machten sie sich selbst zunutze; sie argumentierten impliciter, dass die europäischen Regierungen sich bestimmten amerikanischen Vorstellungen unterwerfen müssten. Amerikaner behaupteten, sie hätten aufgrund ihrer einmaligen Haltung zur "human dignity" in gewissen politischen Fragen, vor allem der atomaren Strategie, auch ein vorrangiges Entscheidungsrecht[183]

Volksdiplomatisches Denken kommt auch in der westeuropäischen Politik gegenüber der griechischen Militärdiktatur von 1967/68 zum Ausdruck. Hier begegnet man Argumenten von der Wiederherstellung der Demokratie als Sorge aller europäischen Staaten[184]. Dabei ist es höchst rätselhaft, warum man sich hier gegen das Prinzip der Nichteinmischung verhält, da aussenpolitisch die griechische Diktatur, wie auch die frühere keineswegs sozial gerechtere griechische Monarchie, an den prowestlichen internationalen Vereinbarungen festhält. Selbst das Argument überzeugt nicht, diese Vereinbarungen erforderten zu ihrer Glaubwürdigkeit, dass nur Demokratien beteiligt sind, da etwa der NATO mit Portugal ein Staat angehört, der sich prinzipiell von den heutigen Verhältnissen in Griechenland nicht unterscheidet.

III. ZUSAMMENFASSUNG

Es ergibt sich, dass sich ausser der Sowjetunion eine ganze Reihe von Staaten in den letzten beiden Jahrzehnten volksdiplomatischen Methoden zugewandt haben. Gemeinsam ist vielen dieser Staaten ein radikal demokratisches Pathos und eine wenigstens vermeintliche Schwäche im militärischen oder wirtschaftlichen Bereich. Diese beiden Elemente der Volksdiplomatie fanden sich schon bei dem revolutionären Frankreich, sie fanden sich wieder in der Sowjetunion nach 1917 und sie finden sich heute vor allem bei den Staaten der Dritten Welt, die zur Volksdiplomatie neigen. Aus der Schwäche flüchtet man sich in eine vermeintliche Stärke der Moral und der besseren Argumente, die man mit Propaganda verbreitet. In Anlehnung an Hitler[185], kann man davon sprechen, dass hier Artillerie durch Propaganda ersetzt wird. Bei den westlichen Staaten treten volksdiplomatische Methoden vor allem dann auf, wenn man sich in meistens kriegerischen Zeiten einem besonderen Druck ausgesetzt wähnt, und im Zweifel über seine materielle Stärke und Überlegenheit zusätzlich zu volksdiplomatischen Abwehrmassnahmen greift.

Radikales demokratisches Pathos und materielle Schwäche gehören zu den ständigen Erscheinungen der internationalen Ordnung in der Gegenwart. Der Krieg ist nur noch zwischen wenigen kleinen, schlecht gerüsteten Staaten möglich. Die Volksdiplomatie bietet sich daher als ersatzweises Zerstörungsmittel an[186], wenn man sie nicht mit Sun-Tzu als höchste Form der Kriegskunst verstehen will[187]. Aus diesem Grunde kann man davon ausgehen, dass das Zeitalter der Volksdiplomatie noch lange nicht beendet ist.

Die Betrachtung der Volksdiplomatie in der Geschichte hat Vermutungen über

Möglichkeiten und auch Grenzen bestätigt, die sich aufgrund der Erwägungen im ersten Kapital ergeben hatten. Damit sind allerdings nur Annäherungswerte gewonnen, die vor allem als Anregungen für eine vertiefte sozialwissenschaftliche Durchdringung der modernen internationalen Beziehungen verstanden werden können.

Der historische Überblick legt den Schluss nahe, dass die Volksdiplomatie sich häufig einer Widerspruchstheorie bedient, z.B. des Gegensatzpaares Volk – Autokraten in den USA und Frankreich; Ausbeuter – Ausgebeutete in der Sowjetunion; Afrikaner bzw. Asiaten – Kolonialisten in Afrika und Asien. Mit der Propagierung solcher Gegensätze zielt die Volksdiplomatie auf die Zerstörung bestehender Loyalitäten und auf die Errichtung neuer internationaler Solidaritäten der in gleicher Lage oder Gesinnung gemeinten Gruppen. Sie basiert also auf der Annahme eines perpetuierten Freund-Feind-Verhältnisses, aus dem in volksdiplomatisch aktiven Zeiten der Eindruck eines permanenten Krieges entsteht. Im Gegensatz zur klassischen Diplomatie ruht die Volksdiplomatie nicht in Kriegszeiten, sondern sie wird gerade dann noch verstärkt und erreicht vor allem bei westlichen Staaten dann ihren Höhepunkt, während bei der Sowjetunion im Zweiten Weltkrieg ein beachtlicher Rückgang der Volksdiplomatie zu verzeichnen war, der auf eine tiefe Skepsis gegenüber dem Wert der Volksdiplomatie angesichts der extremen Polarisierungen der Kriegszeit schliessen lässt. Solche Skepsis würde durch die Misserfolge des anglo-amerikanischen Bombenkrieges gegen Deutschland im Grunde nur bestätigt.

Insgesamt scheint es so, dass die Volksdiplomatie tatsächlich, wie am Schluss des ersten Kapitels vermutet, besonders dort auftritt, wo die Idee der Volkssouveränität in einer Gesellschaft beim Übergang zur industriellen Massengesellschaft verbreitet ist, und zwar besonders in der stark depolarisierenden sogenannten frühkapitalistischen Anfangsphase der Industrialisierung. In agrarischen Staaten bleibt die volksdiplomatische Methode relativ erfolglos, während in hochindustrialisierten Staaten der intensive Kommunikationsprozess und eine hochentwickelte politische Bildung die Verbreitung stabilisierender Gegenargumente und die Beseitigung gefährlicher Missstände als Ansatzpunkte volksdiplomatischer Aktivität ermöglichen. Es fragt sich, ob deshalb die Sowjetunion im Jahre 1968 in der hochindustrialisierten Tschechoslowakei gezwungen war, von dem ursprünglich geplanten volksdiplomatischen Vorgehen abzurücken und zu blosser militärischer Gewaltanwendung überzugehen. Wenn das zu bejahen wäre, wäre die Volksdiplomatie im weiteren Sinne gegenüber Industriestaaten als besonders problematisch zu betrachten. Demnach wäre für die Zukunft volksdiplomatische Aktivität im weiteren Sinne vor allem in den sogenannten halbindustrialisierten Entwicklungsländern der Dritten Welt zu erwarten, vor allem in Lateinamerika.

Die Volksdiplomatie im engeren Sinne ist in der Lage, in anderen Staaten Unruhe zu provozieren und die Regierungen mit innenpolitischen Schwierigkeiten zu konfrontieren. Sie ist damit auch in der Lage, die Regierungen zu ganz bestimmten innenpolitischen Haltungen zu zwingen, wie etwa eine Verstärkung totalitären Denkens und totalitärer Politik, die wiederum zu einer Verstärkung von Antagonismen und gegen den volksdiplomatisch aktiven Staat selbst gerichteten Aggressivitäten führen. Da die Volksdiplomatie im engeren Sinne jedoch nur eine Verstärkung der Angst und damit eine Lähmung der Gesellschaft bewirkt, ist selbst dann ein über die Lähmung der Gesellschaft und die Isolierung der Regierung hinausgehender Effekt in Richtung auf eine Revolution nicht zu erzielen. Sie stösst vor allem auf das Beharrungsvermögen einer vorhandenen Polarisierung, besonders wenn diese Polarisierung forciert wird, wie es der Nationalsozialismus während des Zweiten Weltkrieges in Deutschland verstanden hat. Der demoralisierende Effekt der Bombenangriffe wurde durch den repolarisierenden Effekt der nationalsozialistischen Indoktrination aufgehoben, der Bombenterror wurde von dieser Indoktrination geradezu zum Beweis der Gefährlichkeit der Gegenseite gemacht und führte zu einem engeren Zusammenschliessen um den vorhandenen Führungskern. Vielleicht gibt es auch einen Grenzwert des Terrors, nach dessen Überschreiten jede Terrorisierung ohne Resonanz bleibt.

Die Volksdiplomatie im weiteren Sinne setzt einen gewissen Reifegrad der Gesellschaft auf dem Wege zur Politisierung voraus; sie ist daher gegenüber statischen Gesellschaften erfolglos. Sie trifft vor allem dann auf Hindernisse, wenn sie nationalistische Polarisierungen in einer Gesellschaft vorfindet. Wenn das Staatsbewusstsein in der Auseinandersetzung mit dem volksdiplomatisch aktiven Staat ausgebildet worden ist, fehlt ihr jeder Ansatzpunkt; aber selbst wenn ein solcher Ansatzpunkt zu finden ist, können alte nationalistische Polarisierungen so stark sein, dass sie nach dem Erfolg einer Umpolarisierung mit in die Neupolarisierung einbezogen werden müssen und sich dann gegen die ursprüngliche Solidarität wenden. Die historische Erfahrung legt den Schluss nahe, dass Volksdiplomatie im weiteren Sinne das Problem der Bewahrung der Solidarität jedenfalls dann nicht zu lösen vermag, wenn nicht auf parallelen Wegen klassischer Diplomatie für existenzielle Interessenkollisionen ein Ausgleich gefunden wird. Die Sowjetunion muss immer wieder zur Anwendung militärischer Machtmittel, d.h. zu Methoden traditioneller Grossmachtpolitik zurückkehren, so dass das volksdiplomatische Argument mehr und mehr zur Heuchelei wird. Volksdiplomatie erscheint damit in dieser oder jener Form keineswegs als eine besonders überlegene und effektive Methode für die Aussenpolitik.

Das führt jedoch zu der Frage, warum immer wieder Volksdiplomatie getrieben worden ist und voraussichtlich auch in der Zukunft immer betrieben werden wird. Eine Antwort auf diese Frage könnte darin zu finden sein, dass viele Staaten, die besonders intensiv Volksdiplomatie gepflegt haben, ein monokausales Weltbild ihren politischen Entscheidungen zugrundelegen, also die von ihnen für die Volksdiplomatie ausgewählte Argumentation nach ihrem Weltverständnis für die entscheidende und stets durchschlagende Argumentation halten. Sie können daher einen Fehlschlag lediglich als Signal eines Fehlers in der konkreten Argumentation ansehen, aber sie kommen nicht dahin zu prüfen, ob sie innerhalb einer Gesellschaft die Kräfte und Polarisierungsvorgänge richtig eingeschätzt haben. Dabei kann die Monokausalität eine Überbetonung des Freiheitsstrebens, eine Überbetonung der sozialen Frage, eine Überbetonung des nationalen, nationalistischen oder rassischen Prinzips sein. Immer wieder führt sie zu einer Vernachlässigung anderer Kräfte bei der Beurteilung, zu einer mangelnden Differenzierung und zu der Annahme, dass die Existenz eines Staates und die Stabilität einer Gruppe nur von einem Faktor bestimmt werde, auf dessen Zerstörung oder Umwandlung man alle Kräfte setzt. Die historischen Fälle volksdiplomatischer Aktivität sind oft auf eine solche monokausale Betrachtungsweise zurückzuführen und entbehren der nötigen Differenzierung, was umgekehrt zu dem Schluss führt, dass eine differenzierende Methode der Volksdiplomatie effektiver sein würde. Eine solche differenzierende Methode stösst aber sofort auf das Problem, dass Agitation und Propaganda eine Differenzierung in der Argumentation nicht zulassen, da sie sonst der Massenwirksamkeit entbehren würden. Da Volksdiplomatie Massenbeinflussung ist, Massenbeeinflussung aber wieder Differenzierung nicht gestattet, erweist sich also, dass der Volksdiplomatie eine gewisse Ineffektivität inhärent ist.

Es ist dennoch zu prüfen, inwieweit die Volksdiplomatie der Funktion jeder Diplomatie, internationale Kommunikation als Vehikel von Interessenausgleich zu sein, gerecht werden kann und wie die traditionellen Formen der Pflege auswärtiger Beziehungen mit der Volksdiplomatie verbunden werden können, insbesondere inwieweit Volksdiplomatie auf die traditionelle Art der Pflege auswärtiger Beziehungen einwirkt und damit zu einer Veränderung des internationalen Kommunikationssystems führt.

Anmerkungen zu Kapitel 2

1 Deutsche Ausgabe im Militär-Verlag der DDR, Ost-Berlin 1957, zitiert nach Alfons Dalma, Hintergründe der Berlin-Strise, Karlsruhe 1962, S. 45.
2 Ebda.
3 Oben S. 3 ff.
4 Vgl. Habermas, S. 76 ff.
5 Vgl. Schickling.
6 Vgl. Gitermann, I, S. 223 ff.
7 Vgl. Gitermann, II, S. 208 ff.
8 Vgl. Krüger, Allgemeine Staatslehre, S. 221.
9 S. 105 ff. und S. 120 ff.
10 Nach Kohn, Prelude, S. 50.
11 Nach Kohn, Prelude, S. 53.
12 Vgl. Kohn, Prelude, S. 57.
13 Vgl. Grab, S. 82 ff.
14 Vgl. Scott, S. 8 f.
15 Text bei Scheel, Flugschriften, S. 123 f.
16 Text bei Scheel, Flugschriften, S. 125 f.
17 Nach Scheel, Jakobiner, S. 216.
18 Vgl. Scheel, Jakobiner, S. 215ff.
19 Vgl. Scheel, Jakobiner, S. 499 ff.
20 Vgl. Fuller, S. 79 f.
21 Der erste Fall einer solchen Mobilisierung der Bevölkerung zum Widerstand gegen den Feind, und zwar zum organisierten Widerstand, soll schon vor der Französischen Revolution in Ostpreussen während der russischen Invasion im Jahre 1757 vorgekommen sein, vgl. Legahn, S. 161 ff.
22 Zum Unterschied zwischen Partisanen des 18. und 19. Jahrhunderts vgl. Carl Schmitt, Theorie des Partisanen, S. 12.
23 Vom Kriege, S. 360.
24 Vgl. auch zur Diskussion um die Volksbewaffnung im Jahre 1799 Scheel, Jakobiner, S. 535 ff.
25 Vgl. z.B. für Preussen Zechlin, Die deutsche Einheitsbewegung, S. 28 ff.
26 Vgl. Schramm, S. 52 f.
27 Vgl. dazu auch Rosecrance, Action and Reaction in World Politics, S. 51 f.
28 Vgl. Zechlin, Friedensbestrebungen, S. 325.
29 Vgl. Fuller, S. 117 ff.
30 Vgl. Zechlin, Friedensbestrebungen, S. 325 ff.
31 Vgl. Zechlin, Friedensbestrebungen, S. 327 f.
32 Eine Materialsammlung zu diesem Thema bietet Linebarger, S. 62 ff.
33 Siehe dazu unten S. 137.
34 Vgl. dazu Fuller, S. 139 ff.

[35] Vgl. Fuller, S. 95 f.
[36] Vgl. Fuller, S. 146 f.
[37] Vgl. Fuller, S. 182.
[38] Vgl. Schmitt, Jürgen, S. 15 ff.
[39] Vgl. Zechlin, Friedensbestrebungen, S. 329; Karl Kautsky, Wie der Weltkrieg entstand, S. 166, hat unter Bezug auf die entsprechenden Aktennotizen Wilhelm II. als Vorläufer Lenins und Trotzkis bezeichnet.
[40] Vgl. Zechlin, Friedensbestrebungen, S. 355 f.
[41] Vgl. Wende, S. 77 und 85.
[42] Vgl. Wende, S. 169 ff.
[43] Vgl. Zechlin, Friedensbestrebungen, S. 329 ff.
[44] Vgl. Carl Schmitt, Partisanen, S. 45.
[45] Vgl. Zechlin, Friedensbestrebungen, S. 361.
[46] Vgl. Ludendorff, Meine Kriegserinnerungen 1914–1918, S. 285 ff.
[47] Vgl. Fraser, S. 37.
[48] Vgl. hierzu auch die Beispiele bei Fraser, S. 34 ff.; Fuller, S. 198.
[49] Punkt 1 seines Programms.
[50] Public Papers, Bd. 1, S. 233.
[51] Vgl. Fraser, S. 32.
[52] Vgl. Fraser, S. 42.
[53] Vgl. Fraser, S. 44 f.
[54] Vgl. Fraser, S. 33 ff.
[55] Vgl. Fuller, S. 198.
[56] Public Papers, Bd. 1, S. 183.
[57] Vgl. dazu ausführlich Mayer, S. 257 ff.
[58] Nach Fuller, S. 92.
[59] Nach Fuller, S. 92.
[60] Vgl. dazu: W. Bontsch-Brujewitsch, Lebenserinnerungen, nach Observator, S. 5.
[61] Observator, S. 5.
[62] Vgl. dazu auch: Fuller, S. 213.
[63] Der I. Kongress der Kommunistischen Internationale, S. 186.
[64] Vgl. Bärwald-Scheffler, S. 18.
[65] Moral Men and Immoral Society, S. 15.
[66] Vgl. Carr, Moskau-Berlin, S. 5.
[67] Vgl. Duchacek, Nations and Men, S. 72.
[68] Nations and Men, S. 31 ff., insbesondere S. 34 f. und S. 49.
[69] Vgl. Fuller, S. 226.
[70] The Eighteenth Dicisive Battle of the World, S. 28.
[71] Fragen des Leninismus, S. 526 f.
[72] Vgl. der VII. Weltkongress der Komintern, Moskau 1939, S. 557, zitiert nach Nollau, S. 138.
[73] Ebda., S. 585 ff., zitiert nach Nollau, S. 139.
[74] Vgl. Bärwald-Scheffler, S. 19f.
[75] Vgl. Maiski, Memoiren, S. 260 ff. and S. 290 ff.
[76] Rauschning, S. 15 ff.
[77] S. oben S. 53.
[78] Vgl. Jacobsen, S. 125 f.
[79] Dazu ausführlich Jacobsen, S. 441 ff.
[80] Vgl. Henderson, S. 29.
[81] Vgl. Schröder, Konferenzen, S. 47 ff.

[82] Vgl. Schröder, Konferenzen, S. 53 f.
[83] Vgl. Hallett Carr, Berlin-Moskau, S. 143.
[84] Vgl. Maiski, Memoiren, S. 622 ff.
[85] Vgl. Einzelheiten bei Linebarger, S. 81 ff.
[86] Vgl. Fraser, S. 88 ff.
[87] Vgl. Fraser, S. 88.
[88] Vgl. Henderson, S. 31 f.
[89] Vgl. Henderson, S. 163.
[90] Nach Henderson, S. 15.
[91] Vgl. Snow, S. 45 ff. USSBS, Social and Psychological Factors Affecting Morale, S. 356 ff.; hinzuweisen ist auch auf die Äusserung Präsident Roosevelts auf der Jalta-Konferenz Anfang 1945, dass "das deutsche Volk so viel gelitten hat, dass es jetzt über die Fragen der psychologischen Kriegführung hinaus ist", Die Konferenzen von Malta und Jalta, S. 587.
[92] Vgl. den Bericht des britischen Sozialministeriums, London 1946.
[93] Vgl. Quester, S. 171.
[94] Vgl. Fuller, S. 265 f.
[95] S. 52 der englischen Ausgabe von 1943, nach Fuller, S. 265.
[96] Documents Concerning German Political Relations, CMD 6106 (1939), Nr. 144, S. 195.
[97] Nach Ritter, S. 158.
[98] Vgl. dazu: die Diskussion um die Besetzungszwecke der USA in: Foreign Relations of the United States – Diplomatic Papers – The Conference of Berlin 1945, Bd. 1, S. 500 ff; Bd. 2, S. 780 ff.
[99] Zur amerikanischen psychologischen Kriegführung; vgl. z.B. Foreign Relations of the United States 1945, Bd. 1, S. 501.
[100] Nach Deuerlein, S. 25.
[101] Vgl. Henderson, S. 35 f.
[102] Vgl. Nollau, S. 223.
[103] Vgl. Brzezinski Sowjetblock, S. 56 f.
[104] Vgl. Brzezinski, Sowjetblock, S. 72 ff.
[105] Vgl. Nollau, S. 235 f.
[106] Vgl. dazu Krakau, Amerikanische Doktrinen.
[107] McMurray-Lee, S. 10.
[108] Vgl. Nollau, S. 236.
[109] Informationskonferenz, S. 16 und S. 24.
[110] Vgl. zur Rolle dieser Freund-Feind-Theorie auch Schröder, Die Idee der kollektiven Regionalintervention, S. 207.
[111] Informationskonferenz, S. 42.
[112] Vgl. Berlin-Dokumente, II, S. 1195 ff.
[113] Vgl. zu den langwierigen innenpolitischen Vorbereitungen dieser Schwenkung in den USA Czempiel, S. 123 ff.; S. 162 ff. und S. 386 ff.
[114] Vgl. Henderson, S. 41 und S. 52.
[115] Nach Henderson, S. 65.
[116] Vgl. London, Permament Crisis, S. 213.
[117] Z.B. deutet Linebarger, S. 1, an, dass die von ihm als psychologische Kriegführung bezeichneten Methoden nicht auf den Krieg beschränkt sind, behandelt sie jedoch im weiteren ausschliesslich als Aspekte des Krieges. Zu dieser Konzeption kritisch Speier, S. 463 f.
[118] Beaufre, S. 145 f., S. 163 und S. 177 f.
[119] Dazu sehr aufschlussreich die Zusammenstellung amtlicher Motivationen des sowjetischen Vorgehens bei Wettig, S. 141-148.

120 Dadurch ist nach kommunistischer Vorstellung bereits "ein brüderliches Bündnis der Völker" entstanden, Richter, System, S. 12.
121 Vgl. Nollau, S. 266 f.
122 Vgl. Gasteyger, Einigung, S. 60 f.
123 Vgl. London, Permanent Crisis, S. 292.
124 Vgl. Gasteyger, Einigung, S. 85 f.
125 Vgl. Gasteyger, Sozialistischer Internationalismus, S. 117 f.
126 Nach Halperin, S. 412.
127 Halperin, S. 417.
128 Vgl. Brzezinski, Alternative, S. 150.
129 Das Überlegenheitsgefühl und die Ermutigung, die ein sportlicher Sieg Massen gibt, wurde besonders in der Nacht vom 28. zum 29. März 1969 in Prag sichtbar, als Hunderttausende nach einem zweifachen Eishockey-Sieg der tschechoslowakischen über die sowjetische Mannschaft in einem vermeintlichen Stärke- oder Siegestaumel gegen sowjetische Einrichtungen vorgingen; vgl. Frankfurter Allgemeine Zeitung vom 31. III. 1969. Das Element der Ermutigung, das einem sportlichen Sieg innewohnt, veranschaulicht sehr gut der Satz der Prager Zeitung "Lidova Demokracie": "Man kann sie besiegen und vernichten", nach Frankfurter Allgemeine Zeitung vom 2. IV. 1969.
130 S. 51.
131 Ein Indiz für die terroristische Konzeption des Bombenkrieges war der Einbau von Heulsirenen in die Bomben, deren Lärm die Bevölkerung weithin in Panik versetzen sollte.
132 Vgl. zur Lähmung des Willens durch Angstpsychosen auch Schwarz, S. 26.
133 Vgl. Rauschning, S. 10 in Verbindung mit S. 15 ff.
134 Zur Entwicklung des Bombenkrieges unter diesen Aspekten vgl. Quester.
135 Vgl. Schickling, S. 43 f.
136 Vgl. Schelling-Halperin, S. 143; Knorr, S. 109.
137 Vgl. Brzezinski, Sowjetblock, S. 188.
138 Le Monde vom 21. Juni 1956.
139 Vgl. dazu Nollau, S. 273 ff.
140 Vgl. Brzezinski, Sowjetblock, S. 133 ff.; Gasteyger, Sozialistischer Internationalismus, S. 117 f., hält sie für die wichtigste Sicherung der Blockeinheit.
141 Vgl. Brzezinski, Sowjetblock, S. 190 ff.
142 Vgl. den Überblick über die Diskussion in: Ost-Probleme 1963, S. 66-72.
143 Vgl. Nollau, S. 331.
144 Vgl. z.B. The Conference of Heads of State or Government of Non-Aligned Countries, S. 25 ff.
145 Shell, Bedrohung und Bewährung.
146 Shell, S. 265 ff.
147 Shell, S. 186 f. und S. 197 ff.
148 Rumjanzew, S. 3.
149 Deutsche Übersetzung nach Ost-Probleme 1961, S. 771.
150 Deutsche Übersetzung nach Ost-Probleme 1961, S. 885.
151 Vgl. "Prawda" vom 12. Dezember 1961, deutsche Übersetzung in: Ost-Probleme 1961, S. 853 f.
152 Sowjetblock, S. 497.
153 Vgl. Brzezinski, Sowjetblock, 437 ff.
154 Vgl. dazu III. Parteiprogramm der KPdSU.
155 Vgl. Horster, S. 87 ff.
156 Vgl. Baard Richard Stokke.
157 Vgl. Gasteyger, Sozialistischer Internationalismus, S. 122.

[158] Nach "Frankfurter Allgemeine Zeitung" vom 5.10.1968.
[159] Die ersatzweise gegründete Deutsche Kommunistische Partei erklärte sich als eine der ersten im Jahre 1968 mit der sowjetischen Intervention in der Tschechoslowakei solidarisch.
[160] Tass-Meldung vom 5. IX. 1969.
[161] Vgl. "Frankfurter Allgemeine Zeitung vom 20. III. 1969.
[162] Vgl. dazu ausführlich: Schröder, Konferenzen, S. 104 ff.
[163] Text: International Legal Materials 1966, S. 374-376.
[164] DPA – Information vom 7. 4. 1970.
[165] Popow, S. 681 f.
[166] Vgl. den demnächst erscheinenden Aussatz: M. Y. Cho, Die Volksdiplomatie – Eine Analyse der Beziehungen zwischen der VR China und Japan, in: Europa Archiv 1971.
[167] Vgl. dazu, Schröder, Konferenzen, S. 263.
[168] Vgl. dazu Schröder, Konferenzen, S. 102 ff.
[169] Vgl. Schlomann-Friedlingstein.
[170] Vgl. Schröder, Konferenzen, S. 104 ff.
[171] Vgl. dazu ausführlich Schröder, Konferenzen, S. 193 ff.
[172] Vgl. zu den Parallelen Schröder, Dieter, 12-mm-Winchester Gewehr, in: Verfassung und Recht in Übersee 1969, S. 225-230.
[173] Vgl. dazu Wehner, S. 44 ff.
[174] Vgl. die Beispiele bei Schröder, Konferenzen, S. 189ff.
[175] Vgl. dazu ausführlich Schröder, Konferenzen, S. 151 ff.
[176] Vgl. dazu ausführlich Schröder, Kollektive Regionalintervention, S. 207 f.
[177] Dach.
[178] Vgl. dazu Hope.
[179] Vgl. Krakau, Kubanische Revolution, S. 107 ff.
[180] Die Zahlungen der BRD für die Amerika-Häuser werden 1971 enden.
[181] Vgl. z.B. Servan-Schreiber.
[182] Vgl. Servan-Schreiber.
[183] Vgl. z.B. McDougal-Schlei, S. 709 f.; dazu eingehend Krakau, Missionsbewusstsein, S. 512 ff.
[184] Vgl. dazu Plessow, S. 92 f.
[185] Siehe oben S. 67 f.
[186] Diese Erwartung spricht auch Scott, S. 4 und S. 163 aus, der allerdings die Volksdiplomatie als "informal penetration" und Erscheinungsform des Kalten Krieges begreift, insbesondere S. 7.
[187] S. oben S. 47.

Drittes Kapitel

Die Volksdiplomatie als Instrument zur friedlichen Gestaltung auswärtiger Beziehungen

3. Kapitel: Die Volksdiplomatie als Instrument zur friedlichen Gestaltung auswärtiger Beziehungen

Solange Menschen in Gruppen miteinander leben und solange diese Gruppen nicht den gesamten ihnen oder anderen Gruppen erreichbaren Raum bevölkern, sondern den Raum mit anderen Gruppen teilen müssen und nicht in der Lage sind, diese Teilung als Isolierung ihrer Region durchzuführen, wie es beispielsweise – wenn auch vergeblich – die Chinesen mit der Grossen Mauer oder die Römer mit dem Limes versucht haben, solange sich also die Gruppen nicht auf einen festen und hermetisch abgeschlossenen Raum beschränken lassen, muss es Beziehungen zwischen den Gruppen geben, die vom Standpunkt der Gruppenmitglieder als auswärtige Beziehungen anzusehen sind. Auswärtige Beziehungen sind also von einer bestimmten Verfassung der Gruppe, wie der Ausbildung von Nationen oder Staaten unabhängig. Mit dem Begriff auswärtige Beziehungen werden lediglich Beziehungen zwischen Gruppen umschrieben. Die Gruppen, die auswärtige Beziehungen pflegen, können nach diesem Verständnis sowohl selbständige, autonome oder souveräne Gruppen sein als auch Gruppen, die ihrerseits wieder in grössere Gruppen eingegliedert sind und sich in diesen oder ausserhalb von diesen wiederum mit anderen Gruppen auseinandersetzen müssen[1]. Eine Einengung erfährt der Begriff der auswärtigen Beziehungen erst mit der Einführung des Terminus "internationale Beziehungen", der vor allem in der angelsächsischen Literatur weit verbreitet ist. Dieser Begriff setzt allerdings eine bestimmte Stufe der Formung der Gruppen voraus, nämlich die Ausbildung von Nationen oder Staaten. Mit dieser Definition ist dann die Einengung der zu betrachtenden auswärtigen Beziehungen auf die zwischenstaatlichen Beziehungen und damit die Begrenzung des Beobachtungsfeldes auf eine ganz bestimmte historische Epoche und ihr Verhalten verbunden, nämlich auf die seit der Neuzeit zu beobachtende Ausbildung von Staaten.

Auswärtige Beziehungen sind also ein Korrelat des Verhältnisses zwischen Gruppen und Raum. Sie treten da auf, wo zwei Gruppen in einem Raum miteinander in Berührung kommen. Je nach dem, ob es sich um einmalige, gelegentliche oder dauernde Berührungen zwischen den Gruppen handelt, entstehen gelegentliche oder ständige auswärtige Beziehungen. Die Intensität der Beziehungen hängt davon ab, in welchem Masse die Gruppen den Raum ausfüllen und sich ihre Interessengebiete überschneiden. Je enger der Raum ist, desto intensiver sind die auswärtigen Beziehungen. Die Dichte der Besiedlung des Raumes und die Mobilität der Gruppen in diesem Raum sind eine weitere bestimmende Komponente der auswärtigen Beziehungen.[2] Befinden sich zwei Gruppen in demselben Raum, so kann der Faktor der Mobilität der Gruppen fehlen, da bereits die Dichte der Besiedlung und die damit verbundene gegenseitige Durchdringung der Gruppen zu auswärtigen Beziehungen zwischen den Gruppen führt. Eine solche Art von auswärtigen Beziehungen lässt sich vor allem bei Teilgruppen innerhalb von Grossgruppen, gesellschaftlichen Gruppen innerhalb von Staaten u.ä. beobachten.

Die zweite Variante, die vor allem unter dem Aspekt der internationalen Beziehungen, d.h. der Beziehungen zwischen Grossgruppen, zu beobachten ist, basiert darauf, dass die Gruppen nicht in räumlicher Vermengung, sondern räumlich getrennt existieren, ohne dass eine absolute Trennung im Sinne einer Isolierung zwischen ihnen erfolgt, weil die Mobilität einer oder mehrerer Gruppen es ermöglicht, Interessen im Gebiet einer anderen Gruppe zu verfolgen. Im Sinne der umfassenden Definition von auswärtigen Beziehungen wird damit jedoch nur ein formaler Unterschied in den auswärtigen Beziehungen begründet. Der materiale Gehalt der auswärtigen Beziehungen bleibt gleich oder kann zumindest gleich sein. Materiell kann in beiden Fällen die eine Gruppe versuchen, die andere Gruppe völlig zu beseitigen, um sich eine absolute Herrschaft über das sie interessierende Gebiet, Produkt oder Reservoir an Hilfsmitteln zu verschaffen. In beiden Fällen spricht man von einer Ausrottungspolitik, sei es nun einer auf Ausrottung gerichteten Innen- oder Aussenpolitik.

Eine Gruppe kann sich jedoch auch damit begnügen, dass sie sich die andere Gruppe lediglich unterwirft, dass sie sich absolute Macht über die andere Gruppe verschafft, um damit im Ergebnis wieder absolute Herrschaft zur Durchsetzung ihres Interesses zu erwerben. Man würde dann, sofern es innerhalb einer Gruppe zu solchen Auseinandersetzungen kommt, von einer Diktatur oder Oligarchie oder Klassenherrschaft sprechen. Sofern die Unterwerfung zwischen räumlich getrennten Gruppen erfolgt, würde man von einer Kolonie, einem Protektorat oder von einem Hegemonialsystem, aber auch ganz einfach von Interessenzonen sprechen.

Wenn die Gruppen sich gegenseitig als gleich stark erkennen und die Gefahr eines permanenten Bürgerkrieges oder Krieges begreifen, können sie aber auch von der rücksichtslosen Durchsetzung ihrer Ziele Abstand nehmen und sich als Ausdruck der Vielgestaltigkeit menschlicher Existenz verstehen, also nicht mehr als fremde und voneinander absolut geschiedene Elemente, sondern als verwandte Elemente in verschiedener Ausprägung. Dann können sie sich entschliessen, ihre Interessen als einem gemeinsamen Wohl untergeordnet zu begreifen und sie in der Zukunft gemeinsinnig zu verfolgen. Eine Grossgruppe verwandelt sich dann in eine Polis, und die Verfolgung ihrer Interessen erfolgt nicht mehr durch pure Ausnutzung von Macht, sondern durch Machtanwendung in Rahmen eines geordneten Verfahrens, d.h. als Politik.[3] Innerhalb von Grossgruppen handelt es sich dann um Innernpolitik, zwischen Grossgruppen um Auswärtige Politik.

Auswärtige Politik ist damit als eine Kulturform auswärtiger Beziehungen zu verstehen. Sie setzt voraus, dass die Gruppen ihre Interessen als einem gemeinsamen Wohl untergeordnet auffassen und orientiert an dem gemeinsamen Wohl, also gemeinsinnig, verfolgen, dass sie eine gemeinverbindliche Hierarchie ihrer Interessen anerkennen und sich dieser unterwerfen. Auswärtige Politik ist also nicht die Pflege der auswärtigen Beziehungen schlechthin [4] oder nur die Gesamtheit der auswärtigen Beziehungen eines ganz bestimmten historischen Staates [5], sondern Auswärtige Politik ist eine ganz besondere zivilisatorische Ausformung auswärtiger Beziehungen, die eine bestimmte Stufe des Bewusstseins und der kulturellen Entwicklung voraussetzt, beispielsweise dass man die Angehörigen anderer Gruppen als Menschen mit einer gleichen Lebensberechtigung und nicht als rechtlose Fremde oder gar Nichtmenschen betrachtet. Entschliessen sich Gruppen zur Auswärtigen Politik miteinander, so verzichten sie auf den rücksichtslosen Einsatz ihrer Macht und stellen ihre Interessen zur Diskussion, um in der Diskussion das auch ihre Interessen angemessen berücksichtigende Gemeinwohl herauszufinden, das es dann später gemeinsam durchzusetzen gilt. Die Darstellung des eigenen Interesses in einer solchen Diskussion gegenüber anderen Nationen ist Aussenpolitik [6].

Die reine Machttheorie Hans J. Morgenthaus [7] verkennt demnach das Wesen Auswärtiger Politik, die gerade nicht um der Macht, sondern um des gemeinen Wohls willen betrieben wird [8]. Auswärtige Politik zielt darauf, in den Beziehungen zwischen den Gruppen die Angst vor der Macht der anderen Gruppe abzubauen und das Vertrauen zur anderen Gruppe und ihrer Hingabe an das gemeine Wohl aller Gruppen an die Stelle der Angst zu setzen. Sie bewirkt damit eine Befreiung der Gruppen von der Angst und eine Freiheit der Gruppen zum vernünftigen Entschluss zu gemeinsamem Tun [9]. Machtpolitik ist also keine Auswärtige Politik in dem hier gemeinten Sinne.

Wird Auswärtige Politik so als Kulturform auswärtiger Beziehungen begriffen, fragt es sich jedoch, ob damit nicht lediglich eine normative Betrachtungsweise eingeführt wird. In der Wirklichkeit scheint die Angst vor der anderen Gruppe und ihrer Macht und das Streben nach Vermehrung eigener Macht zur Abwehr der für gefährlich gehaltenen anderen Gruppen bis heute das bestimmende Element in den auswärtigen Beziehungen zu sein so dass man die Lehren Morgenthaus mit Recht als realistische Schule bezeichnen kann.

Die in dem Kräfteparallelogramm von Machtstreben und Angst gebannten Menschen fallen immer wieder in barbarische Formen auswärtiger Beziehungen zurück, weil es ihnen nicht möglich ist, in den Mitgliedern der auswärtigen Gruppen etwas anderes als drohende Fremde zu sehen, die man fürchten und vor denen man sich – wenn nicht abkapseln – so doch wenigstens durch gesteigerte eigene Macht schützen muss[10]. Sollte dies richtig sein, so wäre Machtpolitik nichts anderes als der Ausdruck einer übermässigen inneren Unsicherheit einer Gruppe, oft infolge einer aussergewöhnlichen Unwissenheit innerhalb der Gruppe über andere Gruppen. Machtpolitik wäre dann Ausdruck mangelnder Rationalität und eines starken Minderwertigkeitsgefühls in einer sozialen Ordnung, der nicht mit dem Selbsterhaltungstrieb jeder Gruppe und dem daraus resultierenden Streben nach Anerkennung und Achtung[11] zu verwechseln ist. Macht man die Probe aufs Exempel, so scheint in der Geschichte der Neuzeit dafür reicher Beweis vorhanden zu sein. Die Grossmächte des 19. Jahrhunderts wurden von der Angst vor erstarkenden vermeintlichen Konkurrenten und daraus erwarteten Wirtschaftskrisen zum Imperialismus getrieben[12]. Sie fürchteten, dass sie mit Gebieten intensive Wirtschaftsbeziehungen pflegen müssten, um etwa ausreichend Rohstoffe zu erhalten, die sie nicht beherrschten, d.h. die Einflüssen von ausserhalb ihrer Machtsphäre ausgesetzt sein konnten. Um diese Gefahr zu vermeiden, unterwarfen sie solche Gebiete eventuell auch nur vorsorglich, trotz der damit verbundenen erheblichen Kosten.

Die Grossmachtpolitik des Dritten Reiches ging einher mit einer Furcht vor manchmal nur imaginären auswärtigen Mächten, wie dem "Weltjudentum", und einem erschütternden Unwissen über die Verhältnisse in der Welt ausserhalb Deutschlands. Auch die kommunistische Grossmachtpolitik zeigt dieses Verhältnis von Furcht vor der anderen Welt, Unwissenheit und unbegrenztem Machtstreben. In den Vereinigten Staaten lässt sich besonders deutlich ein Wechsel zwischen eigenem Selbstbewusstsein und Unterlegenheitsgefühl feststellen, der mit einem Wechsel zwischen Grossmachtambitionen und aussenpolitischer Zurückhaltung einhergeht. In den fünfziger Jahren das Gefühl der Unterlegenheit gegenüber dem Kommunismus, der in seinen realen Kräften völlig überschätzt wurde, eine damit verbundene antikommunistische Hysterie und zugleich eine Grossmachtpolitik, die auf die Schaffung von weiten Interessen- und Hegemonialbereichen in anderen Kontinenten zielte. Dann wieder, etwa zur Zeit Kennedys, ein Vordringen des eigenen Selbstbewusstseins und ein Schwinden der Grossmachtambitionen, und in der jüngsten Zeit unter Johnson wieder das Vordringen von grossmachtpolitischen Ideen verbunden mit einer Unsicherheit im Innern. Nicht minder aufschlussreich ist das Beispiel der französischen Hegemonialpolitik zu Beginn des 19. Jahrhunderts, das einherging mit einer panischen Furcht vor der europäischen Reaktion und mit einer Unkenntnis des Gegners. Unsicherheit führt also zu besonderer Intensität in den auswärtigen Beziehungen[13].

Die Gegenprobe bieten die Beispiele, in denen Staaten sich ihrer selbst so sicher waren, dass sie auf Auswärtige Politik überhaupt verzichteten. Das sind einmal Kleinstaaten, wie die Schweiz, aber auch grosse Staaten, etwa lange Zeit das zaristische Russland und schon in ganz früher Zeit das Chinesische Reich. Wenn Raymond Aron schreibt, eine Grossmacht müsse nach Prestige streben[14], so ist das demnach kurzschlüssig; richtig dürfte vielmehr sein, dass eine Gruppe, die sich ihrer selbst nicht sicher ist, nach gesteigertem Prestige als Kompensat ihres Unterlegenheitsgefühls sucht und damit zur Grossmachtpolitik drängt[15].

Auswärtige Politik als Kulturform auswärtiger Beziehungen findet also in einem Kräftefeld statt, in dem auf der einen Seite Selbstsicherheit und realistische Einschätzung anderer Gruppen, sogar manchmal Geringschätzigkeit gegenüber anderen Gruppen, die Notwendigkeit Auswärtiger Politik und auswärtiger Beziehungen schlechthin leugnen[16] und damit, wie besonders das chinesische Beispiel lehrt, eine Einstellung auf andere Gruppen verhindern. Das hat zur Folge, dass die Gruppe eines Tages von einer inzwischen gewachsenen, überlegenen Gruppe, wie es für China die europäischen Staaten waren, bedrängt wird. Auf der anderen Seite des Feldes, auf dem Auswärtige Politik angesiedelt ist, stehen die nicht minder gefährlichen Kräfte von eigener Unsicherheit, verbunden mit Angst und Überschätzung, zumindest Unwissenheit in bezug auf andere Gruppen, die zu einer Grossmachtpolitik führen und damit dazu verleiten, Macht über Politik zu setzen, selbst unter Inkaufnahme all der katastrophalen Folgen, die eine solche Machtpolitik für die innere Freiheit und Entwicklung einer Gruppe haben kann. Es sei nur an die Zeit McCarthys in den Vereinigten Staaten erinnert oder an die sowjetische Innenpolitik, die überall Agenten des Feindes wittert. Eine Grossmachtpolitik kann aber auch bewirken, dass alle Kräfte nach aussen gerichtet werden, so dass die innere Modernisierung und Fortentwicklung der Gruppe stehenbleibt, bis am Ende andere Gruppen grössere Fortschritte machen und dann tatsächlich eine Überlegenheit erreichen. Es kann aber auch eintreten, dass man sich in permanenten Kriegen verzehrt, bis das grossmachtpolitische Gebilde zusammenbricht.

Auswärtige Politik wird also zwischen zwei Extremen hin und her gerissen und ist im Grunde eine Gratwanderung zwischen zwei in gleicher Weise gefahrdrohenden Abgründen von politischem Fehlverhalten, Abgründe, die aufgerissen werden durch Unwissenheit über die eigene Lage und über die Lage anderer Gruppen[17]. Auswärtige Politik setzt demnach voraus, dass man sich über die anderen Gruppen informiert, dass man sich über seine eigene Lage Klarheit verschafft und dass man die anderen Gruppen dahinbringt, ein allen beteiligten Gruppen gemeinsames Wohl zu erkennen, anzuerkennen und das Verhalten an diesem Wohl zu orientieren, die eigenen Interessen dem gemeinen Wohl unterzuordnen.

Nach den bisherigen Überlegungen lassen sich also zwei Bereiche innerhalb des grossen Rahmens der auswärtigen Beziehungen voneinander abgrenzen, nämlich politische Beziehungen und unpolitische Beziehungen. Nach den bisherigen Überlegungen sind die unpolitischen Beziehungen eine natürliche Verhaltensweise in den auswärtigen

Beziehungen, während die politischen Beziehungen eine Kulturform darstellen. (Während mit Auswärtiger Politik im wesentlichen nur ein normatives Kriterium gegeben wird, umschreibt hier der Terminus Aussenpolitik das gesamte nach aussen gerichtete Verhalten eines bestimmten Staates unter bestimmten Umständen[18].) Will man also die Volksdiplomatie als Methode der Einflussnahme auf Staaten mit anderen Methoden der Behandlung auswärtiger Beziehungen vergleichen, so hat der Vergleich in doppelter Richtung zu erfolgen, nämlich einmal mit unpolitischen Methoden, zum anderen mit politischen Methoden.

I. TRADITIONELLE METHODEN DER GESTALTUNG AUSWÄRTIGER BEZIEHUNGEN

1. *Methoden unpolitischer auswärtiger Beziehungen*

Wenn Gruppen untereinander bei der Pflege ihrer auswärtigen Beziehungen auf die Entwicklung eines gemeinsamen politischen Bewusstseins verzichten, so müssen die Beziehungen zwischen ihnen von dem Streben nach Macht über andere Gruppen oder nach Isolierung gegenüber der Macht anderer Gruppen bestimmt werden. Entscheidet sich die Gruppe für die Machtausübung, so wird die Anwendung von Gewalt, vor allem militärischer Gewalt, zum zentralen Problem der auswärtigen Beziehungen. Die entscheidende Aufgabe einer Gruppe im Hinblick auf die auswärtigen Beziehungen besteht dann darin, ihre Macht zu maximieren und das Aufkommen der Macht anderer Gruppen zu verhindern. Die Gruppe wird also in diesem Fall danach trachten, alle Gruppen in dem von ihr erreichbaren Raum und alle Gruppen, die ihre Macht auf ihr Gebiet ausdehnen könnten, zu kontrollieren, zu unterwerfen, zu entmachten, eventuell solche Gruppen völlig zu beseitigen. Auswärtige Beziehungen haben unter solchen Verhältnissen stets das Ziel, die Macht einer Gruppe soweit auszudehnen, dass auswärtige Beziehungen für die Gruppe bald wieder jede Relevanz verlieren. Der extreme Fall eines solchen Vorgehens wird im Imperium zu sehen sein, in der über den gesamten erreichbaren Raum ausgedehnten Herrschaft[19]. Wenn eine solche Gruppe mit anderen Gruppen noch Kontakt hat, so handelt es sich hier meistens nicht um institutionalisierte und ständige Kontakte, sondern um gelegentliche Kontakte, die etwa Kaufleute oder Entdeckungsfahrer herstellen, die aber die andere Gruppe nicht als relevant für die Entwicklung der eigenen Gruppe erscheinen lassen. Musterhaft für solche Verhältnisse ist etwa das Römische Imperium oder das Chinesische Reich[20]. Beide Beispiele zeigen vor allem in der Schlussphase ein Umschlagen in die korrespondierende Haltung der Isolierung, d.h. in den Versuch, das einmal errichtete Imperium so von allen äusseren Einflüssen zu lösen, dass man auf auswärtige Beziehungen weitgehend verzichten kann. Intensive auswärtige Beziehungen sind also im Rahmen dieses Modells lediglich eine Vorstufe zur Beseitigung der auswärtigen Beziehungen, sie bedürfen keiner Kultivierung und Fortentwicklung, da ihr baldiges Absterben in

Aussicht steht. Es ist aber auch für die Neuzeit zu überlegen, ob die Vereinigten Staaten von Amerika mit dem Isolationismus oder die Sowjetunion in der Epoche des "Aufbaus des Sozialismus in einem Land" und später mit der Errichtung des sogenannten Eisernen Vorhangs nicht eine solche unpolitische Haltung zu auswärtigen Beziehungen eingenommen haben[21].

Vergleicht man die Methode "Volksdiplomatie" mit den Methoden der unpolitischen Behandlung auswärtiger Beziehungen, so ergibt sich eine entscheidender Unterschied daraus, dass die Volksdiplomatie auf eine dauerhafte Auseinandersetzung mit anderen Gruppen angelegt ist, wenn auch einige volksdiplomatisch aktive Staaten für eine sehr ferne Zukunft die Umwandlung der ganzen Menschheit in eine Grossgruppe erstreben und damit ein natürliches Ende aller auswärtigen Beziehungen herbeiführen möchten. Für eine lange Zeit jedoch erkennen auch derartige Staaten, etwa die Sowjetunion, an, dass eine solche Entwicklung nicht möglich ist und richten sich darauf ein, Volksdiplomatie zu betreiben und sich volksdiplomatisch mit anderen Gruppen auseinanderzusetzen. Daraus wäre zu folgern, dass die Volksdiplomatie grundsätzlich keine unpolitische Methode der Gestaltung auswärtiger Beziehungen ist. Dann ergibt sich jedoch die Frage, ob es sich um eine effektive Methode der politischen Gestaltung auswärtiger Beziehungen handeln kann. Volksdiplomatie ist daher in ihrer Effizienz mit anderen Methoden politischer Gestaltung auswärtiger Beziehungen zu vergleichen.

2. *Methoden der politischen Gestaltung auswärtiger Beziehungen*

Aus den zur Einleitung dieses Kapitels ausgeführten Überlegungen über das Wesen Auswärtiger Politik ergibt sich, dass Auswärtige Politik als Kulturform der auswärtigen Beziehungen aus der Erkenntnis resultiert, dass unpolitische Methoden der Behandlung auswärtiger Beziehungen die Gruppen in eine ständige Machtauseinandersetzung oder in eine ständige Isolierung zwingen, dass jede dieser beiden Lösungen die Gruppen auf sich selbst stellt und damit an ihre innere Entwicklung besondere Anforderungen richtet. Die Gruppen müssen entweder in der Isolierung existieren und sich den Vorstellungen der Gruppenglieder entsprechend entwickeln können, d.h. die Gruppenglieder müssen selbstgenügsam und auch überheblich genug sein, um alles, was ihnen die Aussenwelt bieten könnte, gering zu achten; oder die Gruppen müssen eine solche Macht entwickeln, dass sie jeder auswärtigen Gruppe überlegen entgegentreten können. Das setzt allerdings wieder voraus, dass sich die Gruppe entschliesst, alle Kräfte auf die Entwicklung von nach aussen gerichterer Macht zu konzentrieren und den innenpolitischen Bereich vor allem militärischen Aspekten unterzuordnen. Diese Lösung mag solange angehen, als von aussen keine gleichwertigen oder gar überlegenen anderen Gruppen auftreten. Unter solchen Verhältnissen kann auch eine relative innenpolitische Freiheit gegeben sein. Das setzt auch voraus, dass die Gruppen ihrer selbst sicher genug sind, um sich mit einer relativen Macht zufrieden zu geben.

Wenn sich jedoch zwei gleichmächtige Gruppen gegenüberstehen, wird der Druck zur Steigerung der Macht bis hin zur Erreichung einer möglichst absoluten Grenze der Macht und Überlegenheit unvermeidlich und damit die gesamte innere Entwicklung einer Gruppe den äusseren Verhältnissen der Machtauseinandersetzung untergeordnet. Will die Gruppe gegenüber äusseren Einflüssen in einem solchen unpolitischen System frei sein, muss sie intern die Freiheit einer an der Machteffektivität orientierten Disziplin völlig unterordnen. Symptomatisch für eine solche Entwicklung ist die innenpolitische Verhärtung aller Staaten in Kriegszeiten oder das von den Römern konzipierte Institut des Diktators während der militärischen Auseinandersetzung, der die auf Freiheit angelegte Verfassung zeitweilig suspendierte. Solche Einschränkungen mögen dann noch erträglich sein, wenn vorauszusehen ist, dass es sich nur um einen vorübergehenden Zustand handelt, wie die Römer etwa eine nur sechsmonatige Diktatur einrichteten. Wenn jedoch zu erkennen ist, dass die auswärtige Macht eine Dauererscheinung ist, können sich Gruppen mit dieser Entwicklung nicht zufriedengeben, dann sind sie gezwungen, den Weg zu politischer Pflege auswärtiger Beziehungen zu wählen.

Aus diesen Überlegungen folgt, dass Auswärtige Politik und Systeme Auswärtiger Politik erst dann auftreten, wenn sich in einem Raum auf unübersehbare Zeit gleichmächtige Gruppen gegenübertreten, die erkennen, dass eine Unterwerfung der Gegenseite auf jeden Fall auszuschliessen ist[22]. Sucht man nach Modellen der politischen Gestaltung auswärtiger Beziehungen, so hat man also nach Verhältnissen zu suchen, wo sich mehrere gleichmächtige Gruppen gegenüberstanden und um der inneren Entwicklung willen auf eine Maximierung ihrer Macht verzichten mussten, sei es, weil sie dazu nicht die Mittel hatten, oder weil sie die Verhärtung der innenpolitischen Situation nicht in Kauf nehmen wollten.

Auswärtige Politik ist also mit einer ganz bestimmten historischen Situation verbunden, die, wenn man die Geschichte der Menschheit, soweit sie einigermassen bekannt ist, zurückverfolgt, nur ganz selten aufgetreten ist. Eine Situation zur Hervorbringung Auswärtiger Politik war vielleicht im antiken Griechenland gegeben[23]. Sie hat zu Beginn der Neuzeit vielleicht in dem Indien der Fürstenstaaten[24] und auf jeden Fall in Europa bestanden. Weder über die Aussenpolitik der griechischen Stadtstaaten noch über die Aussenpolitik der indischen Fürstenstaaten ist ein ausreichendes und genügend sicheres Bild zu gewinnen. Das sicherste Bild bietet die Entwicklung der europäischen Staaten in der Neuzeit. Aus ihm sollen daher die Methoden politischer Gestaltung auswärtiger Beziehungen abgeleitet werden, mit denen die Methodik der Volksdiplomatie zu vergleichen ist.

Das erste Gebiet Europas, in dem sich am Ende des Mittelalters mehrere, etwa gleich starke politische Einheiten nebeneinander befanden, ohne dass eine ihnen übergeordnete Macht effektiv Differenzen zwischen ihnen ausgleichen konnte, war Italien. Das Ende des Mittelalters in Italien ist daher durch eine lange Folge von militärischen Auseinandersetzungen zwischen den italienischen Stadtstaaten gekennzeichnet[25]. Um diese militärischen Auseinandersetzungen führen zu können, mussten die italienischen Städte für die Anwerbung und Unterhaltung der Söldnertruppen erhebliche materielle Leistungen erbringen. Das zwang sie aber auch, ihre innere Ordnung zu straffen und zu rationalisieren, und bewirkte zugleich eine Polarisierung der Einwohner um die herrschende Gruppe, in der Regel das Patriziat, die den Gang der Auseinandersetzung bestimmte. Diese Entwicklung führte zur Ausbildung der ersten Ansätze moderner Staatlichkeit[26]. Die gegnerischen Staaten mussten ihrerseits versuchen, auf einzelne Gruppen innerhalb anderer Staaten Einfluss zu gewinnen, um die Massnahmen der führenden Gruppe hintertreiben zu können. Die Reaktion der anderen Staaten wiederum bestand darin, die einzelnen Gruppen in der von ihnen beherrschten Gesellschaft zu kontrollieren und von äusseren Einflüssen nach Möglichkeit freizuhalten. Sie mussten sich also ihre Souveränität, d.h. ihre Fähigkeit zur letztgültigen Entscheidung, sichern. Nur so wurde für sie der Prozess der Auseinandersetzung mit anderen Staaten voraussehbar und damit einer rationalen Gestaltung zugänglich.

Diese Entwicklung wurde im Laufe des 15. Jahrhundert abgeschlossen. Gleichzeitig wurde aber auch erkennbar, dass die Fortführung der militärischen Auseinandersetzungen keiner der Parteien einen endgültigen Sieg bringen würde, sondern dass eine ständige Auseinandersetzung zu führen war, die die innere Entwicklung der vor allem auf Handel und Wirtschaft orientierten Städte erheblich stören und ihre Handelsinteressen auf lange Sicht so schädigen würde, dass sie gegenüber dritten handeltreibenden Gruppen, vor allem aus dem östlichen Teil des Mittelmeeres, unterliegen müssten. Die Reduzierung der militärischen Auseinandersetzung wurde damit zu einer Frage von allgemeinem Interesse, und die Umwandlung der auswärtigen Beziehungen der italienischen Staaten in politische Beziehungen ein notwendiger Schritt, wenn die Städte ihre wirtschaftliche Stellung behaupten wollten. Es kam daher in der Mitte des 15. Jahrhunderts in Italien zur Ausbildung von zwei wesentlichen Institutionen als Voraussetzung politischer Pflege auswärtiger Beziehungen, nämlich einmal der Diplomatie und zum anderen des Allianz-Systems.

Entsendung und Empfang von Diplomaten, d.h. von mit besonderen Urkunden ausgestatteten Legaten, hatte es schon in der Antike gegeben[27]. Die wesentliche Neuerung des italienischen Systems bestand darin, dass die Diplomaten nicht für eine ganz bestimmte Mission, sondern zu einem dauernden Aufenthalt in den anderen Staat entsandt wurden. Die erste ständige diplomatische Mission wurde im Jahre 1455 von dem Herzog von Mailand, Francesco Sforza, nach Genua entsandt[28]. Die zweite ständige Mission wurde fünf Jahre später von dem Herzog von Savoyen beim Heiligen Stuhl in Rom eingerichtet[29]. In der zweiten Hälfte des 15. Jahrhunderts kam es zum

Austausch ständiger Missionen zwischen nahezu allen italienischen Städten und Fürsten. 1496 wurde dann von Venedig die erste ständige Mission in ein ausseritalienisches Land entsandt, nämlich nach London. Die Entsendung dieser Mission wurde bemerkenswerterweise damit begründet, dass der Weg nach England für gelegentliche Missionen zu lang sei[30]. Die Ständigkeit der venezianischen Missionen in England war also nicht ein Zeichen für die Intensität der Beziehungen, sondern zunächst ein Zeichen für die besondere Schwierigkeit der Kommunikation mit einem Land, das so bedeutend war, dass auf einen Gedankenaustausch mit ihm nicht gänzlich verzichtet werden konnte. Am Anfang des 16. Jahrhunderts bestanden ständige Missionen italienischer Städte in London, Paris und am Hofe Karls V.. Die Wirkung dieser Missionen muss aussergewöhnlich gewesen sein, denn die grösseren europäischen Reiche, bei denen italienische Missionen eingerichtet wurden, entschlossen sich unverzüglich, ihrerseits Missionen zu entsenden. Schon 1519 entsandte England zwei ständige Botschafter nach Paris[31].

Die ständige Präsenz von Vertretern anderer Staaten in der eigenen Hauptstadt wurde von den nichtitalienischen Staaten zunächst sehr skeptisch aufgenommen. Man fürchtete, dass diese Diplomaten auf die Politik zu sehr Einfluss nehmen würden. König Heinrich VII. von England beabsichtigte daher noch kurz vor seinem Tode, die ausländischen Botschafter aus England zu entfernen. Noch im Jahre 1653 wurden in England Parlamentsmitglieder, die mit einen ausländischen Botschafter gesprochen hatten, aus dem Parlament ausgeschlossen, da man fürchtete, sie würden nicht mehr loyal zur Regierung stehen[32]. Um die Diplomaten möglichst unter Kontrolle zu halten, wurden sie verpflichtet, stets in der Nähe des Herrschers zu sein, wenn man es nicht sogar vorzog, sie wie Gefangene zu behandeln und von der übrigen Bevölkerung weitgehend zu isolieren[33], was heute in den sogenannten sozialistischen Staaten immer noch der Fall ist. Dort haben die Aussenministerien Polizeibefugnisse, um unerlaubte Kontakte der Bürger mit ausländischen Missionen zu ahnden[34].

Erst im Laufe des 17. Jahrhunderts, als die meisten grösseren Staaten in Europa ihre innere Entwicklung so weit abgeschlossen hatten, dass die Entscheidungsbefugnis des Herrschers absolut war, wurde das System der ständigen Mission allgemein angewandt, wobei Frankreich die Führung übernahm. Diese Entwicklung dürfte mit darauf zurückzuführen sein, dass im 17. Jahrhundert in Europa die Zeit des kaiserlichen Imperiums zu Ende gegangen war, und jetzt mehrere gleich starke Staaten einander gegenüberstanden, die, wie der Dreissigjährige Krieg gelehrt hatte, in einer militärischen Auseinandersetzung keine Lösung ihrer Probleme finden konnten und daher den Weg zur Politik beschreiten mussten[35].

Ein Wesenszug der klassischen Diplomatie ist darin zu sehen, dass in der Person des Diplomaten zwischen die Entscheidungsinstanzen oder Souveräne ein Vermittler gestellt wird, dessen Aufgabe es ist, die Äusserungen und Massnahmen einer Seite der anderen verständlich zu machen. Die der Diplomatie eigentümliche Formalisierung der Beziehungen bewirkt ausserdem eine weitgehende Ausschaltung von Sympathien und Antipathien in den auswärtigen Beziehungen.

Die Einrichtung ständiger Missionen war zweifellos ein Mittel, um Differenzen politisch lösen zu können. Dieses Mittel bot jedoch noch keine Sicherheit, um militärische Auseinandersetzungen verhindern zu können. Die Überredungskunst des Diplomaten konnte einen Staat, der sich militärisch überlegen wähnte, nicht von einer militärischen Unternehmung abbringen. Dazu war lediglich eine gleich starke oder überlegene militärische Macht geeignet. Eine solche Macht durch jeden Staat zu entwickeln, hätte aber, wie oben dargelegt, die wirtschaftliche Entwicklung der einzelnen Staaten gestört. Den Ausweg wies in dieser Situation das System der Allianzen, das im Grunde auch schon in früherer Zeit angelegt gewesen war. Während in früherer Zeit jedoch eine Allianz im Hinblick auf einen bevorstehenden und geplanten Waffengang geschlossen wurde, ging es jetzt darum, Allianzbereitschaften zu schaffen, die auf Eventualfälle eingerichtet waren, d.h. für jeden Staat mit jedem Staat Allianzsysteme zu entwickeln, die jeden potentiellen Angreifer abschrecken mussten. Es musste also eine Automatik der Allianzen installiert werden, die bewirkte, dass jeder Staat, der sich einem anderen Staat militärisch überlegen wähnte, nicht nur diesem Staat gegenüberzutreten hatte, sondern mehreren anderen Staaten, die gemeinsam eine abschreckende militärische Macht aufstellen konnten.

Dieses zunächst ebenfalls wieder in Italien konzipierte System der mehrfachen Allianzen, entwickelte sich nicht nur parallel zu dem System der ständigen Missionen, sondern war mit ihm eng verbunden. Der Diplomat hatte die Aufgabe, die Allianzmöglichkeiten zu pflegen, so dass im Ernstfall die Allianz stets wirksam werden konnte. Dieses System der Allianzen, das auch als Gleichgewicht der Kräfte bezeichnet wird, wurde im 19. Jahrhundert nach dem Wiener Kongress zum bestimmenden Element der europäischen Politik[36], das in wesentlichen Zügen bis zum Zweiten Weltkrieg wirksam war[37].

Das System des "Kräftegleichgewichts" geht davon aus, dass es dem Wohl aller Staaten und dem allgemeinen Wohl besonders dienlich ist, wenn kein Staat eine dominierende Stellung inne hat. Auswärtige Politik wird bei dieser Methode wesentlich von dem Ziel bestimmt, zu verhindern, dass irgendein Staat eine dominierende Stellung bekommt. Nicht die kriegerische Auseinandersetzung ist für dieses System entscheidend, sondern vielmehr die Verhandlung, die darauf zielt, jeder potentiellen Aggression eine überlegene Defensivkoalition entgegenzustellen, die von vornherein einen Aggressor abschreckt. Dieses System verzichtet ausserdem darauf, durch Koalitionen Machterweiterungen vornehmen zu lassen, da sonst die Machterweiterungen die Gefahr in sich bergen, dass in ihrem Zuge einer der beteiligten Staaten eine dominierende Stellung erhält. Es verzichtet sogar auch darauf, einen besiegten Aggressor zu zerschlagen; es bemüht sich vielmehr darum, auch den besiegten Aggressor wieder zu Kräften kommen zu lassen, da ihm in dem System – nach Kaplan[38] müssen für das Gleichgewicht mindestens fünf gleich starke Staaten vorhanden sein – auch in der Zukunft eine wesentliche Funktion bei der Herstellung des Gleichgewichts zukommt[39].

Das Wesen dieses Systems besteht also darin, Machtausübung in den auswärtigen Beziehungen durch den Aufbau potentiell überlegener Machtkonstellationen zu reduzieren und zumindest zwischen den gleich starken Hauptstaaten eines solchen Systems auszuschliessen, so dass die Diplomatie zum einzig möglichen Mittel der Auseinandersetzung in den auswärtigen Beziehungen wird. Die Idee der kollektiven Sicherheit in den Satzungen des Völkerbundes und der Vereinten Nationen, nach denen sich alle Staaten gegen den Aggressor vereinigen sollen[40], hat dieses System dann im 20. Jahrhundert in verbesserter Form fortführen wollen.

Die Konsequenz eines anhaltenden multipolaren Gleichgewichtssystems ist, dass die in dem System hauptsächlich beteiligten Staaten auf die Dauer dem System und ihrer Zusammenarbeit einen eigenen Wert zuordnen und die Erhaltung des Systems als solches zu einem wesentlichen Ziel ihrer Auswärtigen Politik machen. Während primär die Abwendung von äusseren Gefahren das Ziel der Auswärtigen Politik ist, wird hier das Mittel zum primären Ziel, was in Forderungen etwa nach Erhaltung der Gemeinschaft der zivilisierten Staaten oder der europäischen Staaten, aber auch in der wachsenden Wertschätzung des Völkerrechts, zum Ausdruck kam. Diese Entwicklung ist eine Parallele zu der im ersten Kapital beschriebenen Umwandlung des Staatsbewusstseins von der Rationalität zum irrationalen Nationalbewusstsein, mit dessen Entwicklung die Erhaltung der Nation zu einem primären Bedürfnis des Menschen geworden ist.

Eine solche Staatengemeinschaft ist in Europa im Laufe des 19. Jahrhunderts ausgebildet worden. Diese europäische Staatengemeinschaft war eine Staatenverbindung im weiteren Sinne, die über das Gleichgewichtssystem hinaus ein eigenes Rechtssystem in Gestalt des Völkerrechts in Europa entwickelt hat, ohne damit einen supranationalen Charakter zu erreichen. Sie blieb internationale Gemeinschaft, wenn auch die durch Wirtschafts- und Kulturbeziehungen im Laufe des 18. Jahrhunderts immer enger gewordenen Verbindungen sie schon in die Nähe der transnationalen Gemeinschaft im Sinne Friedmans[41] brachte.

Die vielfältige Kommunikation innerhalb dieses Systems führte schon im 19. Jahrhundert zu einem europäischen Konsens als wesentlicher Grundlage für die Durchsetzung des Rechts innerhalb dieses Systems. Durch die Schaffung von vielfältigen internationalen Organisationen seit dem Ende des 19. Jahrhunderts ist diese Kommunikation noch weiter intensiviert worden[42]. – Elmer Plischke meint sogar, dass gerade die Schaffung der internationalen Organisationen ein ganz neues System der "multipartite diplomacy" hervorgebracht hat[43]. – Diese fast transnationale Gemeinschaft konnte dabei auf ältere Vorstellungen von einer christlichen Gemeinschaft der europäischen Herrscher zurückgreifen, die schon im Mittelalter zum Ausgangspunkt für Überlegungen über die Schaffung eines europäischen Rechtssystems und die Ersetzung der Machtkämpfe zwischen den europäischen Herrschern durch dem Recht untergeordnete Kommunikation genommen worden waren[44].

Gerade die Anknüpfung an die Idee einer christlichen Gemeinschaft, die besonders stark in den Erklärungen der Heiligen Allianz zum Ausdruck gelangt, führte zu der weit verbreiteten Annahme, dass diesem System eine gemeinsame Wertvorstellung zugrundeliege und dass die Konferenzen der Gemeinschaft im Grunde nur die Regeln einer den Staaten übergeordneten Einheit formulierten. Mit solcher Betrachtungsweise wird und wurde verdeckt, dass es sich im wesentlichen um ein Kommunikationssystem handelte, dessen einziger verbindender Punkt das Streben aller beteiligten Staaten war, Kriege zu verhindern[45]. Das entscheidende Element für das Funktionieren der Gemeinschaft war nicht die gemeinsame Wertvorstellung der massgeblichen Politiker, sondern vielmehr die allen eigene Furcht vor einem Krieg. Die gemeinsame Wertvorstellung, die auch schon in früheren Jahrhunderten vorhanden gewesen war, vielleicht sogar vor dem Aufkommen des Rationalismus und der Aufklärung in viel stärkerem Masse, war kein bestimmendes Element für das Funktionieren dieses Systems, das auch im Laufe des 19. Jahrhunderts, als sich verschiedene Auffassungen über die richtige Ordnung eines Staates, über Demokratie oder Autokratie in einzelnen Staaten immer mehr durchsetzten und damit elementare Differenzen begründeten, im wesentlichen funktioniert hat[46].

Es ist daher irreführend, wenn behauptet wird, das Aufkommen von Ideologien am Ende des 19. Jahrhunderts habe unmittelbar zum Zusammenbruch des Systems geführt[47]. Ideologisch war das System fast neutral[48]. Die Allianzen sollten keine Ideologie durchsetzen, etwa die der Heiligen Allianz, sondern sie wollten das Gleichgewicht sichern[49], nicht durch Wettrüsten, sondern durch Addition relativ kleiner Heere, die in ihrer Summe jedoch jedem möglichen Aggressor überlegen sein sollten[50]. Damit sollte verhindert werden, dass überhaupt Ideologien in den auswärtigen Beziehungen relevant würden. Ideologien waren insofern gefährlich, als sie die Bereitschaft zur Eingehung beliebiger Koalitionen aufhoben, die wirklich jede Machtverschiebung ausgleichen konnten[51], zudem die internationale Kommunikation erschweren und damit den Zwang zum Ausgleich als Basis des Friedens gefährdeten[52]. Das System war geradezu eine Reaktion auf eine ideologisch gefasste Haltung in den auswärtigen Beziehungen, nämlich die Französische Revolution. Die ideologische Gestaltung der auswärtigen Beziehungen durch die Französische Revolution, insbesondere die auf beiden Seiten der Revolutionskriege zu verzeichnenden Appelle an das "Volk" und die daraus resultierenden Veränderungen im Militärwesen, die Levée en Masse, die Partisamenkriege, die Volksbewaffnung, die neue Heftigkeit der Kriege waren der entscheidende Ansatzpunkt für das System.

Hatte man noch im 18. Jahrhundert Krieg mit relativ kleinen und sehr teuren stehenden Heeren geführt und die zivile Bevölkerung als aussenstehend betrachtet, sogar die Zivilverwaltung des Gegners, soweit man seine Gebiete besetzte, weiterarbeiten lassen, so war in den napoleonischen Kriegen von dem Engagement der gesamten Bevölkerung für die militärische Auseinandersetzung eine der grossen Erschütterungen des internationalen Systems ausgegangen. Hatte im 18. Jahrhundert im Kriege die Hauptaufgabe darin bestanden, das Heer des Gegners so zu bedrängen, dass sich der Kriegsherr aus Furcht vor erheblichen finanziellen Verlusten dem Willen des Gegners unterwarf, hatte man es jetzt mit einer militärischen Situation zu tun, wo ein Kriegsherr bedenkenlos durch entsprechende Appelle immer neue Massen von Soldaten aufstellen konnte und dem Verlust eines Heeres nur eine relative Bedeutung für die Entscheidung beizumessen brauchte. Der Aufwand für diese neuen Heere war unverhältnismässig gering. Mit Partisanen konnte man sogar fast ohne finanzielle Aufwendungen den Nachschub des Gegners so stören, dass er an dieser zweiten Front entscheidende Verluste erlitt. Die Berechtigung solcher Befürchtungen hat der Zweite Weltkrieg vollauf bewiesen.

Das Erlebnis der ganz neuen und in ihrer Folge unübersehbaren Kriege führte zu der Furcht vor dem Krieg, der immer kürzer und zugleich immer heftiger wurde[53]. Eine solche Auseinandersetzung, die nicht nur die Heere vernichtete, sondern die gesamte Organisation und Leistungsfähigkeit eines Landes zerstören musste, wollte man auf jeden Fall vermeiden[54]. Noch in der zweiten Hälfte des 19. Jahrhunderts war Bismarck von Furcht erfüllt, dass der deutsch-französische Krieg wieder zu einem Partisanenkrieg werden könnte[55]. Die entscheidende Ursache für den Zusammenbruch des Systems muss dann nicht nur darin gesucht werden, dass seit 1871[56] feste Allianzen geschlossen wurden, die das Risiko der Gegenkoalition für jeden Angreifer kalkulierbar und damit erträglich machten, sondern auch darin, dass man meinte, Sedan und Königgrätz hätten bewiesen, dass die Konsequenzen der napoleonischen Kriege vermeidbar seien[57], und, dass ausserdem militärische Mittel gefunden seien, mit denen man auch eine solche militärische Situation bewältigen konnte, etwa durch eine Hungerblockade, durch eine Demoralisierung der Bevölkerung oder der Armee[58].

Als durch den Ersten Weltkrieg klar wurde, dass diese Mittel nicht ausreichten, sondern dass sie vielmehr zu einer Veränderung der Kriege führten, die in Katastrophen für die innere Struktur aller am Krieg beteiligten Staaten mündeten, entschloss man sich, das System wiederherzustellen, aber jetzt modifiziert in Form des Artikels 16 der Völkerbundsatzung. Einem angegriffenen Staat sollten alle übrigen Staaten zur Hilfe kommen. Man schloss nicht mehr für alle Eventualitäten Allianzen ab, sondern ersetzte sie durch eine kollektive Hilfspflicht, die jedem Aggressor wieder die überlegene Koalition aller übrigen Staaten entgegenstellen sollte[59]. Selbst als dieses System im Zweiten Weltkrieg seine Schwächen offenbar werden liess, beschloss man nach dem Zweiten Weltkrieg, es in verbesserter Form durch die Vereinten Nationen wieder in Gang zu setzen[60].

Dieses System in seiner variierten und verbesserten Form konnte aber genauso wenig wie der Völkerbund funktionieren, solange es noch Staaten gab und gibt, die meinten oder meinen, eine neue Art der Gestaltung auswärtiger Beziehungen entwickelt zu haben, die ihnen, unter Vermeidung der Risiken des modernen Krieges, vor allem durch psychische Gewalt ein Mittel böte, anderen Staaten ihren Willen aufzuzwingen[61]. Wenn man dennoch nach dem Zweiten Weltkrieg ein neues kollektives Sicherheitssystem schuf, so nicht zuletzt in der Hoffnung, jetzt wenigstens durch intensive Kommunikation im Rahmen der Vereinten Nationen bewirken zu können, dass die Staaten auf die Anwendung von Gewalt verzichten würden[62]. Ausserdem meinte man, durch ein Verbot des Krieges die gefährliche Situation in den auswärtigen Beziehungen vermeiden zu können, ohne zu begreifen, dass der grosse Krieg heute kaum noch von einer Seite als ein direkt anzuwendendes Mittel zur Durchsetzung des Willens in den auswärtigen Beziehungen angesehen wird.

Am Ende des 19. Jahrhunderts wurde der Krieg weitgehend aus seinem Zusammenhamg mit der Auswärtigen Politik gelöst und zum selbständigen Mittel in den auswärtigen Beziehungen. Man berief sich dabei gern auf Clausewitz, der vom Krieg als letztem Mittel der Diplomatie gesprochen hatte[63], verkannte aber, dass der Krieg nicht als Ersatz für Diplomatie gemeint war, sondern als ein Hilfsmittel, um mit einem Staat wieder diplomatisch verhandeln zu können. Der Krieg sollte den Souverän zwingen, politisch zu reagieren und zu handeln. Eine beharrliche Weigerung, an einem Ausgleich mitzuwirken, sollte er unter dem militärischen Druck aufgeben. So schrieb schon im Jahre 1720 der Helmstädter Rechtsgelehrte Georg Ludwig Erasmus von Huldenberg, ein Krieg dürfe begonnen werden, "vel nimium increscentem potentium, vel nimiam bellandi cupiditatem, etiam sine praesenti illiata injuria, ne res gentium publicae tristiorem cum tempore sortiantur eventum"[64] (entweder gegen zu gross anwachsende Macht oder zu grosse Kriegslust, damit nicht – ohne dass irgendeine Rechtsverletzung vorliegt – die internationalen Angelegenheiten mit der Zeit einen gefährlichen Gang nehmen). Der Krieg war aber nur die letzte Zuflucht; einem gestützt auf seine Macht unzugänglichen Souverän sollte schon früher durch das Androhen von Allianzen klargemacht werden, dass er zur Politik zurückkehren müsste[65]. Die Automatik der Verteidigung, die der Völkerbund und die Vereinten

Nationen anstrebten, sollte jede Machtanwendung in den auswärtigen Beziehungen zurückdrängen[66]. "Unconditional surrender" war bis in das 20. Jahrhundert eine völlig absurde Vorstellung[67]. Krieg ist kein Ersatz für Diplomatie, sondern ein Mittel zur Diplomatie[68]. Denn Kriege bleiben an sich immer unpolitische Mittel in den auswärtigen Beziehungen[69].

Versucht man, die so skizzierte historische Entwicklung als Modell der politischen Gestaltung auswärtiger Beziehungen aufzufassen, so wäre es sein wesentlicher Aspekt dass es Kommunikation zwischen den Vertretern der Staatsgewalt fördert und intensiviert. Die Methode der Kommunikation hat sich noch im 16. Jahrhundert anhand des diplomatischen Verkehrs zwischen den persönlichen Vertretern der Herrscher entwickelt, die unter der bis zum 18. Jahrhundert gültigen patrimonialen Staatsauffassung als Landesherren aufgefasst wurden und ausserordentlichen Wert darauf legten, dass die Kommunikation mit äusseren Gruppen nur über sie ging und an sie gerichtet war. Nur der Souverän, wie er seit dem 18. Jahrhundert bezeichnet wird, nahm am internationalen Kommunikationsprozess teil. Die patrimoniale Staatsauffassung wurde dann seit dem Ende des 18. Jahrhunderts durch die repräsentative Auffassung von den Staatsorganen ersetzt, bis hin zur heute in vielen grossen Staaten dominierenden Auffassung von der repräsentativen Demokratie. Nur der Repräsentant ist unter dieser Auffassung Adressat der internationalen Kommunikation.

Die Bedeutung dieser Entwicklung veranschaulicht ganz besonders gut die Auffassung vom Kriege und von der Rolle der Zivilbevölkerung bzw. der Militärpersonen in der militärischen Auseinandersetzung. Die Soldaten sind nicht aus eigenem Antrieb und für sich an dem Krieg beteiligt, sondern als Instrumente des Landesherrn bzw. später als eine Art von Repräsentant des Staates, der sich im Krieg befindet. Der Begründer der Repräsentationsidee, Rousseau, hat gerade im Hinblick auf diese Situation schon im "Contrat Social" ausgeführt, dass

> "der Krieg ... kein Verhältnis eines Menschen zum andern, sondern das Verhältnis eines Staates zum andern (ist), bei dem die einzelnen nur zufällig Feinde sind, und zwar nicht als Menschen, ja nicht einmal als Bürger, sondern als Soldaten, nicht als Glieder des Vaterlandes, sondern als seine Verteidiger. Kurz, jeder Staat kann nur andere Staaten zu Feinden haben und nicht Menschen. . . ."[70].

Die Souveränität der Entscheidungsinstanz innerhalb der einzelnen Gruppen bzw. Staaten wurde damit zum tragenden Prinzip der internationalen Ordnung, was sich auch in der Stellung des Souveränitätsprinzips im klassischen Völkerrechtssystem niederschlägt. Nur der souveräne Staat bzw. früher der Souverän, der keinen zwingenden Einflüssen von dritter Seite unterlag, war geeignet, an der Kommunikation sinnvoll teilzunehmen. Seine Erklärungen, seine Darlegungen und seine Zustimmungen konnten als zuverlässig betrachtet werden. Er konnte Politik treiben und auch an der Auswärtigen Politik teilnehmen.

Dieses System der internationalen Kommunikation durch Repräsentanten der Staaten als Mittel zur politischen Gestaltung auswärtiger Beziehungen ist in seinen wesentlichen Zügen bis in die Gegenwart erhalten geblieben. Die Veränderungen des Modells betreffen alle den Mechanismus zur Ausschliessung der Macht aus den auswärtigen Beziehungen, nicht die Kommunikation, die vielmehr durch die Vereinten Nationen u.ä. noch verbessert worden ist. Nicht das eigentliche traditionelle Modell Auswärtiger Politik ist verändert, sondern seine Voraussetzungen haben sich gewandelt. So hat die Wiener Konferenz der Vereinten Nationen über den Status der Diplomaten im Jahre 1961 beispielsweise noch festgestellt, dass der Botschafter der Repräsentant seines Staates gegenüber einem anderen Staat ist.[71] Und selbst während der Kriege des 20. Jahrhunderts hat man zwar in der Praxis mit Bombenterror und ähnlichen Massnahmen ständig gegen das System verstossen, es aber dennoch zu erhalten versucht, indem man die Bevölkerung als Agentenschaft der bekämpften Führung ausgab.

Das Wesen der eben skizzierten Methoden der politischen Gestaltung auswärtiger Beziehungen lag darin, dass die Kommunikation bei Repräsentanten der Staaten monopolisiert wurde. Die Staaten werden als geschlossene Gruppen, man möchte fast sagen im Sinne einer nationalistischen Betrachtungsweise, als Überpersonen betrachtet, die untereinander Beziehungen haben. Diese Auffassung gelangt etwa darin zum Ausdruck, dass im klassischen Völkerrecht dem Individuum jede Stellung in der internationalen Ordnung bestritten wird, so dass es bei Auseinandersetzungen mit Organen eines anderen Staates nur durch die Mittlung seines Staates tätig werden kann, indem seine Ansprüche in Ansprüche seines Staates umgewandelt werden. Das Modell geht also im Grunde davon aus, dass auswärtige Beziehungen nicht von gesellschaftlichen Kräften, sondern allein von staatlichen Kräften gepflegt werden. In diesem Rahmen ermöglicht das Modell eine umfassende Kommunikation zwischen den Repräsentanten, die in Europa zu Beginn des 19. Jahrhunderts auf dem Wiener Kongress weitgehend institutionalisiert wurde.

Das zentrale Problem dieses Modells ist nicht die Kommunikation an sich, sondern vielmehr die Sicherung der Bereitschaft zur Kommunikation über Interessenlagen und -konflikte, d.h. die Umformung der auswärtigen Beziehungen zu Auswärtiger Politik, genauer gesagt, die Reduzierung der Macht als Faktor in den auswärtigen Beziehungen. Das hat in Gestalt der Verhandlungen über Allianzen und der Pflege von Koalitionsbereitschaften die auswärtigen Beziehungen im ganzen 19. Jahrhundert weitgehend bestimmt. Das traditionelle Modell der politischen Pflege auswärtiger Beziehungen ist also im Prinzip monistisch konzipiert. Der Staat erscheint in ihm als impermeable geschlossene Einheit[72], und nur der impermeable geschlossene Staat wird als Subjekt der auswärtigen Beziehungen und Mitglied der Staatengemeinschaft in dem oben umrissenen Sinne angesehen[73].

II. METHODEN DER DIPLOMATIE UND SOZIALE WIRKLICHKEIT

Die klassische Diplomatie setzt voraus, dass die gesellschaftlichen Kräfte ihre Tätigkeit auf das Staatsgebiet beschränken und nicht über die Grenzen hinausgreifen, indem sie Kontakt zu gesellschaftlichen Gruppen anderer Staaten herstellen. Das bedeutet vor allem im wirtschaftlichen Bereich die Durchsetzung der Autarkie-Doktrin. Solange nahezu alle Staaten primär auf Landwirtschaft beruhten und diese Landwirtschaft im wesentlichen eine Selbstversorgungswirtschaft und keine Vermarktungswirtschaft war, konnte dieses System ohne Schwierigkeiten verwirklicht werden. Es scheint damit im Prinzip auf Agrarstaaten beschränkt zu sein. Als im Laufe des 18. Jahrhunderts der Aussenhandel in Europa immer mehr an Bedeutung gewann, erhob sich jedoch erste Kritik an der Ausschliesslichkeit der Staaten in den auswärtigen Beziehungen. In der Mitte des 18. Jahrhunderts erschienen mehrere Monographien, die mit naturrechtlichen Begründungen eine Freiheit des Handels von politischen Bindungen postulierten und beispielsweise forderten, dass auch während eines Krieges der Handel nicht beeinträchtigt werden dürfe[74]. Als Paradoxon erscheint angesichts dieser Kritik die historische Erfahrung, dass gerade Handelsstaaten, nämlich die oberitalienischen Städte, den entscheidenden Schritt zur Verwirklichung des Modells getan haben und dass gerade Frankreich, dem bei der Weiterentwicklung des Modells eine grosse Bedeutung zukommt, das Modell in einer Zeit ausbaute, als es über den Hafen von Marseille erhebliche Handelsbeziehungen entwickelte, die über die staatlichen Grenzen hinausgingen. Dieser prima facie-Widerspruch ist bei näherem Zusehen jedoch aufzuheben, wenn man nämlich berücksichtigt, dass die Handelsbeziehungen dieser Staaten nicht mit anderen Staaten innerhalb des Systems bestanden, sondern mit Gebieten ausserhalb des Systems, vor allem mit levantinischen Gebieten, deren Produkte nach Italien oder Frankreich importiert wurden, entweder, wie in Frankreich, für den eigenen Bedarf oder, wie in Italien, um sie wiederum weiter zu exportieren. Handelsbeziehungen zwischen Frankreich und Preussen oder den habsburgischen Ländern, zwischen den italienischen Städten untereinander hat es zu dieser Zeit nur in geringem Masse gegeben. Die auswärtigen Beziehungen der gesellschaftlichen Kräfte standen also nicht im Zusammenhang mit dem Streben der Repräsentanten nach politischer Gestaltung der auswärtigen Beziehungen zu anderen Staaten.

Als im Laufe des 17. und 18. Jahrhunderts vor allem in Europa ein Binnenhandel entstand, der allerdings im wesentlichen noch Handel mit Luxusartikeln war, während die breite Wirtschaftsentwicklung weiter auf agrarischer Selbstversorgung beruhte, wurde dieser Handel nicht der freien Entscheidung gesellschaftlicher Kräfte überlassen, sondern über staatliche Aussenhandelsgesellschaften in die staatliche Monopolisierung der auswärtigen Beziehungen eingefügt. Es entstand beispielsweise die Preussische Seehandlung. Solche privilegierten Handelskompanien, wie die Handelskammer in Marseille und die verschiedenen königlich privilegierten Handelsgesellschaften in England, unterstanden dem direkten Einfluss der Repräsentanten der Staatsgewalt. Als in der Mitte des 18. Jahrhunderts mit diesem Instrumentarium und der primären Orientierung des Handels auf Gruppen ausserhalb des Systems nicht mehr der wachsenden wirtschaftlichen Entwicklung zu steuern war, wurde das Institut des Handelsvertrages entwickelt, der zwischen den Repräsentanten der Staaten abgeschlossen wurde und den Rahmen absteckte, innerhalb dessen gesellschaftliche Kräfte miteinander Kontakt pflegen sollten. Es war also ein Handel unter Kontrolle des Souveräns. Das im Grunde merkantilistische Instrumentarium der Aussenwirtschaftspolitik und die Unterwerfung der Aussenwirtschaftsbeziehungen unter das Entscheidungsmonopol der Repräsentanten bedeutete für die am Handel beteiligten Kräfte der Gesellschaft eine erhebliche Einschränkung, die desto spürbarer wurde, als im Laufe des 18. Jahrhunderts der Handel immer mehr anwuchs, die Gewinnchancen im Aussenhandel immer mehr stiegen, während die Regierungen nicht von ihrer restriktiven Politik abgingen.

Das führte zu der Forderung, im Bereich der Wirtschaft den gesellschaftlichen Kräften eine unkontrollierte, freie Handlungssphäre einzuräumen. Die Forderung nach Freihandel, wie sie im 19. Jahrhundert erhoben wurde, war die letzte Konsequenz dieser Entwicklung. Unter diesem Gesichtspunkt erscheint die Auseinandersetzung zwischen Freihandelspolitik und Schutzzollpolitik im 19. Jahrhundert als eine Auseinandersetzung um die Sicherung des auswärtigen Kommunikationsmonopols des Repräsentanten. Die Befürworter des Freihandels behaupteten, Handelsbeziehungen seien unpolitische, zwischenmenschliche Beziehungen, sozusagen „natürliche" Beziehungen, die sich nicht auf die auswärtigen Beziehungen der Staaten auswirken müssten. Dieser Argumentation liegt und lag allerdings die Prämisse zugrunde, dass keiner der Staaten, deren Bürger am Freihandel teilnahmen, versuchen würde, über die Bürger Einfluss auf die Wirtschaft anderer Staaten zu gewinnen. Diese Annahme hatte solange noch eine gewisse Berechtigung, als in keinem Staat die handeltreibende Schicht und die für die Gestaltung der Politik einflussreichste Schicht dieselbe war, so dass nicht einerseits über den Handel, andererseits über die Repräsentanten im Bereich der Auswärtigen Politik das gleiche Ziel verfolgt werden konnte. Es erschien den Verfechtern des Freihandels ausgeschlossen, dass in ihrem System ein Staat versuchen könnte, mittels des Erwerbs von Eigentumsrechten über seine eigenen Staatsbürger wichtige Industrien in einem anderen Staat in die Hand zu bekommen, dann durch Manipulation dieser Industrien diesen Staat wirtschaftlich unter Druck zu setzen und ihn zu einem ganz bestimmten Tun oder Lassen zu zwingen. Einem solchen Verdacht stand schon die liberale Vorstellung von der Unabhängigkeit des Unternehmers entgegen, der sich vom "Nachtwächterstaat" nicht zu einem unwirtschaftlichen Tun anhalten lassen würde.

Die mit der industriellen Revolution einsetzende Entwicklung der Wirtschaft machte ein Festhalten an den alten monopolistischen Methoden der Aussenwirtschaft aber in solchem Masse unmöglich, dass im 19. Jahrhundert der Freihandel Wirklichkeit wurde. Unbeschadet der wirtschaftlichen Effektivität des Freihandels[75], wurde damit die Monopolisierung der Kommunikation in den auswärtigen Beziehungen bei den Repräsentanten der Staatsgewalt aufgehoben und ein umfangreiches System gesellschaftlicher auswärtiger Beziehungen zugelassen. Zur gleichen Zeit gewann in der völkerrechtlichen Literatur auch der Begriff der Intervention Bedeutung[76], womit angezeigt wird, dass die Stellung des Souveräns jetzt aus ihrer natürlichen Überlegenheit in eine künstlich durch Rechtskonstruktionen abzusichernde Schwächeposition verschoben wird. Ausserdem wurde in der zweiten Hälfte des 19. Jahrhunderts die strategische Theorie entworfen, dass mittels einer Unterbrechung der Handelsbeziehungen die Gesellschaft eines Staates demoralisiert und depolarisiert werden könnte, um so die Niederlage eines Staates mit nicht-militärischen Mitteln herbeiführen zu können. Hatten die Freihändler noch gefordert, die Wirtschaftsbeziehungen vom Kriege unabhängig zu halten, so wurde jetzt die Existenz von Wirtschaftsbeziehungen zu einem Ansatzpunkt für kriegerische Machtausübung. Das Gewinnstreben des Unternehmers trat hinter sein Nationalinteresse zurück. Die Reaktion auf diese Vorgänge war eine Rückkehr zur im Grunde merkantilistischen Aussenwirtschaftspolitik nach dem Ersten Weltkrieg[77]. Aber selbst ein Staat, der ganz radikal nach Autarkie strebte, wie das Dritte Reich, konnte die Verhältnisse des 17. Jahrhunderts nicht wiederherstellen. Seine mit Autarkie begründete Mangelwirtschaft wurde durchaus nicht als natürlich und selbstverständlich empfunden, sondern sogar von der staatlichen Führung als Notlösung für eine Übergangszeit gerechtfertigt.

Man kehrte später nie wieder zum Freihandel zurück, sondern zu der Zwischenstufe zwischen der reinen Autarkie und dem puren Freihandel, indem man jetzt ein umfangreiches Instrumentarium von Aussenhandelsverträgen und währungspolitischen Vereinbarungen, oft multilateraler Art, entwickelte, das den Handel der staatlichen Kontrolle unterwarf, aber breite Grenzen absteckte, innerhalb derer die gesellschaftlichen Kräfte Handel treiben konnten[78]. Damit war jedoch nicht auszuschliessen, dass die Staaten neben und auch in diesen vereinbarten Handelsbeziehungen versuchten, auf die Wirtschaft anderer Staaten Einfluss zu gewinnen und unter Umgehung der Repräsentanten auf die Entscheidungsbildung in anderen Staaten einzuwirken.

Schon die Entwicklung der Weltwirtschaft seit der industriellen Revolution hat also bewirkt, dass das traditionelle Modell der politischen Gestaltung auswärtiger Beziehungen durchlöchert wurde und Ansatzpunkte für gesellschaftliche auswärtige Beziehungen entstanden. Die Staaten müssen sich bis heute bemühen, diese gesellschaftlichen Beziehungen unter Kontrolle zu halten und ihnen eine Eigengesetzlichkeit zu nehmen. Es ist also im wesentlichen eine wirtschaftlich-technische Entwicklung gewesen, die die Reinheit des traditionellen Modells der politischen Pflege auswärtiger Beziehungen gefährdet hat.

Aber dies war nicht die einzige Entwicklung, die auf die auswärtigen Beziehungen Einfluss hatte. Nicht weniger bedeutsam war und ist die technische Entwicklung im Bereich der Kommunikationsmittel, beginnend mit der Entwicklung der Buchdruckerkunst bis hin zu Telegraphie und Rundfunk. Waren gerade im 19. Jahrhundert die Politiker überzeugt, dass die Staaten zusammen eine Gemeinschaft bildeten und dass diese Gemeinschaft auf einer gemeinsamen christlich-europäischen Kultur beruhte, so war es eine einfache Konsequenz dieser Auffassung, dass ein kultureller Austausch über die Grenzen der Staaten hinweg erfolgen konnte, der besonders mit der Entwicklung der Träger von Gedanken und kulturellen Aussagen durch Buchdruckerkunst und Fernmeldewesen an Intensität gewann. Im Gegensatz zur wirtschaftlichen Autarkie ist im Bereich der Kultur vom 16. bis zum 19. Jahrhundert niemals die Ansicht vertreten worden, dass ein solcher Austausch das Entscheidungsmonopol der Repräsentanten des Staates gefährden würde. Diese Grosszügigkeit gegenüber dem kulturellen Austausch ist für eine Zeit verständlich, in der die Repräsentanten sich, zumindest bis zum Ende des 18. Jahrhunderts, von der öffentlichen Meinung in ihrem eigenen Staat nicht besonders abhängig wähnten. Auch im 19. Jahrhundert meinten sie noch, dass die öffentliche Meinung ein Faktor unter vielen sei, der keinen Einfluss von Bedeutung auf ihre Entscheidungen haben sollte. Diplomatie blieb Geheim- oder Kabinettsdiplomatie. Die Öffentlichkeit nahm an ihr nicht besonders Anteil, obwohl die im zweiten Kapitel gegebenen Beispiele aus dem 18. Jahrhundert zeigen, dass einzelne Staaten schon damals versuchten, auf die öffentliche Meinung des Auslands Einfluss zu gewinnen und hier ihr Image zu entwickeln.

Erst mit der wachsenden Durchsetzung des Gedankens der Volkssouveränität und dem daraus resultierenden Einfluss von öffentlichen Meinungen auf den politischen Entscheidungsgang änderte sich die Situation. Im Jahre 1879 bemerkte beispielsweise Bismarck, dass "es für eine grosse Regierung kaum möglich (sei), die Kraft ihres Landes für ein anderes befreundetes voll einzusetzen, wenn die Überzeugung des Volkes es missbilligt"[79]. Mit der Forderung nach offener Diplomatie am Ende des 19. Jahrhunderts wurden die gesellschaftlich-kulturellen Beziehungen zu einem Mittel der Aussenpolitik. Am Ende des 19. Jahrhunderts beginnen daher sowohl Deutschland als auch Frankreich mit der Einrichtung von kleinen Kulturreferaten in ihren Auswärtigen Ämtern. Aber auch jetzt wurde kultureller Austausch weitgehend gesellschaftlichen Kräften überlassen[80]. Dass damit das Entscheidungsmonopol der Repräsentanten durchlöchert wurde, trat kaum in das Bewusstsein, obwohl bereits die Französische Revolution und die Aussenpolitik der Französischen Republik ab 1792 gezeigt hatte, welche Möglichkeiten Kulturpolitik für die Aussenpolitik bot.

Insgesamt ergibt sich also, dass im Laufe des 19. Jahrhunderts die traditionellen Methoden der politischen Pflege auswärtiger Beziehungen modifiziert und an wesentlichen Stellen durchlöchert wurden. Das Entscheidungs- und Kommunikationsmonopol der Repräsentanten, wie es vielleicht noch im 17. und 18. Jahrhundert bestanden hat, wurde zugunsten wachsender auswärtiger Beziehungen gesellschaftlicher Kräfte aufgehoben. Diese Veränderung liegt in der wirtschaftlich-technischen Entwicklung begründet. Man kann daher feststellen, dass die klassische Methode der politischen Pflege auswärtiger Beziehungen den heutigen sozialen Gegebenheiten nicht mehr in jeder Beziehung entspricht und zur "Idylle" geworden ist[81]. Dennoch halten viele Staaten bis heute formal an den klassischen Methoden fest und selbst alle Staaten haben, wie erwähnt, auf der Wiener Konferenz über den Status der Diplomaten zugestimmt, dass der Diplomat als Vertreter seines Staates gegenüber einem anderen Staat aufgefasst wird.

In der Praxis ist die Mehrheit der Staaten seit dem Ende des 19. Jahrhunderts zu Methoden übergegangen, die einen Verzicht auf das Entscheidungsmonopol des Repräsentanten darstellen und eine gesellschaftliche Kommunikation anstreben. Diese Staaten haben sich also in vieler Beziehung volksdiplomatischen Methoden angenähert, wofür im zweiten Kapitel Beispiele gegeben worden sind. Dennoch haben nahezu alle Staaten die traditionelle Methode nicht aufgegeben, und selbst ein so entschieden volksdiplomatisch aktiver Staat wie die Sowjetunion wendet die traditionelle Diplomatie an. Wenn auch der führende sowjetische Völkerrechtler Tunkin davon spricht, dass Diplomatie heute mehr sei als in früherer Zeit[82], so verlangt gerade die Sowjetunion, dass die Staaten ihr gegenüber die Grenzen traditioneller Diplomatie beachten.

III. DIE VORZÜGE UND NACHTEILE DER VOLKSDIPLOMATIE IM VERGLEICH ZU ANDEREN METHODEN DER INTERNATIONALEN KOMMUNIKATION

Vergleicht man die traditionelle Diplomatie mit der Volksdiplomatie, so zeigt sich, dass die erstere besonders künstlich und kunstvoll wirkt, während die letztere sich als natürlich ausgibt. Ausserdem erweist sich die traditionelle Diplomatie als besonders labil gegenüber Machtanwendung, vor allem gegenüber physischer Macht. Die Volksdiplomatie ist im Vergleich dazu gegenüber der Anwendung physischer Macht stabiler. Auch wenn Staaten physische Macht ausüben und in grossem Masse zur Verfügung haben, ist Kommunikation mit dem Volk nicht grundsätzlich ausgeschlossen.

Volksdiplomatie kann also in Kriegszeiten weitergehen, während die traditionelle Diplomatie in Kriegszeiten erheblich beeinträchtigt wird. Demgegenüber ist die traditionelle Diplomatie bei der Kommunikation dann, wenn es nicht nur um Gedankenübermittlung, sondern auch um Ausgleich von Gedanken und von Interessen geht, weitaus präziser und funktionsfähiger als Volksdiplomatie, die als Volksdiplomatie im engeren Sinne keinen wechselseitigen Kommunikationsprozess kennt. Daraus wäre zu folgern, dass Volksdiplomatie im weiteren Sinne, die die Vorteile des Kommunikationssystems des traditionellen Diplomatie übernehmen und zugleich die Erschwerungen des traditionellen diplomatischen Systems in Kriegszeiten leichter überwinden kann, als die optimale Lösung für die politische Gestaltung auswärtiger Beziehungen anzusehen ist. Dabei darf aber nicht übersehen werden, dass die Volksdiplomatie nur zu leicht in der Innenpolitik diktatorische und terroristische Entwicklungen auslöst, von denen wieder starke Aggressivitäten in die auswärtigen Beziehungen hineingetragen werden können.

Volksdiplomatie im weiteren Sinne würde sich als eine Vielfalt von Kommunikationen zwischen Repräsentanten von Gruppen darstellen, die nicht unbedingt staatlich organisierte Gruppen sein müssen, sondern "in-groups" staatlich organisierter Gruppen sein können und in der Regel auch sein werden. Dadurch wird allerdings die Überschaubarkeit der internationalen Kommunikation für die Träger der Entscheidungsgewalt eines Staates erschwert, wenn nicht ganz ausgeschlossen, so dass mit den Worten von Herz die Impermeabilität des Staates verlorengeht, infolgedessen auch seine Souveränität und letzten Endes die Verbindlichkeit einer zwischen den Repräsentanten von Staaten getroffenen Entscheidung. Volksdiplomatie im weiteren Sinne bietet stets die Möglichkeit, Entscheidungen unter Umgehung der Träger der auswärtigen Gewalt innerhalb eines Staates zu revidieren. Sie bietet damit keine Voraussetzung für eine Sicherheit und Beständigkeit der internationalen Ordnung, fördert also das Machtstreben und die Abkehr von der Pflege politischer auswärtiger Beziehungen, so dass sie letzten Endes dem Sinn Auswärtiger Politik nicht gerecht wird. Einer der erheblichsten Vorbehalte gegen die Volksdiplomatie dürfte sich daraus ergeben, dass die Offenheit, Direktheit und Radikalität des volksdiplomatischen Argumentierens beiden Seiten die Möglichkeit wesentlich erschwert, ohne Verlust des Gesichts einen tragbaren Kompromiss einzugehen. Volksdiplomatie als Methode zur Gestaltung auswärtiger Beziehungen kann daher nur zu leicht an dem Wesen Auswärtiger Politik vorbeiführen, nämlich einen Ausgleich der Interessen zu schaffen. Volksdiplomatie kann sich in der Praxis als Mittel zu unpolitischer Gestaltung auswärtiger Beziehungen erweisen. Es ist immerhin auffällig, dass viele Staaten, die der Volksdiplomatie zuneigen, zugleich auch starke isolationistische Tendenzen aufweisen. Ein Zeitalter der Volksdiplomatie steht immer zwischen Auswärtiger Politik und totalem psychologischem Krieg.

Es ergeben sich für die Gegenwart vier Grundformen der Gestaltung auswärtiger Beziehungen, nämlich erstens die unpolitische "natürliche" Methode, mit der auswärtige Beziehungen nur gelegentlich gepflegt werden, wenn man nicht überhaupt bestrebt ist, auswärtige Beziehungen nicht nur zu reduzieren, sondern möglichst auszuschliessen und zu überwinden. Zweitens die Volksdiplomatie im engeren Sinne, mit der auswärtige Beziehungen zwar politisch gestaltet werden sollen, aber kein Kommunikationsprozess zustande gebracht werden kann. Drittens die traditionelle Diplomatie, mit der zwar ein hervorragender Kommunikationsprozess möglich wird, die Vielfältigheit gesellschaftlicher Aktivitäten mit Aussenwirkung jedoch nicht hinreichend zu kontrollieren ist; und viertens die Volksdiplomatie im weiteren Sinne, mit der sowohl beachtliche Kommunikationsmöglichkeiten zu schaffen sind, als auch die Vielfalt von gesellschaftlichen Aktivitäten mit Aussenwirkung zu berücksichtigen ist. Diese letztere Methode stellt aber bei der Gestaltung der auswärtigen Beziehungen an die Träger der auswärtigen Gewalt in einem Staat oft unerfüllbare Anforderungen, vor allem bei der Kontrolle der gesellschaftlichen Aussenbeziehungen. Die Volksdiplomatie schafft auch nicht die für die Auswärtige Politik wesentliche Atmosphäre der Sicherheit und Vorhersehbarkeit des Verhaltens anderer Staaten. Sie verleitet schon deshalb die Staaten zur Potenzierung ihrer Macht als Schutzmassnahme. Die daraus entstehende internationale Atmosphäre eines Wettrüstens zusammen mit der jeder volksdiplomatischen Argumentation eigenen Neigung zu einem "antipodischen" Weltbild und zu absoluten Forderungen und Maximen erschwert den Weg zu politischer Lösung von Interessenkonflikten durch Kompromisse in beiderseitigem Interesse.

Unter der Vorherrschaft der traditionellen Diplomatie ist ein internationales Ordnungssystem entwickelt worden, das vor allem im Völkerrecht seinen Ausdruck findet. Dieses Ordnungssystem ist allerdings erst in einer Zeit voll ausgereift, in der die Prämisse, nämlich die Monopolisierung der auswärtigen Beziehungen bei der Regierung – juristisch ausgedrückt die äussere Souveränität – nicht mehr mit der sozialen Wirklichkeit übereinstimmte. Der für das traditionelle System zentrale Topos "Staat" wird durch den Topos "Volk" als neuem Zentralbegriff verdrängt, was u.a. durch das immer stärkere Vordringen des "Selbstbestimmungsrechts des Volkes" als wichtiges Element der Völkerrechtsordnung angezeigt wird [83]. Das traditionelle System hat sich daher zu Hilfskonstruktionen verstehen müssen, die bereits mit den Handelsverträgen im 18. Jahrhundert beginnen. Solche Hilfskonstruktionen sind auch beim Kriegsrecht zu beobachten [84].

Die Volksdiplomatie hat gerade nach dem Zweiten Weltkrieg immer grössere Bedeutung gewonnen, und ein letzter Versuch, das alte System zu retten, ist die "UN-Declaration on the Inadmissibility of Intervention" des Jahres 1965 [85]. Mit dieser Deklaration soll durchgesetzt werden, dass die auswärtigen Beziehungen nur unmittelbar oder mittelbar unter Kontrolle der Entscheidungsorgane der beteiligten Staaten gepflegt werden. Aber bereits hier zeigt sich, dass mit einem solchen Gebot der sozialen Wirklichkeit nicht beizukommen ist: Die gesellschaftlichen Kontakte sind so stark, dass eine Durchsetzung des Verbots weite und sehr wichtige Teile des internationalen

Lebens zerstören würde. Bemerkenswert ist, dass die Sowjetunion der Staat war, der diese Deklaration in der Vollversammlung der Vereinten Nationen angeregt hat, und dass dieselbe Sowjetunion bereits drei Jahre später mit dem Einmarsch in der Tschechoslowakei gegen dieses Verbot verstiess. Das traditionelle System als Grundlage einer internationalen Ordnung ist also nicht mehr aufrechtzuerhalten, und es fragt sich, wie eine neue internationale Ordnung geschaffen werden kann, die den sozialen Gegebenheiten Rechnung trägt.

Vor allem die westlichen Staaten sowie viele kleine und schwache nachkoloniale Staaten der jüngsten Zeit und auch, sofern es um die Grenzen der Aktivität anderer Staaten geht, die Sowjetunion und ihre Verbündeten halten im Prinzip an den traditionellen diplomatischen Formen fest, machen jedoch gewisse Konzessionen an die Realität, wobei die voll integrierten westlichen Staaten eher zu Konzessionen bereit sind als die nur schwach integrierten neueren Staaten [86]. Besonders bei der Sowjetunion ist aber die Vorstellung ausgeprägt, dass es sich nur um behelfsmässige Vorkehrungen handeln könne, die im Zeitalter der "friedlichen Koexistenz" zwischen den "Lagern" anzuwenden sind, bis sich "natürliche" oder nicht-antagonistische Beziehungen zwischen allen Menschen entwickelt haben [87], und zwar zwischen aufgeklärten Menschen, die von Angst frei sind und, wenn sie in Gruppen zusammenleben, andere Gruppen nicht als potentielle Gegner, sondern als Mitmenschen begreifen, die zu ihnen nicht in tiefen Widersprüchen stehen. Mit der Entstehung einer weltweiten Menschengemeinschaft würden alle "out-groups" verschwinden, Gruppenbildungen innerhalb der Weltgemeinschaft wären dann lediglich "in-groups", und zwar nicht-antagonistische "in-groups". Eine weltweite Harmonie liesse die Notwendigkeit auswärtiger Beziehungen verschwinden. Auf dem Wege zu dieser Utopie bedient man sich der Volksdiplomatie da, wo sie zum Erfolg helfen könnte.

Volksdiplomatie gibt jedem Staat ohne Rücksicht auf seine Grösse eine Chance, Zwang gegenüber anderen Staaten auszuüben. Entscheidend sind hier im Gegensatz zur militärischen Gewalt nicht nur die bessere Wirtschaft und die bessere Technik, sondern der Anschein besserer Ideen. Dies hängt aber grundsätzlich weder von der wirtschaftlichen Entwicklung noch von den technischen Möglichkeiten ab. Damit bietet sich jedem Staat die Gelegenheit, in den auswärtigen Beziehungen unpolitisch, d.h. auf Gewalt gestützt, vorzugehen. Während oben Volksdiplomatie als ein Mittel bei der politischen Gestaltung auswärtiger Beziehungen grundsätzlich anerkannt wurde, ergibt sich jetzt, dass diesem Mittel die Gefahr immanent ist, auf die politische Gestaltung auswärtiger Beziehungen zu verzichten und unpolitisch die auswärtigen Beziehungen zu behandeln, d.h. also, einen permanenten Krieg zu führen, was schon mit dem Terminus "Kalter Krieg" für einen wichtigen Abschnitt der jüngeren diplomatischen Geschichte angedeutet wird. Eine internationale Ordnung, in der volksdiplomatische Methoden vorherrschen, muss also, genau wie die traditionelle internationale Ordnung, gegen das Umschlagen politischer Beziehungen in unpolitische Beziehungen gesichert werden.

Bei den Besonderheiten psychischer Gewaltanwendung liegt es nahe, dass dieses gefährliche Umschlagen sehr viel leichter und schneller vonstatten gehen kann als bei einem mit physischer Gewalt operierenden System. Jeder Staat kann in einem Zeitalter der Volksdiplomatie Machtpolitik betreiben und sich andere Staaten unterwerfen. In einem Zeitalter der Volksdiplomatie besteht also ganz besonders die Gefahr, dass die internationale Ordnung durch ein Chaos verdrängt wird, in dem Auswärtige Politik als Kommunikation im Sinne des Austausches von Gedanken und der Herbeiführung von Übereinstimmung und der Respektierung von einmal herbeigeführten Beschlüssen nicht mehr möglich ist. Die Jahre des "Kalten Krieges" sind ein deutliches Beispiel dieser Entwicklung. Angesichts der jüngsten Entwicklung auf dem Gebiet der Waffentechnik bedarf es keiner weiteren Ausführungen, dass ein durch unbegrenzte Anwendung volksdiplomatischer Mittel und vor allem in Form psychischer Gewaltanwendung entstandenes Chaos in den auswärtigen Beziehungen eine ständige Gefahrenquelle darstellt. Denn es ist nie sicher, ob ein volksdiplomatisch stark unter Druck geratener Staat nicht zu militärischen Mitteln Zuflucht nimmt, um sich des Druckes zu erwehren. Zum anderen bestärkt der chaotische Zustand der auswärtigen Beziehungen in der Gegenwart die Neigung zur Isolierung, die den tatsächlichen sozialen Bezügen und Beziehungen nicht gerecht wird und damit eine schädliche Beeinträchtigung des internationalen Lebens hervorruft. Es kommt also darauf an, eine internationale Ordnung zu finden, die die nun einmal existierende Volksdiplomatie berücksichtigt, aber die Anwendung volksdiplomatischer Methoden so regelt, dass sie zwar als Methoden der internationalen Kommunikation und der Einflussnahme bestehen bleiben, aber nicht in Gewaltandwendung umschlagen. Die Frage, ob eine solche internationale Ordnung möglich ist, führt damit zu der Frage, ob die psychische Gewaltanwendung in den auswärtigen Beziehungen ausgeschaltet, zumindest geordnet, werden kann.

IV. MODELLE FÜR DIE BÄNDIGUNG VON GEWALT IN DEN AUSWÄRTIGEN BEZIEHUNGEN

Für die Bändigung der Gewaltanwendung in den auswärtigen Beziehungen sind fünf Modelle entwickelt worden bzw. denkbar, die im folgenden kurz skizziert werden sollen:

1. *Das Völkerrechtssystem*

In den internationalen Beziehungen sind nach heute geltendem Völkerrecht alle Gewaltmittel verboten, wobei zunächst an militärische, also physische, Gewaltmittel gedacht wurde, wovon aber nach heute vorherrschender Auffassung auch psychische Gewaltmittel betroffen sind. So wendet sich Abs. 2 der "Declaration on the Inadmissibility of Intervention in the Domestic Affairs of States" [88] gegen "any . . . type of measure to coerce another State" [89]. Die Wirksamkeit des Verbots psychischer Gewalt setzt jedoch voraus, dass sich alle zu psychischer Gewaltanwendung befähigten Staaten, und das sind heute praktisch alle Staaten, als dem Völkerrecht unterworfen betrachten.

Dieses Modell hat eine starke Ähnlichkeit zu dem seit dem Mittelalter in Europa diskutierten Modell der Völkergemeinschaft mit Gewaltverbot. Die Parallele zu diesem Modell der Kriegsverhütung legt aber auch schon den Schluse nahe, dass ein solches Modell nicht funktionieren kann, solange Staaten real eine Chance haben, mit Gewinn Gewalt anzuwenden. Erst die Gleichgewichtigkeit des Gewaltapparates der Staaten, die in Europa etwa im 19. Jahrhundert erreicht wurde, führt zum Verzicht auf die Gewalt als primären Mittel der auswärtigen Beziehungen.

2. *Das Imperium*

Das imperiale Modell geht von der Prämisse aus, dass ein Staat eine solche Machtüberlegenheit besitzt, dass er den anderen Staaten Grenzen ihrer Macht aufgeben kann, – d.h. also in bezug auf die Volksdiplomatie – dass er den anderen Staaten die Anwendung und Nichtanwendung volksdiplomatischer Methoden vorschreiben kann [90]. Die Problematik des imperialen Ordnungsmodells ergibt sich für die Volksdiplomatie jedoch daraus, dass jeder Staat psychische Gewalt so potenzieren kann, dass er gegenüber gleichzeitig existierenden volksdiplomatisch weniger aktiven Staaten unschwer eine absolute Machtüberlegenheit erhält. Die Sowjetunion musste sich daher beim Aufkommen mehrerer Staaten, die sich mit ihrer eigenen Ideologie identifizieren, mit allen Mitteln um die Anerkennung ihrer ideologischen Führungsstellung innerhalb des Marxismus-Leninismus bemühen. Das Auftreten der VR China mit ihrem Anspruch auf die Führungsrolle innerhalb der revolutionären Kräfte zeigt besonders deutlich, wie labil die Überlegenheit psychischer Gewalt ist.

Eine imperiale Ordnung unter der Volksdiplomatie erfordert daher, dass der Ordnungsstaat zugleich über andere effektive Machtmittel verfügt, die geeignet sind, die psychische Gewaltandwendung auszuschalten oder zumindest andere Staaten zu zwingen, auf die Anwendung überlegener psychischer Gewalt zu verzichten, d.h. gerade unter diesem Modell werden sogenannte Ordnungsmächte zum Ausbau ihres militärischen Machtpotentials gezwungen. Es fragt sich dann, welcher Staat in diesem Modell überhaupt als Ordnungsstaat geeignet ist.

Die bisher allgemein anerkannte Antwort "die Supermächte" ist nicht gerade überzeugend, da die Entwicklung der Raketentechnik die Möglichkeit bietet, auch ihre Bevölkerung zu terrorisieren, besonders wenn sie geballt in Industriezentren lebt. Der Aufbau einer Raketenabwehr als Gegenmassnahme trifft auf das bisher noch nicht befriedigend gelöste Problem der Vorwarnzeit. Es ergibt sich also, dass militärisch-technisch die Supermächte nicht ohne weiteres als Ordnungsmächte für ein Zeitalter der Volksdiplomatie vorbereitet sind. Immunität und Überlegenheit gegenüber einem volksdiplomatisch aktiven Gegner kann viel leichter ein grosser, relativ dünn besiedelter Staat mit einfacher, überschaubarer und kontrollierbarer Polarisierung und robuster Kommunikation erlangen. Nun scheinen diese Merkmale gerade für Industriegesellschaften nicht zuzutreffen, für sie sind vielmehr die Besiedlung, komplizierte Infrastruktur und eine rapide Depolarisierung der Massen symptomatisch. Industriestaaten können gegenüber volksdiplomatischen Aktionen nur immun sein, wenn sie über ein hochentwickeltes Kommunikationssystem zur Verbreitung von Gegenargumenten und über eine politisch hochgebildete Bevölkerung verfügen. Gegenüber der Volksdiplomatie im engeren Sinne relativ immun sind demnach am ehesten grosse Agrarstaaten. Wenn man diese These auf die gegenwärtige Weltlage überträgt, ergibt sich, dass die heutigen Supermächte, die Vereinigten Staaten und die Sowjetunion, auf dem besten Wege sind, im Laufe der Zeit ihre relative Immunität gegenüber der Volksdiplomatie aufzuheben und dass selbst China ihnen eines Tages in dieser Entwicklung folgen dürfte.

3. *Das Kräftegleichgewicht*

Das Modell des Kräftegleichgewichts war mittels der traditionellen Diplomatie möglich. Hier war physische Macht in Gestalt der militärischen Gewalt ein bestimmender Faktor. Diese physische Kraft konnte ihrer Natur nach durch Addierung vermehrt und verändert werden. Das Gleichgewicht wurde dadurch hergestellt, dass bei der Aggression eines Staates die Summierung der militärischen Kräfte mehrerer Staaten, die an einer Verschiebung des status quo nicht interessiert waren, eine überlegene Abwehrfront schuf, die den aggressiven Staat von vornherein abschrecken musste. Schon die am Ende des 19. Jahrhunderts aufgetauchte Idee der ständigen Allianz widersprach dem Gleichgewichtsmodell. Bei der psychischen Gewalt ist ein solches Regulativ allerdings nicht möglich, da psychische Gewalt nicht addierbar ist, sondern für sich und für jeden Staat allein bis zu absoluter Höhe getrieben werden kann [91].

4. *Das Modell absolut potenzierter psychischer Gewalt*

Für die Volksdiplomatie kann jeder Staat absolute psychische Gewalt erlangen und gegenüber anderen Staaten zum Einsatz bringen. Damit ist aber auch verbunden, dass jeder Staat, und habe er in noch so starkem Masse psychische Gewalt entwickelt, davon ausgehen muss, dass ihm ein anderer Staat mit gefährlicher psychischer Gewalt entgegentreten kann. Um diese abzuwehren, muss er von vornherein dafür Sorge tragen, dass seine Gesellschaft psychischer Gewaltanwendung und Einflussnahme unzugänglich bleibt, d.h. er muss sich eine totale Kontrolle über das Bewusstsein der Staatsbürger verschaffen. Je schwächer ein Staat integriert ist, desto totaler muss er nach einer Kontrolle des Bewusstseins seiner Staatsbürger trachten und desto totaler muss er die Gruppen um die Führung und auf die Führung polarisieren. Daher muss er immer mehr die Pluralität innerhalb der Gesellschaft verneinen. Zu einer solchen Entwicklung sind gerade die westlichen Staaten nicht bereit, während kommunistische Staaten dazu durchaus willens und in der Lage sind. Für kommunistische Staaten ist Volksdiplomatie daher auch weit weniger problematisch als für westliche Staaten, die ihre Liberalität nur im Vertrauen auf das politische Bewusstsein der Bevölkerung bewahren können. Grundsätzlich bleibt jedoch Auswärtige Politik möglich, wenn jeder Staat so integriert ist, dass ein Ansatzpunkt für jegliche volksdiplomatische Aktivität eines anderen Staates fehlt. Dann wäre die Potenzierung der psychischen Gewalt jedes Gegners sinnlos. Souverän wäre dann realiter der Staat, in dem die Selbstbestimmung des Volkes unter vollkommener Integration aller Minderheiten verwirklicht wäre.

5. *Die Intensivkommunikation*

Das Modell der Intensivkommunikation, das sich in den Vereinten Nationen teilweise zu verwirklichen scheint [92], geht davon aus, dass man den Staaten so viele Kommunikationsmöglichkeiten zwischen den Repräsentanten anbietet und aufdrängt, dass sie von dem Versuch abgelenkt werden, auf anderem Wege Einfluss auf andere Staaten zu gewinnen [93]. Dieses Modell setzt aber zu seinem Funktionieren auch voraus, dass über die Vielzahl der Kommunikationswege ein genügender Ausgleich der Interessen stattfinden kann. Die Volksdiplomatie nährt, wie oben [94] dargelegt, aber gerade die Vorstellung, dass es eines Nachgebens zum Zwecke des Ausgleichs nicht bedarf.

Es ergibt sich also, dass die skizzierten fünf einfachen Modelle zu totaler Vermeidung von psychischer Gewaltanwendung zwischen den Staaten nicht geeignet sind, es sei denn, die Staaten sind bereit, zur Durchsetzung dieser Modelle, insbesondere des Modells 4), wesentliche Veränderungen ihrer inneren Entwicklung zu vollziehen, Veränderungen, die eine am Ende utopische innerstaatliche Harmonie bewirken müssten, wenn die weltweite Verbreitung totalitärer Herrschaftsformen verhindert werden soll. Gerade die westlichen Staaten können einer solchen Entwicklung nicht zustimmen. Für sie wird daher Volksdiplomatie zu einer besonders problematischen Methode der politischen Gestaltung auswärtiger Beziehungen. Aus ihrer Sicht wäre es die beste Entwicklung, wenn die intensiv volksdiplomatisch aktiven Staaten, wie die Sowjetunion, auch ihre innere Entwicklung von der Form totalitärer Herrschaft befreien würden, so dass für sie die Anwendung volksdiplomatischer Methoden durch die Gegenseite zu einem durchaus beachtlichen Risiko würde und sie sich schon deshalb bei der Anwendung dieser Methoden auf die Dauer mehr Zurückhaltung auferlegen müssten, um keine Reaktion der Gegenseite hervorzurufen. Aber auch eine solche Entwicklung wäre utopisch. Eine befriedigende Lösung ist also kaum zu erwarten.

V. MODELL EINER INTERNATIONALEN ORDNUNG IN EINEM ZEITALTER VORHERRSCHENDER VOLKSDIPLOMATIE

Bei der Betrachtung der fünf Ordnungsmodelle zeigt sich, dass bei Volksdiplomatie Auswärtige Politik nur möglich wäre, wenn alle Staaten Gesellschaften ohne antagonistische Widersprüche hätten, d.h. die Selbstbestimmung des Volkes voll verwirklicht wäre. Es fragt sich jedoch, ob dieser Zustand tatsächlich zu erreichen ist. Die Methode operiert mit dem Begriff des "Volkes", aber der Begriff ist unpräzis und bietet zu den unterschiedlichsten Interpretationen Anlass[95]. Man kann daher mit dem Begriff "Volk" beliebig Staaten auflösen, wie es bei den sogenannten Entwicklungsländern in der jüngsten Zeit nur zu klar hervorgetreten ist. Die Masse der heutigen Staaten ist nur schwach integriert und schon gar nicht monistisch polarisiert, sondern eher depolarisiert. Sie können in einem volksdiplomatischen System nur als Staaten zweiten Ranges angesehen werden. Hier wäre zu überlegen, ob ein Ausweg darin zu finden ist, dass nur voll integrierte Staaten als vollberechtigte Subjekte der internationalen Ordnung anerkannt werden. So schrieb jedenfalls die sowjetische theoretische Zeitschrift "Kommunist" nach der Intervention in der Tschechoslowakei im Jahre 1968:

> "Die Souveränität eines Staates besteht in der rechtmässigen Äusserung seiner . . . Unabhängigkeit. Die Unabhängigkeit eines Staates ist ihrerseits Ausdruck der politischen Freiheit in Bezug auf einen international gesehen integren Staat. . ."[96]

Hier wird ganz offen die Souveränität auf den Staat beschränkt, der ein Mindestmass an Integrität erreicht hat. Die innere Struktur eines Staates bestimmt also mit über seine internationale Stellung. Herz[97] spricht davon, dass die Souveränität eines Staates eine Funktion seiner realen Impermeabilität sei, und Karl W. Deutsch sagt:

> "It is . . . underlying social structure which makes . . . governments sovereign, in the sense that they are not subject, in the ordinary run of affairs, to effective coercion by another power."[98]

Dieser Gedanke ist dem traditionellen Völkerrecht keineswegs fremd[99]. Es forderte ein bestimmtes Mass an Zivilisation, das am Grad der Landeserschliessung abgelesen wurde[100], und orientierte sich an einem gedachten idealen modernen Staat[101]. Die nicht-integren Staaten wären, wie im klassischen Völkerrecht die halb- und nichtzivilisierten Staaten, Objekte ungestörter Interventionen, sie können Einflusssphären zugeordnet und unter Protektorat gestellt werden. Umgekehrt müsste allen anerkannten Staaten gegenüber aber auch auf jeden Versuch zur Desintegration verzichtet werden. Diese Lösung schafft jedoch lediglich Rechtsinstitute, aber noch keinen Schutz gegen gefährliche internationale Machtkämpfe. Man müsste sich dann auf die Staaten mit annähernd modellkonformen Verhältnissen beschränken und damit die internationale Ordnung auf bestimmte Zonen der Erde beschränken, die übrigen Räume, vor allem die "Dritte Welt", unpolitischer Machtanwendung überlassen, wie es mit der Unterscheidung von zivilisierten und unzivilisierten Staaten schon im Völkerrecht des 19. Jahrhunderts konzipiert war. Dabei ist jedoch nicht zu übersehen, dass solche Konflikte zurückwirken können, ganz davon abgesehen, dass die "Dritte Welt" bei diesem Modell zum Versuchsobjekt der Macht anderer Staaten gemacht wird[102]. Dagegen setzt sie sich gerade mit der Parole der Bündnisfreiheit zur Wehr. Weitaus besser wäre es, wenn die am Frieden interessierten Staaten und auch die Vereinten Nationen als internationale Organisation der Friedenssicherung die Integration der neuen Staaten und die Begründung von Schutzorganen zwischen ihnen (z.B. OAU, Arabische Liga) fördern würden. Aber auch weitgehend integrierte Staaten in Europa sind dem Terror ausgesetzt.

Die Stabilität eines Staates unter dem volksdiplomatischen System hängt nicht nur von der Integrität, sondern auch von der Lage zur Gefahrenzone ab, die wiederum durch technische Vorkehrungen, wie Raketenabwehreinrichtungen, aber auch durch weite und dünne Besiedlung des Landes, verbessert werden kann. Das Maximum an Stabilität gegenüber volksdiplomatischen Aktivitäten erreichte demnach ein Staat mit total monokausal polarisierter Gesellschaft, mit grossem Land und dünner Besiedlung, hoher rüstungstechnischer Entwicklung, der vielleicht am Rande der Antarktis gelegen ist. Ganz abgesehen davon, dass hohe Industrialisierung und Polarisierung, geschweige denn dünne Besiedlung, nicht gemeinsam auftreten, dass also die gewünschte Stabilität nur durch Verzicht auf die technische Entwicklung zu erreichen wäre, aber fast alle Staaten der Gegenwart gerade diesen Verzicht nicht auf sich nehmen wollen, gibt es keinen Staat in dieser geographischen Lage und folglich bestenfalls Staaten, die sich der optimalen Stabilität gegenüber volksdiplomatischer Aktivität mehr oder weniger annähern. Solche annähernd stabilen Staaten sind vielleicht heute China (Festland), die Sowjetunion, die Vereinigten Staaten von Amerika und Australien. Sie können daher, sofern sie zueinander militärisch im "atomaren Patt" stehen, ihre gegenseitigen Beziehungen als Auswärtige Politik im Sinne der klassischen Diplomatie betreiben, wenn es ihnen gelingt, ihre Stabilität gegen volksdiplomatische Aktivitäten zu wahren, d.h. einen psychologischen Schutzschirm um ihre Gesellschaft aufzurichten. Als Schutzschirm bietet sich ein breites Vorfeld kleiner befreundeter Staaten an, das den Gegner trotz der faktischen Beseitigung zeitlich relevanter Distanzen psychisch als fern erscheinen lässt. So meint Brzezinski[103], die Existenz des Ostblocks gäbe der sowjetischen Bevölkerung ein starkes Gefühl der Sicherheit.

Wenn der kleine Staat auf ein solches Sicherheitsinteresse eines grösseren Staates trifft, kann er sich für den grösseren, für einen anderen grösseren oder für eine gewisse Neutralität zwischen beiden entscheiden. Dabei muss er jedoch davon ausgehen, dass ein grösserer Staat versuchen wird, ihn zur Parteinahme zu zwingen; er muss dann prüfen, ob er sich in solcher Situation auf einen anderen grösseren Staat verlassen kann. Es treffen sich also die Interessen des stabilen Staates mit den Interessen des kleineren Staates gegenüber einem dritten Grosstaat, woraus sich ein regionaler Schutzvertrag ergeben kann, aber selbst wo kein eindeutig übereinstimmendes Schutzinteresse besteht, wie zwischen den Vereinigten Staaten und den Staaten Südostasiens kann durch die Erklärung eines Sicherheitsinteresses und ein nicht an den Schutzbedürftigen, sondern einen möglichen Aggressor gerichtetes Schutzversprechen ein Schutzverhältnis begründet werden[104]. Jedes derartige Schutzverhältnis ist dabei im Gegensatz zur klassischen Allianz auf Dauer angelegt, denn nur so bekommt es das für das Sicherheitsgefühl wesentliche Element der Ständigkeit. Damit rückt das Schutzverhältnis mehr und mehr in die Nähe eines Staatenbundes[105]. Ist es zu einem Schutzverhältnis gekommen, wird der kleinere Staat aber nicht mehr nur als solcher, sondern auch als Teil der Strategie seines Beschützers Objekt der Aktivität des dritten Grosstaates, und er muss sich jetzt mit besonderem Nachdruck Einfluss auf die Schutzbereitschaft seines Grosstaates sichern, was aus seiner Sicht idealiter durch institutionalisierte Einflussnahme auf den Entscheidungsprozess des Grosstaates erfolgen könnte. Das muss von dem Grosstaat aber abgelehnt werden, da dann ein gegenüber volksdiplomatischer Aktivität besonders labiles Element in seinen Entscheidungsprozess einbezogen würde, der gerade durch die Schutzzone stabil gehalten werden sollte.

Den Gegensatz zwischen Grosstaat und Randstaaten veranschaulicht die jahrelange Diskussion über eine atlantische "federal union", eine Art Staatenbund, dem mit den Vereinigten Staaten Kanada und die europäischen Demokratien angehören sollten. Im Juli 1949 brachte Senator Kefauver, unterstützt von 26 anderen Senatoren, im Senat der Vereinigten Staaten eine Resolution ein, nach der die Regierung die interessierten Staaten zu einer Erörterung der atlantischen "federal union" einladen sollte. Das State Department bekämpfte die Resolution. Im Jahre 1950 sprach sich das kanadische Parlament dafür aus, dass die Vereinigten Staaten zu einer Erörterung des Projektes einlüden. Im Jahre 1951 wurde im Senat der Vereinigten Staaten ein erneuter Vorstoss unternommen, dem das State Department entgegentrat. Im Jahre 1952 folgte eine Entschliessung des kanadischen Parlaments. Auf kanadische Initiative kam es dann wenigstens im Jahre 1955 zur ersten Nordatlantischen Versammlung in Paris. Diese Versammlung, später als NATO-Parlamentarierkonferenz bezeichnet, wurde dann bis zum Jahre 1966 jährlich wiederholt. Im Jahre 1956 forderten die Aussenminister Italiens, Kanadas und Norwegens dann in einem gemeinsamen Bericht an den Nordatlantischen Rat, eine bessere Konsultation in der NATO. Im Jahre 1958 gründeten die aussenpolitischen Sprecher der damaligen Regierungsparteien Frankreichs, der Bundesrepublik Deutschland und Grossbritanniens unter Beteiligung einiger amerikanischer

Senatoren in Paris die Internationale Bewegung für eine Atlantische Union. Daraufhin gab im Jahre 1959 das State Department seine strikte Opposition auf. Im folgenden Jahr konnte daher im amerikanischen Senat eine Resolution, die "greater cooperation and unity of purpose" forderte, passieren. Im gleichen Jahre wurde dann noch der Vertrag über die Gründung der Organisation für wirtschaftliche Zusammenarbeit und Entwicklung (OECD) unterzeichnet, der im Jahre 1961 in Kraft trat und dem bis 1970 alle NATO-Mitglieder sowie Finnland, Irland, Japan, Österreich, Spanien, Schweden, die Schweiz und mit Beobachtern Australien und Jugoslawien beigetreten sind. Im Jahre 1962 wurde von Parlamentariern aus NATO-Staaten unter Vorsitz des früheren amerikanischen Aussenministers Herter dann in Paris die Atlantic Convention veranstaltet, und von dem amerikanischen Präsidenten Kennedy die Diskussion um die Atlantische Partnerschaft eingeleitet. Ab 1965 folgten dann erneut Atlantic Union Resolutionen im Kongress der Vereinigten Staaten, und obwohl der frühere Vizepräsident Humphrey und der heutige Präsident Nixon als Senatoren diese Resolutionen unterstützt hatten, blieb es bei der Opposition des State Department, das erstaunlicherweise Desinteresse der Europäer als Begründung angab. – Ganz am Rande sei nur bemerkt, dass auch in der Sowjetunion Chruschtschow um das Jahr 1960 eine kollektive Führung für den Ostblock erwogen hat[106], woraus ebenfalls nichts geworden ist.

Das Zusammentreffen von Partnern sehr unterschiedlicher Grösse ohne institutionalisierten Interessenausgleich verleiht dem System der Schutzzonen hegemoniale Züge, die zu erheblichen inneren Spannungen Anlass geben können[107]. Gerade das kann aber ein anderer Grosstaat zum Hebel für eine Auflösung der Solidarität machen. Der Grosstaat muss daher ständig seine Schutzbereitschaft demonstrieren, sei es durch Manöver vom Modell "big lift" oder durch viel verbale Propaganda, wie sie die Sowjetunion in Osteuropa mit Hilfe des "westdeutschen Revanchismus" entfaltet hat, oder wie sie Nixon bei seiner Europa-Reise Anfang 1969 in geradezu klassischer Weise demonstrierte.

Zwischen dem Grosstaat und seiner Umzone wird also in besonderem Masse Volksdiplomatie getrieben. Der kleinere Staat muss die öffentliche Meinung in dem ihn schützenden Grosstaat ständig davon überzeugen, dass sein Schutz für die Gesellschaft des Grosstaates von existenzieller Bedeutung ist, und der Grosstaat muss die öffentliche Meinung in dem kleineren Staat davon überzeugen und überzeugt halten, dass er einen hinreichenden Schutz gewährt. Beide Partner eines solchen Schutzverhältnisses müssen jeden Antagonismus zwischen sich unter Kontrolle halten, um einem dritten Grosstaat keinen Ansatz für volksdiplomatisch vorgetragene Umpolarisierungen der Gesellschaft des kleineren Staates zu geben. Das Schutzverhältnis muss vor allem so elastisch gestaltet sein, dass es zu dem wichtigen volksdiplomatischen Argument der Selbstbestimmung des Volkes nicht in Konflikt gerät, es sei denn, der

Grosstaat ist bereit, sich als imperiale Macht zu verhalten, wie die Sowjetunion im Jahre 1968 im Falle der Tschechoslowakei. Dann muss er allerdings die Entstehung von scharfen Antagonismen und damit von Ansatzpunkten für volksdiplomatische Aktivitäten eines dritten Grosstaates in Kauf nehmen.

Schreitet der Grosstaat zu imperialer Machtentfaltung, ist der kleinere Staat in seiner Schutzzone zunächst unterlegen; er muss sich daher auf eine Koalition mit den anderen Staaten der Schutzzone vorbereiten, wie sie die Tschechoslowakei im Sommer 1968 mit Rumänien und Ungarn anstrebte, um den Grosstaat an den Rand seiner Leistungsfähigkeit zu treiben. Der Grosstaat muss gegen eine solche Koalition wiederum unterschiedliche Interessenlagen zwischen den kleineren Staaten seiner Schutzzone profilieren und die kleineren Staaten an Exekutionen gegeneinander beteiligen und damit kompromittieren. Zur Sicherung des Zusammenhalts und der Anhänglichkeit seiner Schutzzone kann der Grosstaat aber auch ein dauerhaftes Freund-Feind-Verhältnis propagieren. Dabei hat er jedoch darauf zu achten, dass nicht ein anderer Grosstaat, mit dem er Auswärtige Politik pflegen will, als Feind angenommen wird, sondern ein Staat, mit dem er keinen Ausgleich suchen muss, idealiter ein kleinerer Staat in der Schutzzone eines anderen Staates oder ein neutraler Staat, der dann überdimensional als Gefahr aufzubauen wäre, wie es die Behandlung der Bundesrepublik Deutschland durch die Sowjetunion demonstriert hat.

Ein realistisches Modell friedlicher Gestaltung auswärtiger Beziehungen in einem Zeitalter der Volksdiplomatie hat also folgende Komponenten zu berücksichtigen:

a. Die Existenz von Staaten mit weitgehend und total kontrollierter Gesellschaft, die volksdiplomatischen Einflüssen relativ wenig ausgesetzt sind, die aber gerade deshalb in forciertem Masse volksdiplomatische Methoden anwenden.
b. Die Möglichkeit eines jeden Staates, Volksdiplomatie bis zur Anwendung psychischer Gewalt von absoluter Höhe zu entwickeln.
c. Das Streben einer Reihe von Staaten, ihre innere Entwicklung nicht dem Vorhandensein volksdiplomatischer Methoden vollkommen anzupassen und damit die Entwicklung totaler Herrschaftsmethoden zu vermeiden.
d. Die Erkenntnis, dass jeder Staat in der Lage ist, volksdiplomatisch aktiv zu werden, und
e. dass die Volksdiplomatie als solche aus den auswärtigen Beziehungen nicht mehr zu entfernen ist.

Ein realistisches Modell hat also Elemente verschiedener Methoden internationaler Kommunikation, nämlich der Volksdiplomatie und der traditionellen Diplomatie, miteinander zu verbinden, wobei diese Verbindung nicht durch Gebote und Verbote herbeizuführen ist, sondern allein durch ein Regulativ, das die Gewaltanwendung, sowohl die psychische als auch die physische, aufgrund einer sicheren Automatik so reduziert und einschränkt, dass ein Raum für Auswärtige Politik in den auswärtigen Beziehungen übrig bleibt. Damit scheidet als realistisches Modell von vornherein das Modell einer neuen Völkerrechtsordnung aus, denn dieses Modell ist nicht in der Lage, effektiv Gewaltanwendung zu reduzieren, solange es nicht von einer öffentlichen Weltmeinung getragen wird, die einen Abwehrorganismus mobilisieren kann. Eine solche öffentliche Weltmeinung besteht heute nicht, sondern die einzelnen Staaten sind immer noch in der Lage, die öffentliche Meinung so zu manipulieren, dass sie nicht über die öffentliche Weltmeinung zur Abwehrreaktion gezwungen werden können.

Auszugehen hat ein realistisches Modell von der Existenz mehrerer Staaten, die über so grosse militärische Machtmittel verfügen, dass sie bei einer forcierten Anwendung volksdiplomatischer Methoden durch die Gegenseite in der Lage wären, hiergegen mit Erfolg militärisch vorzugehen. Diese Staaten, heute die Vereinigten Staaten, die Sowjetunion und vielleicht in einiger Zeit auch die VR China, sind gegenüber reaktiver Volksdiplomatie in weitem Masse immun. Da jeder dieser Staaten über ein solches militärisches Potential verfügt, dass auch die anderen Staaten selbst bei einer Vereinigung ihres Potentials nicht in der Lage wären, ihn auf den ersten Schlag zu zerstören und damit einen existenzbedrohenden Gegenschlag von vornherein auszuschliessen, sind diese Staaten im Zustande eines militärischen Gleichgewichts, dass sie nötigt, sich gegenseitig zu respektieren und damit untereinander auf die Anwendung von existenzbedrohenden volksdiplomatischen Mitteln, vor allem psychischer Gewalt, zu verzichten. Wenn die Masse der anderen Staaten sich gegenüber der rücksichtslosen Anwendung volksdiplomatischer Methoden, insbesondere psychischer Gewalt, erfolgreich zur Wehr setzen will, muss sie versuchen, ein gleiches Mass an militärischem Potential aufzubauen. Dazu ist die Masse der anderen Staaten jedoch nicht in der Lage. Ihr bleibt damit nur die Möglichkeit, sich dem Schutz eines dieser drei oder vielleicht später auch vier oder fünf militärisch überlegenen Staaten zu unterstellen. Damit bietet sich den Grosstaaten aber zugleich auch die Möglichkeit, sich einen Sicherheitsgürtel von anderen Staaten zu schaffen, die bei volksdiplomatischen Auseinandersetzungen mit besonders aggressiven Staaten das erste Ziel eines der grossen anderen Staaten sein müssen.

Wird ein solcher Schutzgürtel aufgebaut, dann ist für die Gesellschaft des Grossstaates die unmittelbare Bedrohung nicht mehr gegeben, und dieser Grosstaat kann davon ausgehen, dass psychischer Terror auf seine Gesellschaft nur in einem wesentlich geringeren Masse ausgeübt werden kann als auf die Gesellschaft dieser kleinen, von ihm zu schützenden Staaten. Psychischer Terror wird damit auch für den Entscheidungsprozess innerhalb des Grosstaates reduziert, während der Grosstaat jetzt versuchen muss, den psychischen Terror gegenüber den kleinen, von ihm zu schützenden

Staaten dadurch zu kompensieren, dass er seinen überlegenen militärischen Apparat zu ihrem Schutz zur Verfügung stellt und anbietet. Wenn ihm dieses glaubhaft gelingt, dann kann er wieder damit rechnen, dass die kleinen Staaten fest an ihn gebunden bleiben. Diese Bindung kann der Grosstaat durch eigene volksdiplomatische Aktivität in den zu schützenden kleineren Staaten verstärken, indem er hier Solidaritäten herstellt. Solche Bemühungen lassen sich sowohl für die Sowjetunion als auch für die Vereinigten Staaten von Amerika nachweisen.

Für den Grosstaat ergibt sich damit eine Region besonders intensiver volksdiplomatischer Aktivität. Gegenüber den anderen Grosstaaten hingegen befindet er sich in einem Zustand, der die Anwendung volksdiplomatischer Methoden weitgehend ausschliesst, einmal weil er mit ihrem militärischen Gegenschlag rechnen muss, zum anderen aber auch, weil die kleinen Staaten für die Bevölkerung des anderen Grossstaates einen Filter darstellen, indem sie psychische Gewalt in Form von Terror in einer vermeintlichen Distanz halten.

Dieses Modell führt also dazu, dass die Methoden traditioneller Diplomatie auf die Beziehungen zwischen den Grosstaaten beschränkt werden, während die Methoden der Volksdiplomatie innerhalb der Schutzzonen der Grosstaaten vorherrschend sind. Im Zuge einer solchen Entwicklung werden die nationalen Grenzen immer bedeutungsloser, während die Grenzen der Zonen immer wichtiger werden, un dihre Verletzung zum kritischen Ereignis der internationalen Beziehungen wird[108]. Die Vermeidung solcher Krisen würde eine nicht mehr an nationalen Grenzen, sondern an den Schutzzonen orientierte status quo-Politik erfordern. Diese wäre aber nicht nur durch einen Verzicht eines Grosstaates auf Einflussnahme in der Schutzzone eines anderen Grosstaates zu erreichen, wie ihn Carl Schmitt mit der "völkerrechtlichen Grossraumordnung mit Interventionsverbot für raumfremde Mächte" schon vor Ausbruch des Zweiten Weltkrieges konzipiert hat. Erforderlich wäre auch die Bereitschaft jedes Grosstaates, mit allen Mitteln in seiner Schutzzone Anreize für Aktivitäten eines anderen Grosstaates und Möglichkeiten gefährlicher internationaler Krisen zu beseitigen. Das führte also zu einer mit Friedensbewahrung begründeten Interventionspflicht des Grosstaates in seiner Schutzzone, die in verschiedenen völkerrechtlichen Doktrinen bis hin zur Breshnew-Doktrin postuliert wird[109].

Ein solches Interventionsrecht würde allerdings mit dem Selbstbestimmungsrecht des Volkes kollidieren, das zugleich das tragende Prinzip der Volksdiplomatie ist. Ein anderer Grosstaat könnte gerade im Falle einer solchen Intervention versuchen, die Frustrationen der Bevölkerung des kleinen Staates in Aggressionen gegen den Intervenienten und Solidarität zu sich überzuleiten. Unter der Volksdiplomatie kann also wieder nur ein sehr labiles internationales System entstehen, das besonders an solchen Punkten anfällig ist, wo – wie in Deutschland – nationale und mögliche Schutzzonen-

Grenzen weit voneinander abweichen. Gerade das deutsche Beispiel zeigt, dass der bei Orientierung an der Schutzzone unauflösbare Widerspruch zum Selbstbestimmungsrecht der Volksdiplomatie besondere Angriffsmöglichkeiten bieten kann.

Schon daraus ergibt sich, dass die kleineren Staaten in einem Zeitalter der Volksdiplomatie nicht auf eine eigene Aussenpolitik verzichten müssen. Ihre Aussenpolitik wird jedoch auf eine Wahl zwischen den Grosstaaten beschränkt, die allerdings grundsätzlich nicht einmalig und unwiderruflich ist, sondern einer jederzeitigen Korrektur unterliegt, sofern es ihnen gelingt, unbeobachtet ein Engagement, etwa die Solidarität, eines anderen Grosstaates anzubahnen, das den derzeitig beschützenden Grosstaat von Interventionen abhält. Dies könnte die strategische Grundeinsicht der gegenwärtigen China-Politik einiger Balkan-Staaten sein. Wie dieses Engagement im einzelnen beschaffen sein muss, hängt von der Interventionsbereitschaft des Grosstaates ab, die wiederum aus dem Wert resultiert, der dem kleinen Staat in der Schutzkonzeption beigemessen wird, und aus dem Risiko, das eine Intervention für den Grossstaat in sich trägt, einmal wegen möglicher Verwicklungen mit anderen Grosstaaten, aber auch wegen einer widerstandsbereiten Bevölkerung des kleineren Staates. Der Wert hängt dabei entscheidend von der Funktion ab, die der kleinere Staat in der Sicherheitsvorstellung der Bevölkerung des Grosstaates hat. An Punkten extremer Konfrontation, wie in Mitteleuropa für das Verhältnis zwischen der Sowjetunion und den Vereinigten Staaten, dürfte der Wert sehr hoch, im Verhältnis zwischen den Vereinigten Staaten und einem kommenden chinesischen Grosstaat hier jedoch relativ gering sein, während ein afrikanischer Staat in beiden Konstellationen einen vergleichsweise geringen Wert darstellt. Die Wechelwirkung dieser Komponenten des Entscheidungsprozesses wurde bei der sowjetischen Intervention in der Tschechoslowakei sichtbar.

Der so in eine Auseinandersetzung mit dem kleineren Staat gezwungene Grosstaat kann nun nicht nur intervenieren, sondern auch seine Leistungen für den kleineren Staat erhöhen oder mit dem rivalisierenden Grosstaat eine Neutralisierung herbeiführen, wenn nicht die graduelle Abschwächung der Solidarität einfach hinnehmen. Letzteres haben die Vereinigten Staaten scheinbar zeitweilig gegenüber Frankreich getan. Der kleinere Staat hat also durchaus Einfluss auf den ihn schützenden Grosstaat, ohne dass er Macht über ihn hätte. Sofern der kleinere Staat an der Bindung zu einem einmal gewählten Grosstaat festhält, hat er allerdings keinen Einfluss auf einen anderen Grosstaat in elementaren Fragen, wie die Abgrenzung seines Schutzbereiches. Das ist im Grunde auch das Problem der deutschen Wiedervereinigungspolitik gegenüber der Sowjetunion. Der kleinere Staat muss sogar hinnehmen, dass der Grosstaat seine politischen Ziele als aggressiv wertet und sie in dieser Sicht darstellt, um die eigene Schutzleistung angesichts eines so "offensichtlichen" Angreifers seinen eigenen Schutzgenossen zu demonstrieren.

Eine Variation dieses Verhaltens kleinerer Staaten ist das Modell des Zusammenschlusses mehrerer kleinerer Staaten zu einer solidarischen oder staatsrechtlichen Einheit, wie sie etwa die Europäischen Gemeinschaften oder die chinesische Idee der Zwischenzonen darstellen könnten. Solche Zusammenschlüsse können nicht nur gegen Grosstaaten als selbständige Einheit, sondern auch innerhalb einer Schutzzone begründet werden, um dem Grosstaat geschlossen mit Nachdruck gegenübertreten zu können. Auch dieses Konzept wird für die Europäischen Gemeinschaften vertreten, aber es wurde auch zeitweilig von Tito unter der Formel Süd-Ost-Föderation im Rahmen des sozialistischen Schutzbereiches, und zwar gegen den erklärten Willen Stalins propagiert. Sofern solche gegenseitigen Schutzzonen kleinerer Staaten von Grosstaaten ganz unabhängig sind, ergibt sich die Frage nach der kollektiven internen Ordnung[110], wenn man sich nicht für das Modell der Bündnisfreiheit – im Grunde die traditionelle Ordnung des 19. Jahrhunderts – entscheidet[111].

VI. ZUSAMMENFASSUNG

Es ergibt sich also, dass in diesem Modell einer internationalen Ordnung kein Staat absolut frei und damit auch kein Staat absolut unfrei ist, dass es jedoch eine grob gestufte Skala der relativen Unabhängigkeit gibt, deren erste Stufe der Grosstaat mit den Rücksichten auf die Staaten seiner Schutzzonen und die Labilität seiner eigenen Gesellschaft einnimmt. Ihm folgt der kleinere Staat im Konfrontationsbereich, der zu seinem schützenden Grosstaat im Verhältnis der Interdependenz steht und damit innerhalb der Schutzzone eine starke Stellung hat. Am Ende steht der unabhängige Staat ausserhalb von Konfrontationszonen, der entweder volksdiplomatischen Aktivitäten verschiedener Staaten wehrlos ausgesetzt ist oder kaum beachtet wird, es sei denn, er kann die Gesellschaft eines Grosstaates von seinem Wert überzeugen, wie es manchen lateinamerikanischen aber auch zentralafrikanischen Staaten in den Vereinigten Staaten von Amerika zu gelingen scheint. Dieser "bündnisfreie" Staat befindet sich tatsächlich nicht in Unabhängigkeit, sondern in der Abhängigkeit seiner Bedeutungslosigkeit, die ihm jeden Einfluss auf die auch für ihn eventuell wichtigen internationalen Verhältnisse nimmt.

Wenn man dieses Modell einer internationalen Ordnung akzeptiert, so ergibt sich, dass zwischen den Grosstaaten die traditionellen Methoden und Elemente der internationalen Ordnung erhalten bleiben und fortentwickelt werden, dass aber innerhalb der Schutzzone eines Grosstaates die Elemente der Volksdiplomatie vorherrschend sein müssen. Für den Grosstaat kommt es dann in dieser internationalen Ordnung darauf an, dass er der Souverän ist und bleibt. Zur Sicherung seiner Souveränität muss er auf die institutionalisierte Einbeziehung seiner Randstaaten in seinen Entscheidungsprozess verzichten, denn nur so kann er eine relative Impermeabilität bewahren. Au. der anderen Seite muss er in den Randstaaten volksdiplomatisch aktiv werden, d.hf die Souveränität der Randstaaten sinkt auf eine zweite Stufe, die der Zugehörigkeit zur Schutzzone und der Solidarität innerhalb der Schutzzone untergeordnet ist. Insoweit deckt sich das Modell weitgehend mit der sowjetischen Konzeption, die die Souveränität der Blockstaaten den höheren Interessen des Blocks unterordnet. Der Randstaat seinerseits muss aber auch Volksdiplomatie treiben, um die Bevölkerung innerhalb des ihn schützenden Grosstaates so zu beeinflussen, dass sie bei Entscheidungsprozessen seine Interessen in möglichst grossem Masse unterstützt und berücksichtigt. An einer Bereitschaft, dieses Recht der Randstaaten anzuerkennen, fehlt es gerade in der Sowjetunion. Daraus können wiederum Konflikte innerhalb der sowjetischen Hegemonialzone entstehen, die die Sowjetunion zu einem labilen und nervösen Faktor in den internationalen Beziehungen werden lassen könnten.

Es ist die Frage, ob die Vereinigten Staaten von Amerika als zweiter Grosstaat eine gleiche Konzeption verfolgen[112]. Für die Vereinigten Staaten lässt sich feststellen, dass sie eine hegemoniale Stellung stets nur als ein Provisorium betrachtet haben, das sich aus der Schwäche der europäischen Staaten ergab. Sie wollten vielmehr die Staaten ihrer Schutzzone Europa so weit entwickeln, dass sie als Vereinigte Staaten von Europa in der Lage wären, selbständig Politik zu treiben, wenn auch in enger Verbindung zu ihnen. Dagegen stand zeitweilig die französische Konzeption, die die Souveränität der kleinen Randstaaten erhalten und sie nur bei ganz akuten Anlässen der Gesamtgruppe unterordnen möchte, während die Bundesrepublik Deutschland auf eine Beteiligung am Entscheidungsprozess des Schutzstaates drängt. Gerade gegen die letztere Konzeption wenden sich aber die Vereinigten Staaten mit dem Argument, dass ihre weltweite Verantwortung nicht den Interessen kleiner Staaten in einzelnen Regionen untergeordnet werden könnte. Das heisst eindeutig, dass man von dem Entscheidungsprozess in der Bundesrepublik Deutschland nicht den Entscheidungsprozess in den Vereinigten Staaten abhängig machen könnte. Dabei wird nicht gesagt, das gerade der Entscheidungsprozess in der Bundesrepublik Deutschland nicht nur wegen der Nähe zur Sowjetunion, sondern auch wegen der ungelösten Deutschen Frage ganz besonders psychischer Gewaltanwendung ausgesetzt sein dürfte und damit in den Entscheidungsprozess der Vereinigten Staaten ein labiles Element einführen könnte.

Insgesamt ergibt sich, dass die neue Form der internationalen Ordnung, in der sich Staaten oft der Volksdiplomatie bedienen, keineswegs eine ideale Ordnung ist, dass sie aber bei einer richtigen Verteilung der Elemente und bei einer richtigen Einschätzung der Funktionen der beteiligten Glieder, sowohl der kleinen Staaten als auch der Grosstaaten, zu einer relativ stabilen Situation führt, die geeignet ist, zwischen den grossen Staaten einen politische Ausgleich möglich zu machen. Die kleinen Staaten müssen, sofern sie von diesem Ausgleich tangiert werden und sofern auch sie Interessen in der Schutzzone oder gegenüber dem anderen Grosstaat selbst verfolgen, versuchen, diese Interessen in diesen politischen Prozess zwischen den Grosstaaten einzuordnen, und die Bevölkerung des Grosstaates mit volksdiplomatischen Mitteln für ihre Interessen zu gewinnen. Die traditionelle Diplomatie bleibt in ihrer Anwendbarkeit allerdings weitgehend auf die Beziehungen zwischen den Grosstaaten beschränkt, während in den Beziehungen zwischen Grosstaaten und Kleinstaaten die Volksdiplomatie im weiteren Sinne die vorherrschende Methode sein muss.

Zweifellos ist die hier skizzierte internationale Ordnung komplizierter als das traditionelle Modell. Die Volksdiplomatie als die unter ihr besonders entwickelte Methode internationaler Kommunikation bietet jedoch die Möglichkeit, die Vielgestaltigkeit der sozialen Wirklichkeit für die auswärtigen Beziehungen zu erfassen, die die traditionelle Diplomatie weitgehend vernachlässigt. Ob die Volksdiplomatie damit dem Frieden eher dient als ihre Vorgänger, ist nicht zu beantworten. Das kann erst die Zukunft zeigen.

Anmerkungen zu Kapitel 3

1 Vgl. dazu Wright, The Study of International Relations, S. 5 f.
2 Vgl. Krüger, Allgemeine Staatslehre, S. 23 f.
3 Vgl. Leoni, S. 239; Freund, S. 751; Leistritz, S. 18 ff. und S. 23 ff.
4 A. A. Modelski, S. 6.
5 So Helmut Rumpf, S. 21 f.
6 Vgl. Stoessinger, S. 28.
7 z.B. Politics among Nations, S. 25 f.; vgl. auch Schleicher, Introduction in International Relations, S. 85 ff. und International Relations, S. 252.
8 Zum Verhältnis zwischen Politik und Macht: vgl. Herbert Krüger, Allgemeine Staatslehre, S. 680 ff.; anders allerdings Weber, S. 27 f.
9 Vgl. auch Wright, The Psychological Approach to War and Peace, S. 22 f.; nach Karl W. Deutsch werden auswärtige Beziehungen sogar erst durch das Bedrohtsein vom Rückfall in Machtbeziehungen zu politischen Beziehungen, Security Communities, S. 98.
10 Vgl. Schoene, S. 125.
11 Vgl. dazu Blühdorn, S. 15.
12 Vgl. Knorr, S. 22.
13 Vgl. auch Morgenthau, Politics among Nations, S. 96; Burton, International Relations, S. 34 f.
14 The Quest for a Philosophy of Foreign Affairs, S. 87.
15 Vgl. auch Lemberg, Nation und Nationalismus, II, S. 5 f.
16 Vgl. zur Beeinträchtigung der internationalen Ordnung durch Überheblichkeit und Fremdenverachtung König, S. 326 f.
17 Vgl. auch die Untersuchung von Rummel, der grosse soziale und Wertdifferenzen zwischen Staaten, z.B. Israel und Syrien, als Konfliktursachen nachweist.
18 Vgl. dazu: Rumpf, S. 21 f.; Raymond Aron, Paix et Guerre entre les Nations, S. 101 f.
19 Vgl. auch Elmer Plischke, International Integration, S. 5.
20 Vgl. für das römische Imperium Maier, S. 24; zur Ablehnung und bewussten Behinderung von "intergroup communication" in primitiven Gesellschaften, aber auch in den grossen Reichen des Mittelalters Nicolson, Diplomacy, S. 17 f.
21 Vgl. für die SU Triska-Finlay.
22 So schreiben z.B. Heffter, S. 5; und Holtzendorff, II, S. 14 ff., dass das Gleichgewicht der Staaten die eigentliche Grundlage des Völkerrechtssystems sei.
23 Vgl. zur Diplomatie der Griechen Nicolson, Diplomacy, S. 19 ff.
24 Vgl. dazu Mukherjee.
25 Vgl. Nicolson, Diplomacy, S. 29 f.
26 Es wird gern das Auftreten des miles perpetuus als erstes Indiz für den Beginn moderner Staatlichkeit angesehen, vgl. Herbert Krüger, Allgemeine Staatslehre, S. 126.
27 Vgl. Nicolson, Diplomacy, S. 20 ff.
28 Vgl. Nicolson, Diplomacy, S. 30.
29 Vgl. Nicolson, Diplomacy, S. 30.

30 Vgl. Nicolson, Diplomacy, S. 30.
31 Vgl. Nicolson, Diplomacy, S. 30 f.
32 Vgl. Nicolson, The Evolution of Diplomatic Method, S. 34 f.
33 Vgl. Nicolson, The Evolution of Diplomatic Method, S. 35 ff.
34 Vgl. z.B. die Verordnung über den Verkehr mit diplomatischen Missionen und anderen Vertretungen ausländische Staaten in der DDR vom 2. Mai 1963 (Gesetzblatt II S. 270) i.d.F. v. 13. Juni 1968 (Gesetzblatt II S. 363, Anlage 1, Ziffer 44).
35 Vgl. Paddleford-Lincoln, S. 342 f. Sehr anschaulich für das Fortleben solcher Haltung zur Auswärtigen Politik bis in die ersten Jahre des 20. Jahrhunderts ist Jaeckel, S. 20 und S. 210ff. Er weist nach, dass der Wunsch nach intensiver Wirtschaftsförderung in Grossbritannien die Idee einer Schwächung der Verteidigung Indiens und der Notwendigkeit eines politischen Ausgleichs mit Russland mit sich brachte, wie er im Verhältnis zu Frankreich für den afrikanischen Kolonialbezitz nach Fashoda getroffen wurde.
36 Vgl. Plischke, International Integration, S. 4.
37 Vgl. Morgenthau, Politics among Nations, S. 175.
38 Balance of Power, S. 345 f.
39 Vgl. zu diesem Modell ausführlich Kaplan, Balance of Power, S. 344.
40 Vgl. dazu Burton, International Relations, S. 59 f.
41 S. 37.
42 Vgl. zur Bedeutung der Internationalen Organisation bei der Ausbildung des Konsensus: Coplin, S. 161.
43 International Integration, S. 5.
44 Vgl. dazu Nussbaum, S. 47 ff.; ter Meulen, S. 11; Butterfield, S. 81 f.; Schleicher, Introduction in International Relations, S. 551 ff.; Plischke, International Integration, S. 11 ff.
45 Vgl. dazu Lerche-Said, S. 96 f.
46 Vgl. Rosecrance, Action and Reaction in World Politics, S. 77 ff., S. 82 ff. und S. 100 f.
47 So Lerche – Said, S. 169 f.
48 Vgl. auch Rosecrance, Action and Reaction, S. 147 und S. 167.
49 Vgl. Rosecrance, Action and Reaction, S. 165 ff.; Morgenthau, Politics among Nations, S. 169 ff.; Craig, S. 271.
50 Vgl. Burns, S. 353.
51 Vgl. Rosecrance, Action and Reaction, S. 127.
52 Vgl. dazu auch Mahncke, Konsequenzen, S. 53.
53 Vgl. Wright, Study of War, S. 228 und S. 235 ff.
54 Vgl. Rosecrance, Action und Reaction, S. 33 und S. 100.
55 Vgl. Schramm, S. 51 f.
56 Nach Auffassung von Burton, International Relations, S. 58 und S. 77 ff., seit 1856.
57 Vgl. Rosecrance, Action and Reaction, S. 146.
58 Siehe dazu oben S. 56 ff.
59 Vgl. Burton, International Politics, S. 59 f.
60 Vgl. Blühdorn, S. 305 ff.; Lerche-Said, S. 113 f.
61 Vgl. Newman, S. 27 ff.
62 Vgl. Blühdorn, S. 306.
63 Vom Kriege, S. XII.
64 Dissertatio juridico solemnis qua de aequilibrii alioque legali juris gentiam arbitrio in gentium controversiis pacis tuendae causa interponendo, S. 169, zitiert nach ter Meulen, S. 44.
65 Dieser Gedanke findet sich schon in einer Dissertation des Giessener Juristen Eberhard Georg Wittich "Dissertatio juris gentium de tuendo aequilibrii Europae" aus dem Jahre 1723, vgl. ter Meulen, S. 43.
66 Vgl. Claude, S. 106 ff. und S. 154 ff.

[67] Vgl. Raymond Aron, Paix et Guerre entre les Nations, S. 35; Schramm, S. 38.
[68] Vgl. Schelling-Halperin, S. 142 f.
[69] Vgl. Morgenthau, Politics among Nations, S. 27.
[70] 1. Buch, 4. Kapitel.
[71] Art. 3 I a der Vienna Convention on Diplomatic Relations, Text in: American Journal of International Law 1961, S. 1064 ff.
[72] Vgl. zum Begriff der Impermeabilität Herz, Politics in the Atomic Ages, S. 40.
[73] Vgl. dazu auch die ältere Völkerrechtsliteratur, die den Staat, der keine Monopolisierung der Entscheidungsgewalt an der Spitze durchgesetzt hatte, wie etwa das Chinesische Reich oder afrikanische Reiche, überhaupt nicht als Völkerrechtssubjekt oder als Völkerrechtssubjekt niederen Ranges betrachtete, z.B. Franz von Liszt, S. 5 f.
[74] Vgl. Nussbaum, S. 154 f.; ter Meulen, S. 63 ff.
[75] Vgl. dazu: Bernholz, S. 184 f.
[76] Vgl. Gerlach, S. 15; Mahnke, S. 53.
[77] Vgl. Lerche-Said, S. 266.
[78] Vgl. dazu: Renouvin-Duroselle, S. 120 ff.
[79] Gedanken und Erinnerungen, S. 528.
[80] Vgl. Emge, Kulturpolitik, S. 58 ff. und S. 68.
[81] Vgl. Hoffmann, Role of International Organization, S. 358; Wedge, S. 27 f.
[82] Vgl. S. 316.
[83] Vgl. dazu Carl Schmitt, Grossraumordnung, S. 3.
[84] Vgl. Carl Schmitt, Theorie des Partisanen, S. 16 f.
[85] Text in: International Legal Materials 1966, S. 374-376; vgl. zu anderen Versuchen des Verbots volksdiplomatischen Verhaltens Murty, insbesondere S. 258 ff.
[86] Vgl. dazu Dieter Schröder, Die Dritte Welt und das Völkerrecht, Hamburg 1970, S. 58 und S. 67 ff.
[87] Vgl. Lewin-Kaljushnaja, S. 66 f.
[88] International Legal Materials 1966, S. 375.
[89] Vgl. auch Gerlach, S. 173 ff.
[90] Vgl. zum imperialen Ordnungsmodell auch Elmer Plischke, International Integration, S. 5.
[91] Das gleiche gilt heute auch für die physische Gewalt, vgl. Herz, International Politics, S. 20.
[92] Hier ist auf die jüngste Entwicklung besonders hinzuweisen, nämlich auf den Beschluss, in Zukunft den Sicherheitsrat zweimal jährlich auf Ministerebene zu vertraulichen Sitzungen einzuberufen, vgl. Archiv der Gegenwat 15547 A.
[93] Vgl. zu diesem Modell: Elmer Plischke, International Integration, S. 5; Wagenen, S. 820.
[94] S. 36.
[95] S. oben S. 11 f.
[96] Nach Ost-Probleme 1968, S. 574.
[97] Politics, S. 50.
[98] Nationalism and Social Communication, S. 79.
[99] Das wird von Herz, Politics, S. 50, verkannt.
[100] Vgl. Liszt, S. 5 f.
[101] Vgl. Frowein, S. 4 und S. 229 ff.
[102] Vgl. Boutros-Ghali, S. 110 ff.
[103] Sowjetblock, S. 399.
[104] Vgl. Boutros-Ghali, S. 113.
[105] Zum Unterschied von Allianz und Staatenbund vgl. Ebers, S. 226 f.
[106] Vgl. Gasteyger, Sozialistischer Internationalismus, S. 122.
[107] Vgl. Plano-Riggs, S. 518 f.

108 Vgl. Scott, S. 168.
109 Vgl. zu diesen Doktrinen Schröder, Kollektive Regionalintervention.
110 Vgl. Schröder, Kollektive Regionalintervention.
111 Das Osloer Nobel-Institut hat vom 13. bis 16. September 1970 ein Symposion über die Stellung und Rolle von Kleinstaaten in den internationalen Beziehungen durchgeführt, auf dem die möglichen Verhaltensweisen erörtert worden sind, vgl. den vorläufigen Bericht von Vukadinovic, S. 50.
112 Herz, Politics, S. 259 ff.; und Kahn, S. 271 f., empfehlen aus strategischen Überlegungen ein solches Zonenkonzept.

Schluss: Die Anpassung des Instrumentariums der internationalen Beziehungen an volksdiplomatische Methoden

Die Überprüfung der Relevanz des internationalen Kommunikationsmodells Volksdiplomatie weist auf eine Relativierung der Bedeutung traditioneller diplomatischer Methoden in der Gegenwart hin. Zugleich werden aber auch Grenzen einer Diplomatie erkennbar, die sich über die Köpfe der ausländischen Regierung hinweg unmittelbar an die Bevölkerung des fremden Staates wendet. Solche Grenzen schaffen u.a. politische Bildung und ein modernes inneres Kommunikationssystem. Dies alles hilft vor allem einer Demokratie, gerade in kritischen Situationen Vertrauen und Loyalität zwischen Bevölkerung und Regierung zu bewahren und zu stärken. Aber auch in anderer Weise verfasste Staaten haben die Möglichkeit, durch verstärkte ideologische Indoktrination, Gegenterror, Verketzerung der Gegenseite u.ä. volksdiplomatischen Aktionen zu widerstehen. Eine weitere Grenze, deren präzise Beschreibung allerdings noch sehr eingehender Forschungen bedarf, wird durch das jeweilige Mass der Unabhängigkeit einer Regierung von der öffentlichen Meinung in ihrem Staat gebildet. Man kann annehmen, dass demokratische Staaten gerade unter diesem Gesichtspunkt volksdiplomatischen Aktionen einen grösseren Spielraum eröffnen als Diktaturen jeglicher Schattierung; das höhere Mass an Vertrauen und Loyalität, das in demokratischen Staaten zu vermuten ist, reduziert jedoch die Effektivität der volksdiplomatischen Einwirkungen, während in Diktaturen in der Regel verdeckte Widersprüche vorhanden sind, die volksdiplomatisch verschärft werden können. Ideologische Indoktrination und Gegenterror wirken hier jedoch dem Wirksamwerden der Volksdiplomatie entgegen. Aber die Staaten der Gegenwart sind in der Mehrzahl weder moderne Demokratien noch hochentwickelte Diktaturen, sie sind vielleicht auf dem Wege der Entwicklung in die eine oder andere Richtung. Gerade diese unvollendeten Staaten dürften heute die am meisten geeigneten Objekte der Volksdiplomatie sein.

Bei allem Zweifel an der Genauigkeit der Beschreibung der Grenzen der traditionellen Diplomatie und der Volksdiplomatie kann als sicher angenommen werden, dass Volksdiplomatie, d.h. Aussenpolitik mittels Beeinflussung der Bevölkerung eines fremden Staates, in den gegenwärtigen internationalen Beziehungen von grosser Bedeutung ist. Im äussersten Fall scheint Volksdiplomatie geeignet zu sein, grundlegende Veränderungen in der internationalen Ordnung ohne die Risiken moderner Kriege herbeizuführen, obwohl bisher kein wirklich sensationeller Erfolg dieser Art festgestellt werden kann. Viel eher dürfte die Volksdiplomatie eingesetzt werden, um parallel zu einer mit traditionellen diplomatischen Mitteln durchgeführten internationalen Auseinandersetzung Druck auf die Gegenseite auszuüben, um Unruhe und Verwirrung zu erzeugen und so die Festigkeit einer Regierung in Verhandlungen zu erschüttern.

Es wäre daher unverantwortlich, die Wirkung der Kräfte in den internationalen Beziehungen der Gegenwart zu ignorieren, die mit dem Begriff Volksdiplomatie umschrieben werden können. Falsch ist es auch, die Volksdiplomatie als weniger ehrenwert und nicht standesgemäss aus den Aussenministerien fernzuhalten und Institutionen oder Gruppen zu überlassen, die von ihrer Qualifikation und Kompetenz her nicht auf die Pflege internationaler Beziehungen eingerichtet und nicht dem Inhaber der Auswärtigen Gewalt verantwortlich sind. Bedenken bestehen daher nicht nur gegen private Gruppen, die Volksdiplomatie betreiben wollen, ohne dass ihre Arbeit in die aussenpolitische Konzeption ihres Staates fest eingeordnet werden kann, sondern auch gegen die oben[1] schon kritisierte Forderung Beaufres, die Volksdiplomatie als "indirekte Strategie" den Militärs zu überlassen. Es ist daher zu begrüssen, wenn der in der Einleitung erwähnte Herter-Ausschuss der Carnegie Endowment for International Peace im Jahre 1961 für die Vereinigten Staaten von Amerika feststellte, dass zwar der europäische diplomatische Dienst das ursprüngliche Modell der Diplomatie in der Welt gebildet hat, dass jedoch heute "it is clear that the old system, though still useful and even essential in its central elements, is inadequate by itself . . . There is an immedeacy in foreign affairs . . . Today much foreign activity involves the representation of whole peoples before whole peoples of other societies."[2]

Die Kommission für die Reform des Auswärtigen Dienstes, die von dem Bundesminister des Auswärtigen der Bundesrepublik Deutschland im Jahre 1968 eingesetzt wurde, stellte in ihrem Zwischenbericht von 1969 fest, dass sich der deutsche Auswärtige Dienst "einer zunehmenden Erweiterung seiner Aufgaben, nicht nur im traditionellen Rahmen diplomatischer und konsularischer Funktionen, sondern namentlich auch in der Kulturpolitik, der Öffentlichkeitsarbeit und anderen, neuen Bereichen aussenpolitischen Wirkens" gegenübersähe, und führt dazu u.a. aus:

> ". . . das politische Gewicht gesellschaftlicher Gruppen (ist) eines der wesentlichen Elemente staatlichen Lebens geworden. In den Beziehungen zwischen den Nationen gewinnt dies besondere Bedeutung durch . . . die Einflussnahme der verschiedenen Kräfte im Innern auf die Aussenpolitik. Wahrnehmung aussenpolitischer Interessen bedeutet damit nicht mehr allein den Verkehr von Regierung zu Regierung im klassischen Sinne der Diplomatie. Sie hat heute alle politisch wirksamen Kräfte und gesellschaftlichen Formierungen einzubeziehen. Der Auftrag, das eigene Volk gegenüber allen Teilen des anderen im ganzen Gastland zu vertreten, richtet sich auch an die Konsuln und bestimmt heute im wesentlichen ihre Funktion.

In diesem Zusammenhang wird der Rang der Öffentlichkeitsarbeit in der Pflege der internationalen Beziehungen besonders deutlich.

Das Gewicht der Öffentlichkeitsarbeit in der aussenpolitischen Arbeit und ihre ständig wachsende Bedeutung lassen erwarten, dass die Aktivitäten aller mit ihr befassten Institutionen weiter zunehmen."[3]

Wenn ein Auswärtiger Dienst, wie der deutsche, der, wie mehrfach erwähnt, sich lange jeder Abkehr von der traditionellen Diplomatie widersetzt hat, sich hier ganz eindeutig zur Volksdiplomatie bekennt, so kann man an der Relevanz dieser Methodik wirklich nicht mehr zweifeln. Die Volksdiplomatie ist – immerhin schon 180 Jahre nach der Französischen Revolution – zu einem allseits anerkannten und gewichtigen Element der Gestaltung internationaler Beziehungen geworden. Damit ist für die Wissenschaft von den internationalen Beziehungen die Aufgabe gestellt, diese neue Form der internationalen Kommunikation mehr als bisher zu beobachten und zu untersuchen, aber auch den Begriffsapparat, der an den klassischen Formen des zwischenstaatlichen Verkehrs orientiert ist, zu überprüfen. Mit Begriffen wie "zwischenstaatlich", "souverän" u.ä. wird vielleicht nicht mehr viel anzufangen sein.

Eine Antwort sollte aber auch auf die beunruhigende Frage gesucht werden, wie sich bei einem Vorherrschen volksdiplomatischer Methoden in den internationalen Beziehungen die Liberalität der westlichen Demokratien bewahren lässt. Aus juristischer Sicht könnte man erwägen, die Declaration on the inadmissibility of intervention zu einer Konvention über die Regeln und Grenzen kultureller und sozialer Zusammenarbeit zwischen Staaten fortzuentwickeln. Jedoch, wie die Studie nahelegt, ist zu berücksichtigen, dass die Staaten auf Grund ihrer inneren Struktur ein sehr unterschiedliches Interesse haben, solche Grenzen der Volksdiplomatie zu beachten. Ein Mangel an wirksamem internationalen Konsens würde gerade zu innerstaatlichen Gegenmassnahmen Anlass geben, die die Liberalität gefährden und dadurch sogar auch eine Aufnahmebereitschaft für die Argumente eines sich liberal gerierenden volksdiplomatisch-aktiven Staates vor allem unter an sich schon kritischen Gruppen der Bevölkerung begünstigen. Eher zu erwägen wäre ein modus vivendi zunächst zwischen den Hauptmächten darüber, dass in der Schutzzone der Gegenseite auf Volksdiplomatie verzichtet oder diese auf ein niedriges Mass begrenzt wird. Es bleibt dann aber noch die Frage, ob und wie die kleineren Staaten an eine solche stillschweigende Übereinkunft gebunden werden können, insbesondere solange man sie als souverän betrachten will.

Anmerkungen zum Schluss

[1] Oben S. 82.

[2] Carnegie Endovment for International Peace, Personnel for the New Diplomacy. zitiert nach Henderson, S. 9.

[3] Der diplomatische Dienst in einer sich wandelnden Welt, in: Bulletin des Presse- und Informationsamtes der Bundesregierung 1969, S. 913-917.

Literaturverzeichnis

Abbott, Charles C., "Economic Penetration and Power Politics", in: McLellan, S. 250-258.

Abernon, Viscount d', *The Eighteenth Dicisive Battle of the World*, Warschau 1920.

Adler, Alfred, *Menschenkenntnis*, Zürich 1947.

Almond, Gabriel A., *The American People and Foreign Policy*, New York 1950.

Almond, Gabriel A. und Sidney Verba, *The Civic Culture. Political Attitudes and Democracy in Five Nations*, Princeton 1963.

Arendt, Hannah, *Elemente totaler Herrschaft*, Frankfurt am Main 1958.

Aron, Raymond, *Der permanente Krieg*, Frankfurt am Main 1953.

Aron, Raymond, "The Quest for a Philosophy of Foreign Affairs", in: Hoffmann, Stanley, *Contemporary Theory in International Relations*, S. 79-90 (aus: *Revue Française de Science Politique*, Bd. 3, 1953, S. 69-91).

Aron, Raymond, "Conflict and War from the Viewpoint of Historical Sociology" in: Hoffmann, Stanley, *Contemporary Theory in International Relations*, S. 191-208 (aus: *The Nature of Conflict;* hrsg. von der International Sociological Association, Paris 1957, S. 177-203).

Aron, Raymond, *Paix et Guerre entre les nations*, 3. Aufl., Paris 1962.

Bärwald, Helmut und Herbert Scheffler, *Partisanen ohne Gewehr – Funktion, Methoden und Argumente kommunistischer Infiltration*, Köln 1967.

Bailey, Thomas A., *The Man in the Street – The Impact of American Public Opinion on Foreign Policy*, New York 1948.

Bainville, Jacques, *Geschichte zweier Völker*, Hamburg 1939.

Beaufre, André, *Totale Kriegskunst im Frieden – Einführung in die Strategie*, deutsche Ausgabe, Berlin O.J. (1964).

Bernholz, Peter, *Aussenpolitik und internationale Wirtschaftsbeziehungen*, Frankfurt am Main 1966.

Besson, Waldemar, *Die grossen Mächte – Strukturfragen der gegenwärtigen Weltpolitik*, Freiburg 1966.

Bismarck, Otto von, *Gedanken und Erinnerungen*, Suttgart und Berlin 1919.

Blühdorn, Rudolf, *Internationale Beziehungen – Einführung in die Grundlagen der Aussenpolitik*, Wien 1956.

Boutros-Ghali, B., *Contribution à une Théorie Générale des Alliances*, Paris 1963.

Brinton, Crane, *Europa im Zeitalter der Französischen Revolution*, 2. Aufl., Wien 1948.

Brinton, Crane, *From Many One: The Process of Political Integration – The Problem of World Government*, Cambridge 1948.

Broch, Tom und Johan Galtung, "Belligerence among the Primitives. A Re-analysis of Quincy Wright's data", in: *Journal of Peace Research*, 1966, S. 33-45.

Brzezinski, Zbigniew K., *Der Sowjetblock – Einheit und Konflikt*, Köln und Berlin 1962.

Brzezinski, Zbigniew K., *Alternative zur Teilung – Neue Möglichkeiten für eine gesamteuropäische Politik*, deutsche Ausgabe, Köln und Berlin 1966.

Buchan, Alastair, "Problems of an Alliance Policy. An Essay in Hindsight", in: Howard, S. 293-310.

Burns, Arthur Lee, "From Balance to Deterrence: A Theoretical Analysis", in: Rosenau, *International Politics*, S. 350-366 (aus: *World Politics*, 1957, S. 494-529).

Burton, J. W., *International Relations – A General Theory*, Cambridge 1965.

Butterfield, Herbert, *Christianity, Diplomacy and War*, 2. Aufl., London 1953.
Campbell, Donald T., "Common Fate, Similarity, and other Indices of the Status of Aggregates of Persons as Social Entities", in: Singer, J. David, *Human Behavior and International Politics*, S. 85-95.
Carr, Hallett, *Moskau – Berlin*, Stuttgart 1954.
Carr, Edward Hallett, *The Twenty Years' Crisis 1919-1939. An Introduction to the Study of International Relations*, London 1956.
Carroll, E. Malcolm, *Germany and the Great Powers 1866-1914 – A Study in Public Opinion and Foreign Policy*, New York 1938.
Cattell, Raymond B., "Concepts and Methods in the Measurement of Group Syntality", in: Singer, J. David, *Human Behavior and International Politics*, S. 92-102.
Cho, M. Y., *Die Entwicklung der Beziehungen zwischen Peking und P'yongyang 1949-1967 – Analyse und Dokumente – Eine Studie über die Auswirkungen des sowjetisch-chinesischen Konflikts*, Wiesbaden 1967.
Claude, Inis, *Power and International Relations*, 1964.
Clausewitz, Carl von, *Vom Kriege*, Berlin 1911.
Condliffe, J. B., *The Commerce of Nations*, London 1951.
Coplin, William D., *The Functions of International Law – An Introduction to the Role of International Law in the Contemporary World*, Chicago 1966.
Corbett, Percy E., *Law and Society in the Relations of States*, New York 1951.
Corbett, Percy E., *Morals, Law, and Power in International Relations*, Los Angeles 1956.
Crabb, Cecil V. jr., *Nations in a Multipolar World*, New York, Evanston and London 1968.
Craig, Gordon, "The System of Alliances and the Balance of Power", in: *The New Cambridge Modern History*, Vol. lo (Cambridge 1960), S. 246-273.
Curtius, Ernst, *Griechische Geschichte*, 1. Bd. Berlin 1874.
Czempiel, Ernst-Otto, *Das Amerikanische Sicherheitssystem 1945-1949 – Studie zur Aussenpolitik der bürgerlichen Gesellschaft*, Berlin 1966.
Dach, H. von, *Der totale Widerstand – Kleinkriegsanleitung für jedermann*, 2. Aufl., Biel 1958.
Däniker, Gustav, *Strategie des Kleinstaats*, Frauenfeld und Stuttgart 1966.
Dafoe, John W., "Public Opinion as a Factor in Government", in: Wright, Quincy, *Public Opinion*, S. 3-24.
Davies, James C., *Human Nature in Politics – The Dynamics of Political Behavior*, New York und London 1963.
Davis, Kingsley, "Social Changes Affecting International Relations", in: Rosenau, *International Politics*, S. 130-140.
Denker, Rolf, *Aufkärung über Aggression – Kant-Darwin-Freud-Lorenz*, Stuttgart, Berlin, Köln und Mainz 1966.
Deuerlein, Ernst, *Die Einheit Deutschlands*, Frankfurt am Main und Berlin 1957.
Deutsch, Karl W., *Political Community at the International Level – Problems of Definition and Measurement*, Garden City, N.Y., 1954.
Deutsch, Karl W., *The Nerves of Government – Models of Political Communication and Control*, London 1963.
Deutsch, Karl W., *Nationalism and Social Communication – An Inquiry into the Foundations of Nationality*, 2. Aufl., Cambridge/Mass. und London 1966.
Deutsch, Karl W.; Burrell, Sidney A.; Kann, Robert A.; Lee jr., Maurice; Lichterman, Martin; Lindgren, Raymond E.; Loewebheim, Francis L.; Wagenen, Richard W. van, *Political Community and the North Atlantic Area – International Organization in the Light of Historical Experience*, Princeton, N.J., 1957.
Deutsch, Karl W. und Richard L. Meritt, "Effects of Events on National and International Images", in: Kelman: S. 132-187.

Doob, Leonhard W., *Patriotism and Nationalism – Their Psychological Foundations*, New Haven and London 1964.
Duchacek, Ivo D., *Nations and Men – International Politics Today*, New York, Chicago, San Francisco, Toronto und London 1966.
Duchacek, I. und K. Thompson, *Conflicts and Cooperation among Nations*, New York 1960.
Dunn, Frederick S., "The Scope of International Relations", in: *World Politics* 1948, Bd. 1, S. 143-146.
Easton, David, *A Systems Analysis of Political Life*, New York, London und Sidney 1965.
Ebers, Godehard Josef, *Die Lehre vom Staatenbunde*, Breslau 1910.
Emge, Richard Martinus, *Auswärtige Kulturpolitik – Eine soziologische Analyse einiger ihrer Funktionen, Bedingungen und Formen*, Berlin 1967.
Erickson, John, *Panslavism*, London 1964.
Etzioni, Amitai, "Atlantic Union, the Southern Continents, and the United Nations", in: Fisher, S. 179-207.
Etzioni, Amitai, *Political Unification – A Comparative Study of Leaders and Forces*, New York, Chicago, San Francisco, Toronto und London 1965.
Falk, Richard A., "On the Quasi-Legislative Competence of the General Assembly", in: *The American Journal of International Law* 1966, S. 782-791.
Finlay, David J.; Holsti, Ole R.; Fagen, Richard R., *Enemies in Politics*, Chicago 1967.
Fisher, Roger (Hrsg.), *International Conflict and Behavioral Science*, New York 1964.
Florin, Peter, *Zur Aussenpolitik der souveränen sozialistischen Deutschen Demokratischen Republik*, Berlin 1967.
Fox, W. T. R. (Hrsg.), *Theoretical Aspects of International Relations*, Notre-Dame 1959.
Frankel, Joseph, *The Making of Foreign Policy – An Analysis of Decision-Making*, London, New York und Toronto 1963.
Fraser, Lindley, *Propaganda*, London 1957.
French, John R. P. jr. und Bertram Raven, "The Bases of Social Power", in: Singer, J. David, *Human Behavior and International Politics*, S. 136-145.
Freund, Julien, *L'essence du politique*, Paris 1965.
Friedmann, Wolfgang, *The Changing Structure of International Law*, London 1964.
Friedrich, Carl J., *Man and his Government*, New York, San Francisco, Toronto und London 1963.
Friedrich, Carl. J., "International Federalism in Theory and Practice", in: Plischke, *Systems*, S. 117-156.
Frowein, Jochen Abraham, *Das de facto-Regime im Völkerrecht*, Köln und Berlin 1968.
Frye, William, *The United Nation's Peace Force*, New York 1957.
Fuller, H. F. C., *Die entartete Kunst, Krieg zu führen, 1789-1961*, Köln 1964.
Gasteyger, Curt, "Sozialistischer Internationalismus – Völkerrechtliche Strukturprobleme des Ostblocks", in: *Jahrbuch für Ostrecht* 1963, Bd. IV, S. 117-140.
Gasteyger, Curt, *Einigung und Spaltung Europas 1942-1965 – Eine Darstellung und Dokumentation über die Zweiteilung Europas*, Frankfurt am Main und Hamburg 1966.
Gerlach, Axel, *Die Intervention – Versuch einer Definition*, Hamburg 1967.
Gitermann, Valentin, *Geschichte Russlands*, Bd. 2, Zürich 1945.
Good, Robert C., "State-Building as a Determinant of Foreign Policy in the New States", in: Martin, S. 3-12.
Grab, Walter, *Demokratische Strömungen in Hamburg und Schleswig-Holstein zur Zeit der Ersten Französischen Republik*, Hamburg 1966.
Grabowsky, Adolf, "Zur Problematik der Masse", in: *Zeitschrift für Politik* 1968, S. 137-157.
Grewe, Wilhelm G., "Über den Einfluss der Kernwaffen auf die Politik", in: *Europa-Archiv* 1967, S. 77-94.

Grodzins, Morton, *The Loyal and the Disloyal – Social Boundaries of Patriotism and Treason*, Chicago 1956.

Grosse, Alfred, *Au nom de quoi? – A la recherche d'une ethique politique* (deutsche Ausgabe), Tübingen 1969.

Haas, Ernst B., "The Balance of Power: Prescription, Concept, or Propaganda?" in: *World Politics* 1952/53, (Bd. 5), S. 442–477.

Haas, Ernst B., "Regional Integration and National Policy", in: *International Conciliation* 1957, S. 380–442.

Haas, Ernst B., "The Challenge of Regionalism", in: Hoffmann, Stanley, *Contemporary Theory in International Relations*, S. 223–239 (aus: *International Organization* 1958, Bd. 12, S. 440–458.

Haas, Ernst B., *Beyond the Nation-State – Functionalism and International Organization*, Stanford, Calif. 1964.

Haas, Ernst B. und Allen S. Whiting, *Dynamics of International Relations*, New York, Toronto und London 1956.

Habermas, Jürgen, *Technik und Wissenschaft als "Ideologie"*, Frankfurt am Main 1968.

Halperin, Ernst, *Der siegreiche Ketzer – Titos Kampf gegen Stalin*, Köln 1957.

Hamblin, Robert L., "Group Integration During a Crisis", in: Singer, J. David, *Human Behavior and International Politics*, S. 220–230.

Hassner, Pierre, "Entspannungspolitik à la française", in: *Moderne Welt* 1967, S. 242–257.

Heffter, A. W., *Das europäische Völkerrecht der Gegenwart*, 3. Aufl., Berlin 1855.

Henderson, John W., *The United States Information Agency*, New York, Washington und London 1969.

Herz, John H., "The Rise and Demise of the Territorial State", in: Rosenau, *International Politics*, S. 80–86 (aus: *World Politics*, 1957, S. 473–493).

Herz, John H., *International Politics in the Atomic Age*, New York 1959.

Hespe, Klaus, *Zur Entwicklung der Staatszwecklehre in der deutschen Staatsrechtswissenschaft des 19. Jahrhunderts*, Köln und Berlin 1964.

Hinsley, F. H., *Power and the Pursuit of Peace – Theory and Practice in the History of Relations Between States*, Cambridge 1963.

Hobbes, Thomas, *Leviathan*, Reinbek b. Hamburg 1965.

Hoffmann, Arthur S. (Hrsg.), *International Communication and the New Diplomacy*, Bloomington und London 1968.

Hoffmann, Stanley, "The Role of International Organization – Limits and Possibilities", in: *International Organization* 1956, S. 357–372.

Hoffman, Stanley (Hrsg.), *Contemporary Theory in International Relations*, New York 1960.

Hofstätter, Peter R., *Sozialpsychologie*, Berlin 1964.

Holtzendorff, Franz von, *Völkerrechtliche Verfassung und Grundordnung der auswärtigen Staatsbeziehungen*, Bd. 2, 1887.

Hope, Guy, *America and Swaraj – The U.S. Role in Indian Independence*, Washington, D.C. 1968.

Horster, Hans, *Die sowjetische Wirtschaft als Mittel der Politik – I. Ursprung-Entwicklung-Stand*, Bonn 1967.

Hovland, Carl J.; Janis, Irving L. und Kelley, Harold H., *Communication and Persuasion – Psychological Studies of Opinion Change*, New Haven und London 1953.

Howard, Michael (Hrsg.), *The Theory and Practice of War*, New York und Washington 1966.

Jacobsen, Hans-Adolf, *Die national-sozialistische Aussenpolitik 1933–1938*, Frankfurt am Main und Berlin 1968.

Jaeckel, Horst, *Die Nordwestgrenze in der Verteidigung Indiens 1900–1908 und der Weg Englands zum britisch-russischen Abkommen von 1907*, Köln und Opladen 1968.

Jellinek, Georg, *Allgemeine Staatslehre*, 3. Aufl. (3. Nachdruck), Berlin 1921.

Kahn, Herman, *On Escalation – Metaphors and Scenaries*, London 1965.
Kaplan, Morton A., *System and Process in International Politics*, New York und London 1957.
Kaplan, Morton A., "Balance of Power, Bipolarity and Other Models of International Systems", in: Rosenau, *International Politics*, S. 343-349 (aus: *American Political Science Review* 1957, S. 684-693).
Kaplan, M. A. und Katzenbach, N. de B., "Die politischen Grundlagen des Völkerrechts", in: *Modernes Völkerrecht*, S. 17-208.
Katz, Eliha und Paul F. Lazarsfeld, *The Part Played by People in the Flow of Mass Communication*, Glencoe, Ill. 1955.
Kautsky, Karl, *Wie der Weltkrieg entstand*, 1919.
Kelman, Herbert C. (Hrsg.), *International Behavior*, New York, Chicago, San Francisco, Toronto und London 1965.
Kissinger, Henry A., *Nuclear Weapons and Foreign Policy*, New York 1957.
Kissinger, Henry A., *The Necessity for Choice – Prospects of American Foreign Policy*, New York 1961.
Kissinger, Henry A., "American Strategic Doctrine and Diplomacy", in: Howard, S. 271-292.
Klineberg, Otto, *The Human Dimension in International Relations*, New York, Chicago, San Francisco, Toronto und London 1964.
Klosinski, Werner, "Zum Phänomen der Angst", in: *Angst und Aggression*, S. 7-17.
Knorr, Klaus, *On the Uses of Military Power in the Nuclear Age*, Princeton 1966.
König, René, "Soziologische Probleme der internationalen Ordnung", in: *Krieg und Frieden* S. 321-333.
Kohn, Hans, *The Age of Nationalism*, New York 1962.
Kohn, Hans, *Nationalism in the Atlantic Community*, Philadelphia 1965.
Kohn, Hans, *Prelude to Nation-States: The French and German Experience, 1789-1815*, Princeton, N.J., Toronto, London und Melbourne 1967.
Korowin, E. A., *Das Völkerrecht der Übergangszeit – Grundlagen der völkerrechtlichen Beziehungen der Union der Sowjetrepubliken*, Berlin-Grunewald 1929.
Krakau, Knud, *Missionsbewusstsein und Völkerrechtsdoktrin in den Vereinigten Staaten von Amerika*, Frankfurt am Main und Berlin 1967.
Krakau, Knud, *Die kubanische Revolution und die Monroe-Doktrin – Eine Herausforderung der Aussenpolitik der Vereinigten Staaten*, Frankfurt am Main und Berlin 1968.
Krüger, Herbert, *Allgemeine Staatslehre*, Stuttgart 1964.
Krüger, Herbert, "Unsicherheit der Staatsidee und Sicherheit von Wirtschaft und Gesellschaft", in: *Verwaltung im modernen Staat – Staat und Wirtschaft*, Berlin 1966.
Kulski, W. W., "Integrating the Communist Political Orbit", in: Plischke, *Systems*, S. 157-194.
Landheer, Bart, *On the Sociology of International Law and International Society*, Den Haag 1966.
Lanzetta, John T., "Group Behavior under Stress", in: Singer, J. David, *Human Behavior and International Politics*, S. 212-219.
Laski, Harold J., *A Grammar of Politics*, 2. Aufl., London 1930.
Lasswell, Harold Dwight, *Power and Personality*, New York 1948.
Le Bon, Gustave, *Psychologie der Massen*, 6. dtsche. Aufl., Leipzig o.J. (1935).
Ledermann, Làzlo, *Fédération Internationale – Idées d'hier – Possibilités de demain*, Neuchâtel 1950.
Legahn, Ernst A., "Preussische Partisanen", in: *Wehrwissenschaftliche Rundschau* 1968, S. 159-175.
Leistritz, Hans Karl, *Die Kunst der Politik – Analyse der politischen Spielregeln*, München 1968.
Lemberg, Eugen, *Wege und Wandlungen des Nationalbewusstseins*, Münster i.W. 1934.
Lemberg, Eugen, *Geschichte des Nationalismus in Europa*, Stuttgart 1950.
Lemberg, Eugen, *Nationalismus*, (Bd. 2) *Soziologie und politische Pädagogik*, Reinbek b. Hamburg 1964.

Lemberg, Eugen, "Nation und Nationalismus", in: *Aus Politik und Zeitgeschichte*, Beilage zu "Das Parlament", B 31/67 und B 32/67.

Leoni, Bruno, "The Meaning of 'Political' in Political Decisions", in: *Political Studies* 1957 (Bd. 5), S. 225-239.

Lerche jr.; Charles O. und Abdul A. Said, *Concepts of International Politics*, Englewood Cliffs, N.J. 1963.

Lerner, Daniel, *Propaganda in War and Crisis*, New York 1951.

Lersch, Philipp, *Der Mensch als soziales Wesen – Eine Einführung in die Sozialpsychologie*, München 1964.

Le Vine, Robert A., "Socialization, Social Structure, and Intersocietal Images", in: Kelman, S. 45-69.

Lewin, D. B. und G. P. Kaljushnaja (Hrsg.), *Völkerrecht – Lehrbuch*, Berlin 1967.

Linton, Ralph, *The Study of Man – An Introduction*, New York und London 1936.

Lipset, Seymour Martin, *The first New Nation: The United States in Historical and Comparative Perspective*, New York 1963.

Linebarger, Paul M. A., *Psychological Warfare*, 2. Aufl., Washington, D.C., 1954.

Liska, George, *International Equilibrium – A Theoretical Essay on the Politics and Organization of Security*, Cambridge, Mass. 1957.

Liska, George, *Nations in Alliance – The Limits of Interdependence*, Baltimore 1962.

Liszt, Franz von, *Das Völkerrecht – systematisch dargestellt*, 9. Aufl., Berlin 1913.

London, Kurt, *The Making of Foreign Policy. East and West*, Philadelphia und New York 1965.

London, Kurt, *The Permanent Crisis*, New York 1962.

Lorenz, Konrad, *Das sogenannte Böse – Zur Naturgeschichte der Aggression*, Wien 1963.

McDougal, Myres S. und Norbert A. Schlei, "The Hydrogen Bomb Tests in Perspective – Lawful Measures for Security", in: *Yale Law Journal* 1954/55, S. 648-710.

McDougal, Myres S. u.a., *Studies in World Public Order*, New Haven 1960.

McDougal, Myres S. u.a., "The Comparative Study of Law for Policy Purposes – Value Clarifications as an Instrument of Democratic World Order", in: McDougal u.a., *Studies*, S. 947-986.

McLellan, David S. (Hrsg.), *The Theory and Practice of International Relations*, (2. Aufl.). Englewood Cliffs, N.J. 1961.

McMurry, R. und M. Lee, *The Cultural Approach – Another Way in International Relations*, Chapel Hill, N.C., 1947.

Maddox, William P., "The Political Basis of Federation", in: *American Political Science Review* 1941, S. 1120-1127.

Mahnke, Hans Heinrich, "Die politischen und völkerrechtlichen Konsequenzen der sowjetischen Interventionsdoktrin", in: *Recht und Politik* 1969, S. 53-59.

Maier, Franz Georg, *Die Verwandlung der Mittelmeerwelt*, Frankfurt am Main 1968.

Maiski, Iwan, "Ein Diplomat der Leninschen Schule", in: *Neue Zeit* 1967, Heft 44, S. 10-13.

Maiski, Iwan, *Memoiren eines sowjetischen Botschafters*, Berlin 1967.

Marshall, Charles Burton, "Alliances with Fledging States", in: Wolfers, *Alliance Policy*, S. 213-233.

Martin, Laurence W. (Hrsg.), *Neutralism and Nonalignment*, New York 1962.

Mayer, Arno J., *Politics and Diplomacy of Peacemaking – Containment and Counterrevolution at Versailles 1918-1919*, London 1968.

Meissner, Boris, *Sowjetunion und Selbstbestimmungsrecht*, Köln 1962.

Millis, Walter und John Courtney Murray, *Foreign Policy and the Free Society*, New York 1958.

Modelski, George, *A Theory of Foreign Policy*, London 1962.

Morgenthau, Hans J. und Kenneth W. Thompson (Hrsg.), *Principles and Problems of International Politics*, New York 1950.

Morgenthau, Hans J., "Alliances in Theory and Practice", in: Wolfers, *Alliance Policy*, S. 184-212.
Morgenthau, Hans J., "The Nature and Limits of a Theory of International Relations", in: Fox, S. 15 ff.
Morgenthau, Hans J., *Politics among Nations – The Struggle for Power and Peace*, 3, Aufl., New York 1960.
Mühle, Günther, *Furcht und Angst unter entwicklungspsychologischem Aspekt*, in: Wiesbrock, S. 217-230.
Mukherjee, T. B., *Inter-State Relations in Ancient India*, Meerut 1967.
Murty, B. S., *Propaganda and World Public Order – The Legal Regulation of the Ideological Instrument of Coercion*, New Haven und London 1968.
Myrdal, Gunnar, "Der Vietnamkrieg und die politische und moralische Isolierung der Vereinigten Staaten", in: *Gewerkschaftliche Monatshefte* 1967, S. 65-74.
Newman, William J., *The Balance of Power in the Interwar Years, 1919-1939*, New York 1968.
Nicolson, Harold, *Diplomacy*, 2. Aufl., London, New York und Toronto 1950.
Nicolson, Harold, *The Evolution of Diplomatic Method*, London 1954.
Niebuhr, Reinhold, *Moral Man and Immoral Society*, New York und London 1942.
Niebuhr, Reinhold, "The Myth of World Government (1946)", in: Morgenthau-Thompson, S. 134-138.
Niebuhr, Reinhold, *Staaten und Grossmächte – Probleme staatlicher Ordnung in Vergangenheit und Gegenwart*, Gütersloh 1960.
Nitschke, August, "Wandlungen der Angst", in: Wiesbrock, S. 22-35.
Nollau, Günther, *Die Internationale – Wurzeln und Erscheinungsformen des proletarischen Internationalismus*, Köln und Berlin 1959.
Nussbaum, Arthur, *Geschichte des Völkerrechts in gedrängter Darstellung*, München und Berlin 1960.
Observator, "Die Diplomatie der neuen Welt"; in: *Neue Zeit* 1967, Heft 52, S. 5-7.
Padelford, Norman H. und George A. Lincoln, *The Dynamics of International Politics*, New York 1962.
Palmer, Norman D. und Howard C. Perkins, *International Relations – The World Community in Transition*, 2. Aufl., London 1957.
Plano, Jack C. und Robert E. Riggs, *Forging World Order – The Politics of International Organization*, New York und London 1967.
Plessow, Utta, "Einigkeit gegen das Athener Regime? – Griechenlands Recht auf Assoziierung", in: *Die Politische Meinung* 1967, Heft 4, S. 92-106.
Plischke, Elmer (Hrsg.), *Systems of Integrating the International Community*, Princeton, Toronto New York und London 1964.
Plischke, Elmer, "International Integration: Purpose, Progress, and Prospects", in: Plischke, *Systems*, S. 1-26.
Popow, W. J., "W. I. Lenin über die aussenpolitischen Verbündeten sozialistischer Staaten im Kampf gegen den Imperialismus", in: *Deutsche Aussenpolitik* 1970, S. 681-687.
Puleston, W. D., *The Influence of Force in Foreign Relations*, New York, Toronto und London 1955.
Quester, George H., *Deterrence before Hiroshima – The Airpower Background of Modern Strategy*, New York, London und Sidney 1966.
Ratzel, Friedrich, *Politische Geographie*, 2. Aufl., München und Berlin 1903.
Rauschning, Hermann, *Gespräche mit Hitler*, Zürich, Wien und New York 1940.
Renan, Ernest, "What is a Nation?", in: Duchacek-Thompson, S. 38 f.
Renouvin, Pierre und Jean Baptiste Duroselle, *Introduction à l'histoire des Relations Internationales*, Paris.

Richter, Hans, "Das System der Freundschafts- und Beistandsverträge zwischen den sozialistischen Staaten – Seine historische Entwicklung und Bedeutung", in: *Dokumentation der Zeit* 1968, Heft 409, S. 12-20.
Ritter, Gerhard, *Der deutsche Widerstand.*
Rivera, Joseph H. de, *The Psychological Dimension of Foreign Policy*, Columbus, Ohio, 1968.
Rosecrance, Richard N., *Action and Reaction in World Politics – International Systems in Perspective*, Boston und Toronto 1963.
Rosecrance, R. N., "Bipolarity, Multipolarity, and the Future", in: *The Journal of Conflict Resolution* 1966, S. 314-327.
Rosenau, James N. (Hrsg.), *International Politics and Foreign Policy – A Reader in Research and Theory*, New York 1961.
Rosenau, James N., *Of Boundaries and Bridges – A Report on a Conference on the Interdependencies of National and International Political Systems*, Princeton 1967.
Ruge, Friedrich, "Theorie der Bündnisse", in: *Wehrwissenschaftliche Rundschau*, Heft 3, 1967.
Rumjanzew, A., "Unsere gemeinsame ideologische Waffe", in: *Probleme des Friedens und des Sozialismus* 1962, S. 1-7.
Rummel, R. J., "Some Dimensions in the Foreign Behavior of Nations", in: *Journal of Peace Research* 1966, S. 201-224.
Rumpf, Helmut, "Die Theorie der Internationalen Beziehungen", in: *Aussenpolitik* 1967, S. 16-23.
Scheel, Heinrich, *Süddeutsche Jakobiner – Klassenkämpfe und republikanische Bestrebungen im deutschen Süden Ende des 18. Jahrhunderts*, Berlin 1962.
Scheel, Heinrich (Hrsg.), *Jakobinische Flugschriften aus dem deutschen Süden Ende des 18. Jahrhunderts*, Berlin 1965.
Schelling, Thomas C. und Morton H. Halperin, *Strategy and Arms Control*, New York 1961.
Schlickling, Willi, *Die Chruschtschow-Orgel – Das Spiel auf den Nerven der Menschheit*, 2. Aufl., Stuttgart 1964.
Schleicher, Charles P., *Introduction in International Relations*, New York 1954.
Schleicher, Charles P., *International Relations – Cooperation and Conflict*, Englewood Cliffs, N.J. 1962.
Schlomann, Friedrich Wilhelm, und Paulette Friedlingstein, *Die Maoisten – Pekings Filialen in Westeuropa*, Frankfurt am Main 1970.
Schmitt, Carl, *Völkerrechtliche Grossraumordnung mit Interventionsverbot für raumfremde Mächte – Ein Beitrag zum Reichsbegriff im Völkerrecht*, 3. Aufl., Berlin, Leipzig und Wien 1941.
Schmitt, Carl, *Theorie des Partisanen – Zwischenbemerkung zum Begriff des Politischen*, Berlin 1963.
Schmitt, Jürgen, *Die Zulässigkeit von Sperrgebieten im Seekrieg*, Hamburg 1966.
Schmitz, Mathias, *Die Freund-Feind-Theorie Carl Schmitts – Entwurf und Entfaltung*, Köln und Opladen 1965.
Schoene, Wolfgang, "Zur Frühgeschichte der Angst – Angst und Politik in nichtdurchrationalisierten Gesellschaften", in: *Wiesbrock*, S. 113-134.
Schramm, Wilhelm Ritter von, *Staatskunst und bewaffnete Macht*, München 1957.
Schröder, Dieter, *Die Konferenzen der "Dritte Welt". Solidarität und Kommunikation zwischen nachkolonialen Staaten*, Hamburg 1968.
Schröder, Dieter, "Die Idee der kollektiven Regionalintervention – Rechtsvergleichende Betrachtungen zur Breshnew-Doktrin", in: *Recht in Ost und West* 1969, S. 203-210.
Schroers, Rolf, *Der Partisan – Ein Beitrag zur politischen Anthropologie*, Köln und Berlin 1961.
Schütz, Wilhelm-Wolfgang, *Organische Aussenpolitik – Vom Einzelstaat zum Überstaat*, Stuttgart 1951.
Schwarz, Urs, *Die Angst in der Politik*, Düsseldorf und Wien 1967.
Schwarzenberger, Georg, *Power Politics – A Study of World Society*, 3. Aufl., London 1964.

Scott, Andrew W., *The Revolution in Statecraft – Informal Penetration*, New York 1965.
Servan-Schreiber, Jean-Jacques, *Die amerikanische Herausforderung*, 4. Aufl., Hamburg 1968.
Sherif, Muzafer u.a., "Intergroup Conflict and Cooperation – The Robbers' Cave Experiment", in: Singer, *Human Behavior*, S. 427-432.
Shell, Kurt L., *Bedrohung und Bewährung – Führung und Bevölkerung in der Berlin-Krise*, Köln und Opladen 1965.
Singer, J. David (Hrsg.), *Human Behavior and International Politics – Contributions from the Social-Psychological Sciences*, Chicago 1965.
Singer, J. David und Melvin Small, "Formal Alliances 1815-1939 – A Quantitive Description", in: *Journal of Peace Research* 1966, S. 1-32.
Snow, C. P., *Politik hinter verschlossenen Türen – Wissenschaft und Staatsführung*, 2. Aufl., Stuttgart 1962.
Sondermann, Fred A., "The Linkage between Foreign Policy and International Politics", in: Rosenau, *International Politics*, S. 8-17.
Speier, Hans, "Psychological Warfare Reconsidered", in: *Lerner*, S. 463-492.
Spranger, Eduard, *Lebensformen*, München und Hamburg 1950.
Sprout, Harold und Margaret Sprout, *Foundations of International Politics*, Princeton, Toronto, London und New York 1962.
Stalin, Josef W., *Fragen des Leninismus*, Moskau 1947.
Stoessinger, John G., *The Might of Nations – World Politics in Our Time*, 2. Aufl., New York 1965.
Stokke, Baard Richard, *Soviet and Eastern European Trade and Aid in Africa*, New York, Washington und London 1967.
Sulzbach, Walter, *Nationales Gemeinschaftsgefühl und wirtschaftliches Interesse*, Leipzig 1929.
Syatauw, J. J. G., *Some Newly Established Asian States and the Development of International Law*, Den Haag 1961.
Tate, Merze, *The Disarmament Illusion – The Movement for a Limitation of Armaments to 1907*, New York 1942.
Ter Meulen, Jacob, *Der Gedanke der internationalen Organisation in seiner Entwicklung 1300-1800*, Den Haag 1917.
Thompson, Kenneth W., "Toynbee and the Theory of International Politics", in: Hoffmann, *Contemporary Theory*, S. 91-103 (aus: *Political Science Quarterly* 1956, Bd. 71, S. 365-386.)
Tönnies, Ferdinand, *Gemeinschaft und Gesellschaft – Grundbegriffe der reinen Soziologie*, Berlin 1920.
Tönnies, Ferdinand, *Wege zu dauerndem Frieden?*, Leipzig 1926.
Triska, Jan F. und David D. Finlay, *Soviet Foreign Policy*, New York und London 1968.
Tunkin, G. J., "Theoretische Fragen des Völkerrechts", in: *Modernes Völkerrecht*, S. 209-389.
Twitchett, Kenneth, "The Intellectual Genesis of the League of Nations Mandates System: A Study of the Relative Importance of the Traditions and Historical Experience of the United States", in: *International Relations*, Bd. 3, Nr. 13, S. 16-39.
Vergnaud, Pierre, *L'Idée de la Nationalité et de la Libre Disposition des Peuples dans les Rapports avec l'idée de l'etat* (Etudes des doctrines politiques contemporaines) 1870-1950, Genf 1955.
Vukadinović, Radovan, "Stellung und Rolle von Kleinstaaten in den internationalen Beziehungen", in: *Internationale Politik* 1970, Heft 492, S. 49-51.
Wagenen, Richard W. van, "The Concept of Community and the Future of the United Nations", in: *International Organization*, 1965, S. 812-827.
Wakelin, John, *The Roots of Diplomacy – How to study Inter-State Relations*, London 1965.
Waltz, Kenneth N., *Man, the State and War*, New York 1959.
Weber, Max, *Staatssoziologie – Soziologie der rationalen Staatsanstalt und der modernen politischen Parteien und Parlamente*, Berlin 1966.

Wedge, Bryant, "Communication Analysis and Comprehensive Diplomacy", in: Hoffman, Arthur S., *International Communication*, S. 24-47.
Wehner, Friedrich, "Der Konflikt zwischen spanischer und liberaler Staatsauffassung in Hispano-Amerika", in: *Verfassung und Recht in Übersee* 1969, S. 41-54.
Welch, William, "Soviet Commitments to Collective Action", in: Wolfers, Arnold, *Alliance Policy*, S. 234-300.
Wende, Frank, *Die belgische Frage in der deutschen Politik des Ersten Weltkrieges*, Hamburg 1969.
Wettig, Gerhard, *Politik im Rampenlicht – Aktionsweisen moderner Aussenpolitik*, Frankfurt am Main und Hamburg 1967.
Wheare, K. C., *Federal Government*, 2. Aufl., London, New York und Toronto 1951.
Wiesbrock, Heinz (Hrsg.), *Die politische und gesellschaftliche Rolle der Angst*, Frankfurt am Main 1967.
Wilson, Woodrow, *The Public Papers* (authorized edition) *War and Peace – Presidential Messages, Addresses, and Public Papers* (1917-1924), Bd. 1, New York und London 1927.
Wirth, Louis, "Ideological Aspects of Social Disorganization", in: *American Sociological Review*, 1940, Bd. 5, S. 472-482.
Wolfers, Arnold (Hrsg.), *Alliance Policy in the Cold War*, Baltimore 1959.
Wolfers, Arnold, "Stresses and Strains in "Going with the Others", in: Wolfers, Arnold, *Alliance Policy*.
Wright, Quincy (Hrsg.), *Public Opinion and World Politics*, Chicago 1933.
Wright, Quincy, *The Study of International Relations*, New York 1955.
Wright, Quincy, "The Psychological Approach to War and Peace", in: McLellan, S. 20-23.
Wright, Quincy, *A Study of War*, 2. Aufl., Chicago und London 1965.
Zechlin, Egmont, "Friedensbestrebungen und Revolutionierungsversuche", in: *Aus Politik und Zeitgeschichte* (Beilage zu "Das Parlament") 1961, S. 269-288, S. 325-367.
Zechlin, Egmont, *Die deutsche Einheitsbewegung*, Frankfurt am Main und Berlin 1967.
Zehnder, Alfred, *Politique extérieur et politique du commerce extérieur*, Genf und Paris 1957.
Ziebura, Gilbert (Hrsg.), *Nationale Souveränität oder übernationale Integration?*, Berlin 1966.
Ziebura, Gilbert, "Nationales Interesse und übernationale Ordnung", in: Ziebura, *Nationale Souveränität*, S. 151-175.
Zimmern, Alfred, "Introductory Report to the Discussions in 1935 on University Teaching of International Relations" (1939), in: Morgenthau-Thompson, S. 19-24.
Zurcher, Arnold J., "The European Community – An Approach to Federal Integration", in: Plischke, *Systems*, S. 67-116.
o. V., *Angst und Aggression*, Stuttgart 1963.
o. V., *Berlin – Quellen und Dokumente 1945-1951* (2 Hlbbd.), Berlin 1964.
o. V., *The Conference of Heads of State or Government of Non-Aligned Countries Belgrade, September 1-6, 1961*, Belgrad o.J.
o. V., *Foreign Relations of the United States – Diplomatic Papers – The Conference of Berlin (The Potsdam Conference) 1945*, 1. und 2. Bd., Washington 1960.
o. V., *Informationskonferenz der Vertreter einiger Kommunistischer Parteien in Polen*, Moskau 1948.
o. V., *Die Konferenzen von Malta und Jalta Department of State USA – Dokumente vom 17. Juli 1944 bis 3. Juni 1945*, Deutsche Ausgabe, Düsseldorf o.J.
o. V., *Der I. Kongress der Kommunistischen Internationale – Protokoll der Verhandlungen in Moskau vom 2. bis zum 19. März 1919*, Hamburg 1921.
o. V., *Krieg und Frieden im industriellen Zeitalter*, Gütersloh 1966.
o. V., *Modernes Völkerrecht – Form oder Mittel der Aussenpolitik*. Eine Gegenüberstellung der Lehren von M. A. Kaplan und N. de B. Katzenbach, USA, und G. J. Tunkin, UdSSR, Berlin 1965.

o. V., *Rechtsbeziehungen der sozialistischen Länder*, (Kollektiv-Arbeit; Gesamtredaktion: Prof. Dr. habil. HarryWünsche), Berlin 1966.
o. V., *Stockholm*, hrsg. vom Comité Organisateur de la Conference Socialiste Internationale Stockholm 1918.
o. V., USSBS, "Social and Psychological Factors Affecting Morale (United States Strategic Bombing Survey – The Effects of Strategic Bombing on German Morale)", in: *Lerner*, S. 352 ff.

GPSR Compliance

The European Union's (EU) General Product Safety Regulation (GPSR) is a set of rules that requires consumer products to be safe and our obligations to ensure this.

If you have any concerns about our products, you can contact us on ProductSafety@springernature.com

In case Publisher is established outside the EU, the EU authorized representative is:

Springer Nature Customer Service Center GmbH
Europaplatz 3
69115 Heidelberg, Germany

Batch number: 10830943

Printed by Printforce, the Netherlands